公共关系理论与实务

（民航类专业适用）

主　编　　金良奎

副主编　　郭雅娟

西南交通大学出版社

·成　都·

图书在版编目（CIP）数据

公共关系理论与实务 / 金良奎主编. —成都：西南交通大学出版社，2019.8
ISBN 978-7-5643-7050-3

Ⅰ. ①公… Ⅱ. ①金… Ⅲ. ①公共关系学－高等职业教育－教材 Ⅳ. ①C912.31

中国版本图书馆 CIP 数据核字（2019）第 180046 号

Gonggong Guanxi Lilun yu Shiwu
公共关系理论与实务
主编 金良奎

责任编辑 武雅丽
封面设计 原谋书装

出版发行 西南交通大学出版社
（四川省成都市金牛区二环路北一段 111 号
西南交通大学创新大厦 21 楼）
邮政编码 610031
发行部电话 028-87600564 028-87600533
网址 http://www.xnjdcbs.com
印刷 成都蜀雅印务有限公司

成品尺寸 185 mm×260 mm
印张 15
字数 375 千
版次 2019 年 8 月第 1 版
印次 2019 年 8 月第 1 次
定价 42.00 元
书号 ISBN 978-7-5643-7050-3

前　言

公共关系是一门应用性和实践性很强的综合性学科，它涉及管理学、心理学、广告学、传播学、语言学、市场营销学等知识，本书注重将这些学科知识融会贯通，使书稿体系完整，内容精炼。

本书的编写特点：从高职高专的人才培养模式出发，紧紧围绕着高职高专的空乘、空保、地勤专业人才的培养目标，针对用人单位对人才素质需求的现状，吸收当前国内外公共关系领域的研究成果，理论阐述简洁而清晰，突出实践技能的提高与运用。全书构思新颖、针对性强、体系清晰、内容简练，具有很强的操作性。

本书共有 10 章内容：第 1 章为公关概述，第 2 章为公关的三要素，第 3 章为公共关系的职责与功能，第 4 章为公关传播，第 5 章为公关活动，第 6 章为公关工作，第 7 章讲述公关危机，第 8 章阐述公共关系语言，第 9 章讲述公关写作，第 10 章讲述公关礼仪。

本书在章节编排上有一个完整的体系。每章开篇是名言警句；然后是学习目标、开篇案例、入门问题；正文中穿插典型案例、课堂互动、资料卡等；每一小节都有小结与思考问题。这样安排既体现了公共关系的实践性、实用性和有效性，又新颖活泼，便于理论联系实际，增加可读性。本书既可作为高职高专空乘、空保、运输类专业学生公共关系课程的教材，也可作为高职高专其他服务类、经管类专业学生公共关系相关课程的教材，还可作为各界人士提高公共关系能力的读物及自我训练手册。

本书由金良奎任主编，郭雅娟任副主编。各章编写分工如下：成都航空职业技术学院蒋洁编写第 1 章和第 7 章；成都航空职业技术学院曾海珠编写第 2 章和第 4 章；成都航空职业技术学院金良奎编写第 6 章、第 8 章和第 9 章；北京城市学院郭雅娟编写第 3 章、第 5 章和第 10 章。本书最后由金良奎统稿。

本书编写过程中，参考了大量报刊文献以及相关网站，吸收了国内外学者最新的研究成果，在此向各位专家、学者表示衷心的感谢。教材内容如有疏漏与不当之处，敬请读者批评指正。

编　者

2019 年 8 月

目　录

第 1 章　公关概述

自古天下离合之势常系民心。

——辛弃疾

卓越公关研究将公共关系推至一个更广泛的层面——它证实了公共关系不只是组织的传播工具，它更是一个提高组织效率，增进组织与公众的相互利益，加速社会正向开展的专业管理功能。

——詹姆斯·格鲁尼格

本章导入

公共关系被认为是现代组织经营管理离不开的四大支柱之一。公共关系历经一百多年的发展，从思想萌芽到职业化并形成专门的学科，已经成为社会上各大组织生存和发展必须重视的问题，它的一些原则和精神对社会生活具有广泛的指导意义。

通过本章的学习让同学们理解公共关系的定义，了解它的发源和历史，能够正确理解公共关系的内涵并识别社会上的公共关系现象；掌握公共关系的基本特征，了解公共关系的组织机构形式和对从业人员的要求。

学习目标

1. 理解公共关系的定义。
2. 了解公共关系的历史和发展情况。
3. 理解公共关系的基本特征。
4. 了解当前公共关系的组织机构形式和对从业人员的要求。

开篇案例

东方航空公司："微信春运"为旅客铺就温馨回家路

为使销售和服务更贴近客户，东方航空（以下简称"东航"）云南有限公司创新营销服务模式，丰富营销宣传渠道，提升营销服务效率，于 2013 年底正式开通微信公众号"东航云南营销微平台”，旅客通过订阅公众号可以第一时间了解东航新开航线、特价促销、产品服务等讯息。2014 年 1 月起东航云南营销微信平台全面进入“春运”模式，面向社会公众，积极开展“微快讯”“微提醒”“微公益”“微祝福”“微互动”活动，通过温情营销服务，为旅客铺就温馨回家路。

微快讯 开辟春运快报专栏，及时推送东航新开航线、加班计划、春运特价促销等信息，为旅客贴心奉上春运出行资讯的同时，对新开航线推广、洼地航班销售起到了积极的促进作用。

微提示 为方便旅客出行，微信平台在春运期间多次发出温馨提示，针对春运出现的候机高峰，建议旅客采用多渠道值机方式，引导乘客自助值机享便捷之旅；对于高端旅客推荐进入东航长水机场贵宾休息室享受品质服务；针对国际中转旅客，2014 年东航新开通的长水国际机场中转业务将大大节省旅客时间，提供全新中转体验。市场部还特别针对旅客关心的春节泰国出游安全问题，与泰国旅游局昆明办事处联合，实时发布近期赴泰旅游注意事项。

微公益 春节前夕，市场部联合“云南交通之声”共同推出“圆您回家过年梦”公益活动，针对回家遇到困难的外来务工人员和学生，在部分航班限量推出 1 折机票，通过电台广播和微信平台进行传播，温暖春运回家之路，取得较好的社会效应。

微祝福 “马上，过年！东航营销人给您拜年啦！”年三十一大早，欢快、喜庆的语音从微信里传来，市场部营销人精心录制的拜年语音，将东航的新年美好祝愿和感谢送进每位旅客的心里，希望他们新的一年继续选择东航。

微互动 “春节去哪儿？”是春运最热门的话题之一。为提升品牌形象，增强旅客黏度，市场部提前做好活动预热和亮点提炼，推出“春节上哪儿玩？亮出你的‘玩牌’”活动，通过晒登机牌互动，实现品牌营销，活动一推出就得到粉丝的积极回应，深受旅客欢迎。

东航云南营销微平台拉近了东航与旅客心的距离，充分利用移动互联网的优势，替东航云南 2014 春运增添一抹亮色，更为东航品牌传播、扩大产品影响力、促进销售发挥了重要作用。

（资料来源：http：//column.iresearch.cn/u/hildm/683043.shtml）

入门问题

1. 您知道什么是公共关系吗?
2. 请谈谈您对公共关系的认识与理解。
3. 公共关系有哪些基本特征?
4. 公共关系的组织机构有哪些?
5. 公共关系从业人员需要具备哪些素质与能力?
6. 您能从众多社会现象中识别出哪些是公共关系现象吗?

请您先不要着急往下看，试着回答以上问题。

1.1 公关的含义

“公共关系”一词来源于英语 Public Relations，缩写为 PR，简称公关。这一词最早出现于 1807 年美国《韦氏新九版大学词典》。Public 有公众、民事、社会、普通等意，其基本内涵是公众性。Relations 指的是关系，意为关系、交往等。就其字面讲，可以将它译为公众关系、公开关系与公共关系。

> **课堂互动**
>
> 讨论：现实生活中你看到哪些现象属于公共关系范畴？

三种译法，其中以公共关系译法较妥。这里的“共”，界定的是主体与客体利害的共同性，利害相共，共同利益。以这种关系为基础的公众关系，主体目标明确，媒介手段多样，通过沟通使社会公众、用户了解企业，形成公众客体的有效反映，从而促使主体完成目标行为，达到发展目的，这就是公共关系的本质内涵。

1.1.1 公关的定义

什么是公共关系，人们的感受不同，理解也就不同，由此产生的定义也就不同。具有代表性的定义有：

（1）国际公共关系协会提出的定义：公共关系是一种管理职能，属于一种经常性与计划性的工作，不论公立的还是私人的机构或组织，均通过它来保持与相关的公众的了解、同情和支持，亦即审度公众的意见，使本机构的政策与措施尽量与之配合，再运用有计划的大量资料，争取建设性的合作，从而获得共同的利益。

（2）美国公共关系协会征询了 2 000 多名公共关系专家的意见，从中选择了 4 则定义，其中 2 则综合如下：首先，公共关系是一个人或一个组织为获取大众之信任与好感，借以迎合大众之兴趣而调整政策与服务方针的一种经常不断的工作；其次，公共关系是将此种已调整的政策与服务方针加以说明，以获得大众了解与欢迎的工作。

（3）美国公共关系研究与教育基金会主席 R. 哈罗博士，通过征求 83 名公共关系领导人的意见，研究了 472 个定义，得出结论：公共关系是一种特殊的管理功能，它帮助一个组织与其公众之间建立和保持相互沟通、了解，是接受与合作的渠道；参与问题和纠纷的处理，将公众的意见传达给管理部门并做出反应；明确与加强为公众利益服务的管理责任。它还作为监视预警系统，帮助管理部门做好应变准备，与社会动向保持一致并有效地加以利用。

（4）1978 年，在墨西哥城举行的第一次世界公共关系大会上，对公共关系的定义是：公共关系是一门艺术和社会科学。它分析发展趋势，预测结果，为组织领导者提供咨询并实行服务，提供计划的行动方案，这种行动方案将服务于该组织和公众的共同利益。

（5）国内专家学者关于公共关系的定义也比较多，如：

A. 公共关系是一个社会组织用传播手段使自己与公众相互了解、相互适应的一种活动或职能。（居延安，赵建华等：《公共关系学》）

B. 公共关系是指一个组织运用各种传播手段在组织与社会公众之间建立的相互了解、相互信赖的关系，以取得理解、支持和合作，从而促进组织本身目标的实现。（毛经权主编：《公共关系学》）

C. 所谓公共关系，就是一个产业或组织，为了增进内部及社会公众的信任与支持，为自身事业发展创造最佳的社会关系环境，在分析和处理自身面临的各种内部、外部关系时，采取的一系列科学的政策与行动。（明安香：《塑造形象的艺术——公共关系学概论》）

【案例 1-1】

国航亮相 2016 上海旅交会

2016 年 11 月 11 日，一年一度的中国国际旅游交易会在上海隆重开幕。本次盛会吸引了来自世界各地的旅游局、服务商和相关企业齐集上海新国际博览中心。中国国际航空股份有限公司（以下简称“国航”）作为上海旅交会的特约参展商，以“让世界发现你”为主题，以独具创意的展台、丰富多彩的互动活动，全方位地展示了国航的品牌形象和服务产品，成为本届旅交会最具人气的展台之一。

国航展台亮点纷呈受瞩目

在展台布置上，国航以最新引进的波音 787-9 梦想飞机为灵感，将顶部造型打造成一架昂首起飞的飞机，简洁大气的线条，预示着国航腾飞的积极姿态，对国航覆盖全球六大洲的航线网络进行了生动的动态演示。展台中央陈列着一架波音 747-9 透视机模，这款波音传奇机型的最新一代产品，吸引了中外参观者驻足拍照。更为贴心的是，参观者们在展会现场即可立享国航展台提供的微信打印照片服务。

“11 月 11 国航特惠日”点燃现场气氛

活动现场，国航空乘人员对国航无线 APP 进行了推广和展示，现场观众通过下载国航无线 APP、关注国航官方微信等活动可获得极具纪念意义的精美礼品。本次旅交会开幕当日恰逢国航“11 月 11 国航特惠日”，只要在 11 月 11 日当天，通过国航官方指定渠道购买国航机票，即可享受国内机票折上再减 30%、国际及地区往返航线机票最低仅需 880 元起的超值优惠。展会现场，观众们纷纷拿出手机购买国航特惠机票，让气氛更加热烈。

国航积极拓展华东航线网络

在本次展会上，国航重点展示了近两年的新开航线。作为航线覆盖亚洲、欧洲、非洲、北美洲、南美洲及大洋洲六大洲的航空公司，国航持续加速拓展以北京为核心枢纽的全球航线网络，同时也重视华东地区航线网络的不断扩展。2016 年，国航在华东地区相继开通了温州—首尔和上海—圣何塞航线，为长江三角洲一带的旅客提供更加丰富和便捷的出行选择。目前，国航华东地区每周提供 300 余次国际航班，航线分布北美、欧洲、大洋洲、日韩等地。2016 年冬春季，国航在上海的通航点共计 51 个，其中国际及地区 22 个，国内 29 个，依托星空联盟强大的全球航线网络，可以把旅客运达全球 193 个国家和地区的 1 330 个机场。

（资料来源：http：//www.airchina.com.cn/cn/about_us/news/112823.shtml）

关于公共关系的定义，尽管说法不同，但有几点是相同的：第一，主体、客体与媒体之间的关系。主体，这里指社会组织；客体，这里指社会公众、用户；媒体，指新闻媒介，如电视、报纸等。第二，“三体”利害相关，利害一致，这是公关活动开展的基础。第三，内求凝聚，外求开拓，志在发展。第四，公关的内容是主体、客体与媒体之间的关系，公关的核心是塑造主体形象，感染影响客体，达到共鸣的目的。第五，公关是一种软性的外施艺术，是管理学科人事管理的艺术化。

本书认为，公共关系是一个社会组织为了赢取更多公众的合作、理解与支持，塑造良好的组织形象，以营造一个有利于自身发展社会环境的传播与沟通活动。该定义包含了四个方面：公共关系是由社会组织开展的；公共关系针对的对象是公众；公共关系活动的目的是赢取更多公众的合作、理解与支持；公共关系的本质是传播与沟通活动。

1.1.2 公关的性质

1. 公共关系是一种状态

任何一个社会组织，都和其他组织及其成员发生着一定性质上（紧密的、松散的、直接的、间接的）联系。各种社会组织及其成员之间相互影响、相互作用，与组织或与组织的成员构成的联系就是公共关系状态。公共关系状态分为两种，一种是不自觉的、无意识的公共关系状态，另一种是自觉的、经过积极努力创造的公共关系状态。任何一个企业或组织，只要它存在一天，客观上就处在某种公共关系状态之中，创造良好的公共关系状态，防止公共关系状态的恶化，便成了每个组织的公共关系任务。

2. 公共关系是一种活动

公共关系只有在运动中才能体现出来，组织之间、成员之间也只有在相互交往的活动中才能体现出彼此之间的关系。公共关系作为一种关系形式，也只有在企业或组织与其公众交往的过程中才能体现出来，离开了公共关系活动，公共关系本身也就无从谈起了。因此，公共关系的一个重要任务，就是要研究和探索公共关系活动的方式。

3. 公共关系是一种职业

公共关系作为一种现代职业，在发达国家已有近百年的历史。在过去几十年中，我国的公共关系事业从无到有、从小到大，取得了长足的发展。到目前为止，国内的公关实体已遍布全国，从业人员也已突破十万大关，广泛分布在各种组织机构的公关部、各公关公司以及科研机构、高等院校中，中国的公关事业呈现出一派欣欣向荣的景象。随着社会的发展，人们越来越认识到公关的重要性，公共关系职业活动的领域也将会越来越大。

4. 公共关系是一门学科

公共关系学是管理学科与传播学科相结合的产物。它专门研究组织管理过程中的公众传播沟通问题；或者说，用现代传播学的理论和方法来研究和处理组织的公众关系和公众形象问题。

5. 公共关系是一种意识、观念与思想

公共关系意识（观念、思想）是一种现代化经营管理和行政管理的思想、观念和原则。公共关系意识作为公共关系实践活动在意识中的反映，不是一种表层的、被动的反映，而是实践为理论所概括并且演化为公关原理、公关规律、公关原则的一种深层的能动反映。公关

意识具有丰富的内涵，代表了一种现代化的新观念，它一旦形成，就具有相对的独立性和能动性，并形成制约人们行为的一种力量，对管理工作具有一定的指导作用。

6. 公共关系是一门艺术

公共关系是一门帮助组织建立良好信誉、塑造美好形象的艺术，是一种通过人的创造性工作去求得组织内外“人和”的艺术。之所以称为艺术，是因为它涉及人的创造性的活动。随着社会的发展，无论是人的社会生活还是心理活动都趋向复杂多变，因此，讲求艺术性和技巧性，便是公共关系的生命力所在。

【**案例** 1-2】

南航荣膺“全球最有价值航空公司品牌 50 强”称号

据英国《电讯报》报道，Brand Finance 英国独立品牌评估与咨询公司日前发布了“2017 年全球最有价值航空公司品牌 50 强”排行榜，中国南方航空集团有限公司（以下简称“南航”）位列第六名，获得 AAA 品牌评级，位居中国航空公司首位。

国际航协（IATA）数据显示，2016 年南航机队突破 700 架大关，机队规模稳居亚洲第一，上升至全球第四。2016 年南航共安全运输旅客 1.15 亿人次，实现安全飞行 236 万小时，保持国内民航最好安全纪录。

近年来南航在丰富品牌内涵方面精益求精，不断加大与国内外知名品牌的合作力度，通过“强强联合”为旅客提供更多优质的服务产品，例如：联合微信在国内民航界率先推出登机牌条形码微信扫一扫功能、联合当当网在南航明珠休息室推出“阅享南航”优质书籍免费阅读服务等，通过选择优质品牌合作，提升了旅客出行体验，丰富了南航服务品牌内涵。

此外，南航还积极履行央企社会责任，在全民航率先开通人体捐献器官运输绿色通道，2016 年完成人体捐献器官运输 248 起；在国内率先启动机上医疗志愿者项目，针对伤病、残疾、老人、婴幼儿等特殊旅客推出了官网预订婴儿摇篮、特殊餐食，为旅客提供更加便捷、温暖的服务。

近几年南航重视服务品质，启动服务质量提升专项行动；同时加强与外界评估机构的合作，针对反馈的重点问题进行分析和改进。SKYTRAX 统计数据显示，2016 年南航得分 8.57 分，同比 2015 年得分上升了近 20%，且在空乘服务、机上餐饮、机上娱乐以及地面服务方面均有较大进步，被 SKYTRAX 网站评为全球最受喜爱航空公司第 13 名，居国内航空公司首位。

（资料来源：http：//www.csair.com/cn/about/news/news/2017/1b9krkh78rfl2.shtml）

小　结

本节公共关系概述主要学习了两方面的内容：公共关系的定义和公共关系的性质。公共关系是社会组织与其他相关公众之间的各种关系的综合表现，通过人际沟通与大众传播，与公众交流信息，协调关系，树立良好形象，从而有利于实现组织与公众的共同利益的经营管理艺术。公共关系这个词既可以代表一种状态、一种活动，也可以指一种职业、一门学科，它还是一种观念和一门艺术。

思考题：

1. 我们为什么要学习公共关系？
2. 什么是公共关系？
3. 公共关系的性质有哪些？

1.2 公共关系的历史与沿革

公共关系作为一种全新的思想，一种科学而系统的理论，一种新型的职业，发端于 19 世纪末 20 世纪初的美国。但是，公共关系作为一种客观的社会现象，作为人类一种朴素的思想意识观念，作为人类一种社会活动，却源远流长，随着人类文明的产生而产生、发展。

随着世界经济、政治、思想、文化及其他社会历史条件的不断发展和变化，公共关系的发展经历了不同的历史时期，呈现出新的发展趋势。

1.2.1 古代时期——公共关系思想的萌芽

1. 国外古代公共关系思想萌芽

考古学家发现，远在公元前 1800 年，伊拉克的一种农业公告很有点像现代社会某些农业组织公共关系部的宣传资料。它告诉农民如何播种、灌溉，如何对付危害庄稼的老鼠，如何收获庄稼等。

古代的埃及、巴比伦和波斯的统治者虽更多地使用武力、恫吓等手段来控制社会，但舆论手段的运用在处理民众的关系上还是占有重要的地位。这些古代的帝王、政府都曾动用大量的金钱和人力去塑造塑像，修建寺院、金字塔、陵墓，创作赞美诗等，用精湛的艺术描写他们东征西伐的丰功伟绩，树立统治者的声誉，宣扬自己的伟大和身份的神圣。王公贵族为了树立自己的形象，常常雇佣诗人给自己写赞美诗，试图通过这些有韵律的诗歌使自己的美名到处传扬。

古罗马时期，人们更加重视民意，并提出“公众的声音就是上帝的声音”。他们重视发展各种影响人的传播技术，改进诗歌形式，使它更加精炼，并巧妙地把宣传意图渗透进艺术的表现之中。例如，由于城市发展，大量向往城市的农民涌进城市，罗马城一时变得拥挤不堪，人满为患。为了减轻城市人口的压力，同时也为了稳定农业人口，政府曾委托诗人写诗来协助宣传，维吉尔所写《田园诗》就是其中之一。诗歌通过赞美乡村生活，赞美其新鲜空气、纯净的水流，以及身处于大自然的乐趣，来唤起人们对乡村生活的向往，潜移默化地使人们受到艺术美的熏陶，最终达到宣传的目的。

在古希腊，社会对于沟通技术非常重视，并对从事此门技术的人给予很高的评价和奖酬。此外，那些参加国家最高统治者竞选的人们，大多是擅长言辞及在学识上有较高声望的辩论学者们，他们善于对自己的功德、业绩和才能大肆吹捧和赞扬，以争取选民。古希腊的民主政治导致公众代表会议和陪审团制度的形成，这就为公众提供了对话的讲坛，用演讲来宣传和争取民众，成为当时的时尚。世界上第一批最出色的演说家（或称为辩论家）中的代表有苏格拉底、柏拉图和亚里士多德。其中，亚里士多德是柏拉图的得意门徒，是古希腊著名的哲学家，他不仅像他的先辈一样重视教育，而且潜心研究，利用严谨的思维逻辑和科学的研究方法，写出多种科学著作，《修辞学》就是他的代表作之一。

2. 中国古代公共关系思想萌芽

在中国古代，朴素的公共关系事例可谓层出不穷。在尧帝时设“喉舌官”传达命令，传递民情。大禹为治水曾“合诸侯于涂山”，协商后终于得到大家的支持，才得以指挥千军万马完成治水的壮举。商代部落首领已认识到利用民意的重要性。在盘庚迁都的故事中，盘庚在三次演说中都提出“朕及笃敬，恭承民命”，证明他已懂得顺民意、得民心，办事要向民众说明原因用意以保证实现。

资料卡

子产不毁乡校

郑人游于乡校（乡间的公共场所，既是学校，又是乡人聚会议事的地方），以论执政。然明谓子产曰：“毁乡校，何如？”子产曰：“何为？夫人朝夕退而游焉，以议执政之善否。其所善者，吾则行之；其所恶者，吾则改之。是吾师也，若之何毁之？我闻忠善以损怨，不闻作威以防怨（我听说，真心钟爱自己的人民，就可以减少怨恨，没听说靠强硬手段威吓可以防止怨恨的）。岂不遽止（毁掉乡校，难道不能很快地把批评的声音堵住）？然犹防川：大决所犯，伤人必多，吾不克救也；不如小决使道，不如吾闻而药之也。”

（资料来源：缪启军，詹秀娟. 公共关系实务[M]. 上海：立信会计出版社，2008.）

周朝时，宫廷已有“采诗”制度，目的之一就是以此来体察民情民意，《左传》中的“子产不毁乡校”事例，体现了舆论监督和知识分子与政权间的双向沟通。

确切地讲，中国古代公共关系思想的萌芽是春秋战国时期出现的。春秋战国时期，由于国家分裂，各种势力不断重新组合，出现了一大批哲学家、思想家、教育家、宣传家。儒家思想开创者、世界文化名人孔子，为了宣扬他的思想，携带弟子周游各国，向各路诸侯进行游说。他的思想核心是“仁”，即仁爱，爱人。他提倡“和为贵”“礼为尚”“己所不欲，勿施于人”“君使臣以礼，臣事君以忠”。他主张广交朋友，一则可以有“人和”，二则可以广得信息，所以“有朋自远方来，不亦乐乎”。他的许多社会伦理和人际关系思想与原则，至今还受到国内外一些著名的社会学家和人际关系学家的崇尚。

春秋战国时期，思想与言论较为自由活跃，那时便出现了百家争鸣、百花齐放的文化盛事。他们面对社会现实，利用学术思想自由开放的大好环境，著书立说，阐述对社会的认识、理解和解决社会问题的良策见解，逐步形成儒家、道家、墨家、法家以及其他的诸子百家，其代表人物有孔子、孟子、荀子、墨子、庄子、韩非子等。先秦时期，我国还出现了不少涉及公共关系活动和公共关系理论的著作。《尚书》收集了殷商时期各级机关政府的公告，其中有不少是统治阶级对公众的动员报告。儒家的代表作《论语》《孟子》，墨家的《墨子》，法家的《荀子》《韩非子》，道家的《老子》《庄子》，杂家的《吕氏春秋》这些被人们看作经典的理论著作，实际上也包含着各家的公共关系思想和公共关系方略。特别是《战国策》，它就是我国先秦时期公共关系人员进行公共关系策划、从事公共关系活动的史实辑录。

1.2.2 巴纳姆时期——现代公共关系发端

19世纪中叶在美国风行的报刊宣传活动，被认为是现代公共关系业的“前身”。当时最有名的代表人物叫巴纳姆，故将公共关系发展史的这一段时期称为巴纳姆时期。报刊宣传活动，是指某公司、某组织所雇佣的人员为了本公司、本组织的利益在报刊上进行宣传活动。19世纪30年代，美国报界掀起了一场便士报运动。由于这种报纸售价低，一般劳动大众都买得起，因此报纸发行量大增，广告费也随即迅速上涨。有些公司、组织为了省下广告费，便雇佣专门的人员来制造煽动性新闻，制造关于自己的神话，以此来扩大影响。报纸为了迎合下层读者的阅读心理，也乐于接受发表，这样两相配合，就出现了美国历史上有名的报刊宣传活动。当时最有代表性的就是巴纳姆，他是美国善于创新和受人赞赏的游艺节目演出经理人。

当时，这种或把新闻媒介视为异己，或利用新闻媒介“愚弄公众”的现象，引起了新闻媒介的不满，报纸杂志率先刊载揭露实业界那些“强盗大王”的恶劣丑闻，形成了美国近代史上著名的“清垃圾运动”（又称为“扒粪运动”“揭丑运动”）。

“清垃圾运动”的冲击，使工商企业意识到了取悦舆论的重要性。许多企业开始聘请懂行的人专门从事改善与新闻界关系的工作，这种人被称为“新闻代理人”，他们为其委托人做宣传，在新闻媒介之间进行游说，经常与报界联系，邀请记者到企业参观采访，或为公司的政策做解释和辩护等。从此，企业和外界的隔绝消除了，企业的透明度大大增加。

不过，早期的新闻代理活动仍然免不了存在大吹大擂、搪塞了事、混淆视听和隐瞒欺骗的弊端。此时，有一个人开始致力于改变这种状况，他就是被后人誉为“公共关系之父”的艾维·李（Ivy Lee）。

1.2.3 艾维·李时期——现代公共关系职业化开始

艾维·李（1877—1934），是美国佐治亚州一个牧师的儿子，毕业于普林斯顿大学，曾就学于哈佛大学法学院。他早期受雇于美国报业大王斯特的《纽约世界报》，当记者。1903年，他开办了第一家宣传顾问事务所，成为向客户提供劳务而收取费用的第一个职业公共关系人。现代公共关系职业由此正式产生。该事务所甫一成立就生意兴隆，顾客盈门。其客户包括当时美国最大的企业，乃至纽约市市长塞思·洛。1906年，他向新闻界发表了著名的具有里程碑性质的《原则宣言》，全面阐明了他的事务所的宗旨。

资料卡

艾维·李的《原则宣言》

在《原则宣言》中，艾维·李全面阐明了他的事务所的宗旨：“我们的计划是代表企业单位及公众组织，把对公众有影响且为公众乐闻的课题，向报界和公众提供迅速而准确的消息。”这就是所谓企业管理的“门户开放原则”。这反映了他的信条：公众必须被告知。艾维·李的公共关系思想核心是“说真话”。他认为，一家企业或公司只有将本身的真情实况告诉公众才能赢得好的声誉，如果披露真相对自身的生存和发展不利，那就应该及时调整或改变自身的行为。他反复向他的客户灌输如下信条：凡是有利于公众的事业，最终也将有利于企业或组织。

艾维·李作为公共关系之父，不仅首创了“公共关系”这一专门职业，而且，他提出的“说真话”“公众必须被告知”的命题将“公共利益与诚实”带进了公共关系的领域，使公共关系这门学科从对一些简单问题的探讨上升为探求带有某些规律性的原则和方法，大大推动了这门学科的发展。但由于时代的局限，艾维·李的咨询指导主要还是凭经验和直感而进行的，缺乏对公众舆论的严密、大量的科学调查。因此，有人批评艾维·李的公关咨询只有艺术性而无科学性。

1.2.4 爱德华·伯尼斯时期——现代公共关系学科化成熟

公共关系职业化的发展，促进了公共关系由简单零碎的活动上升为有规律性的较系统的原则与方法的探索，使公共关系自立于学科之林，成为一门独立的学科的条件已经成熟。美国学者爱德华·伯尼斯就是公共关系学科化的一名旗手。出身于维也纳的奥地利裔美国人爱德华·伯尼斯是著名心理学泰斗弗洛伊德的外甥。1923 年，他以教授的身份首次在纽约大学讲授公共关系课程，同年出版了被称为公共关系理论发展史的“第一个里程碑”的专著——《公众舆论的形成》。在书中，伯尼斯详尽阐述了“公共关系咨询”这一概念，而且提出了公共关系的原则、实务方法和职业道德守则等。1928 年，他写出《舆论》一书，1952 年，他又写出《公共关系学》教科书。

伯尼斯的主要贡献在于：他把公共关系学理论从新闻传播领域中分离出来，并对公共关系的原理与方法进行较系统的研究，使之系统化、完整化，最终成为一门独立完整的新兴学科。伯尼斯在理论上做出的贡献，对于公共关系学科的形成和进一步发展具有划时代的意义。伯尼斯公共关系思想的一个重要组成部分就是他提出了“投公众所好”的主张。伯尼斯不仅是一位公共关系理论家，同时又是一位公共关系的实践家。他与妻子合作进行公共关系咨询，接受过多位美国总统和实业界巨头的委托，运用公共关系实务成功地帮助他们塑造良好的社会形象。他被世界公认为“国际公共关系界的泰斗”。

1952 年，美国的卡特利普和森特出版了权威性的公共关系专著——《有效的公共关系》，论述了“双向对称”的公共关系模式，在公关的目标上将组织和公众的利益置于同等重要的位置上，在方法上坚持组织与公众之间的双向传播与沟通。此书不断再版，成为畅销书，被誉为“公共关系的圣经”。至此，公共关系正式进入学科化阶段。一门充满时代特征的、具有强大实用性的新兴学科以其崭新的身姿崛起于学科之林中。

1998 年，美国公关学者詹姆斯·格鲁尼格教授主持的“卓越公共关系和传播管理”的课题研究已接近尾声，“卓越研究”衡量测定卓越公共关系和传播管理的程度，其分布在涉及卓越传播的三个层次里（传播核心层、知识核心层和文化核心层），并有包容性。还提出了一种“普遍原则，特殊运用”的公共关系全球化理论。

1.2.5 现代公关进入中国

第二次世界大战以后，公共关系随着商品经济的高度发展而发展。公共关系的活动领域，迅速从工商企业界扩展到政府机构、社会团体、科教文部门，并向全世界发展。公共关系由美国开始传播，经欧洲—日本—东南亚，最终传播到中国。在我国，改革开放最早的深圳特区的一些外商独资或中外合资企业率先出现了公关人员，特别是宾馆、饭店等行业。

20 世纪 80 年代，中国呈现第一波“公关潮”。其标志是专业公共关系公司、公共关系协会、公共关系教育培训以及公共关系理念研究迅速发展起来。1985 年，世界上最具有影响力的两家公共关系公司——伟达公共关系顾问公司和博雅公关公司先后进入我国。其中，博雅公司与中国新闻发展公司达成协议，成立了中国首家公共关系公司——中国环球公共关系公司。

20 世纪 80 年代中后期，随着我国公共关系实践和教育事业的迅速发展，一大批有识之士开始结合中国政治、经济和文化特点来探索中国公共关系的一些重大的理论问题，从而在理论界掀起了一股研究公共关系的热潮。在短短的几年时间里，各种公共关系的教材和著作相继问世。

从 20 世纪 90 年代初至今，中国公共关系事业处于一个成熟稳定的发展阶段。1991 年 4 月，中国国际公共关系协会成立，这促进了中国公关理论和社会实践的国际化，推动了公共关系事业的进一步发展。1994 年，中山大学经教育部批准开办部属院校第一个公共关系本科专业。随后一些名牌学府开始尝试招收公共关系方面的硕士生、博士生。在我国，大部分的本专科院校都设置了公共关系课程，有的院校还在 MBA 的课程设置中开设了公共关系这个专业。

1999 年公共关系职业第一次进入劳动部的职业大典，2000 年 12 月正规化职业教育开始启动。中国有了第一批由劳动和社会保障部颁发职业资格证书的公关员，中国公关职业有了质的飞越。

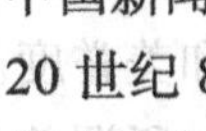

小 结

本节公关的历史与沿革主要学习了公共关系发展阶段的五个方面内容：公共关系思想的萌芽时期、公共关系发端时期、公共关系职业化时期、公共关系学科化时期和公共关系在中国的发展。每个阶段都有一些代表性人物、代表性思想或观点。

思考题

1. 公共关系经历了哪几个发展阶段？
2. 艾维·李对公共关系发展的贡献是什么？
3. 爱德华·伯尼斯对公共关系发展的贡献是什么？

1.3 公关的基本特征

1. 以公众为对象

公共关系是一定的社会组织及与其相关的社会公众之间的相互关系。社会组织必须着眼于自己的公众，才能生存和发展。公共关系活动的策划者和实施者必须始终坚持以公众利益为导向。

2. 以美誉为目标

塑造形象是公共关系的核心问题。组织形象的基本目标有两个，即知名度和美誉度。所谓知名度是指一个组织被公众知道、了解的程度，以及社会影响的广度和深度。所谓美誉度是指一个组织获得公众信任、赞美的程度，以及社会影响的美、丑、好、坏。在公众中树立组织的美好形象是公共关系活动的根本目的。

【案例 1-3】

海南航空第五代新制服亮相巴黎

2017 年 7 月 4 日，巴黎时间 7 月 4 日，国际著名时装设计师劳伦斯·许 2017 年巴黎秋冬高级定制时装周在巴黎洲际大酒店宴会厅举行，海南航空第五代新制服高定版隆重亮相，新制服将古典东方的设计元素与西化的立体裁剪相结合，在展现东方之美品牌形象的同时，赋予了制服新的活力与时尚。海南航空通过不断创新带来新的突破，与劳伦斯·许的跨界合作也实现了民航制服首次通过国际顶级时装周发布，谱写了民航界和时尚圈跨界牵手引领全新国际风尚的新篇章。

作为时尚界的顶级盛事，巴黎高定时装周的门槛极高。在法国，只有满足严格的条件，经过法国工业部的审核批准才能命名为“高定”，所以只有为数不多的品牌才有资格参加高级定制时装周。每年，巴黎高定时装周最大看点就是那些巧夺天工的时装，以及 Chanel、Dior、Armani、Valentino、Elie Saab 等国际一流品牌的创意展现。

劳伦斯·许作为中国唯一一位拥有法国高端服装定制发布资格的设计师，其作品最大的特点就是“中西合璧”——西化的立体裁剪，设计元素却极尽古典、东方韵味。2013 年成为第一位受法国服装协会邀请登上巴黎服装高级定制周的中国设计师，其精工细造的“金云锦”被评选为年度全球最奢侈的 15 件服饰之一。“进入巴黎高定是有规矩的，这和巴黎春夏和秋冬不一样，我是以艺术家身份出现的，这是所有设计师的梦想。法国人用一百年的时尚引领了各民族服装，而我们有中国元素，可以让全球来追寻。”劳伦斯·许如是说。

海南航空品牌总监在“高定秀”现场自豪地说：“海南航空与劳伦斯·许的跨界合作是在引领时尚，而不是指导时尚。我们不仅仅是在打造一件制服，更是对外展示海南航空国际化的品牌形象，尤其是在国际航线上，我们要让国际旅客感知时尚的中国，现代的中国，真正的中国。”

海南航空第五代新制服的最大亮点在于中国传统元素与国际时尚结合，制服用旗袍形状做底，领口为祥云漫天，下摆为江涯海水，以“彩云满天”为基，寓意翱翔于云海之间，构成独具海南航空特色的东方之美。旗袍袖口采用七分袖，简洁大方的视觉更增加了空乘干练感。围裙的设计如同一件连衣裙，裙型为郁金香型，兼具了美观和实用功能。同时采用精致的西式立体剪裁，既紧跟时尚潮流，彰显了国际化品质和品位，又营造出精确和专业化的观感。这种在国际时尚的设计里加入中国传统元素的理念，使得中国元素与东方之美重新焕发芳华于万里之外的时尚之都巴黎。海南航空第五代新制服也继承和升级了先前四代制服的经典元素，使之一脉相承，向历代制服致敬的同时，又传承了海南航空的历史。

海南航空跨界携手著名时装设计师劳伦斯·许打造第五代制服并亮相巴黎高级定制时装周，将时尚元素融入空中服务，是一次成功的和时尚的跨界合作，同时这种跨界也是海南航空匠心精神的体现。对于大多数旅客而言，海南航空此次品牌设计和风格所彰显的文化元素，将“东方之美”的品牌形象更深入地传递给国内外旅客，让他们在享受海南航空精致客舱服务的同时，佐以养眼的时尚体验。此次跨界合作并不是海南航空的第一次跨界合作，一直以来，为满足客户心灵深处的需要，海南航空积极携手不同行业内的专家，以满足甚至是超越客户期待标准来进行合作创新。例如，2016 年，海南航空与国际钢琴家郎朗跨界合作举办“空中音乐会”，在万米高空为旅客带来了一场独特的听觉盛宴。海南航空跨界携手著名设计师梁景华博士打造海翼堂贵宾室，其舒适的环境和多样化的功能不仅带给旅客家的温馨，更满足旅客放松、愉悦、舒适的候机体验。这种追求卓越的创造精神、精益求精的匠心精神和用户至上的服务精神，使得海南航空 24 年始终如一，脚踏实地，对自己的产品和服务精雕细琢、追求极致。

此次海南航空借助巴黎高级定制时装秀平台完成第五代新制服的形象曝光及高定版亮相，不仅使得海南航空成为首家登上国际时装周的中国航企，更是向世界输出中国民航新形象、中国服务和中国之美，也再一次让西方国家感受到了中国民航品牌的独特魅力。

（资料来源：http：//www.hnair.com/guanyuhaihang/hhxw/hhxw/201707/t20170705_19612.html）

3. 以互惠为原则

公共关系是以一定的利益关系为基础的。一个社会组织在发展过程中要得到相关组织和公众的长久支持与合作，就要奉行互惠原则，既要实现本组织目标，又要让公众得益。

4. 以长远为方针

一个社会组织要想给公众留下不可磨灭的组织形象，不是一朝一夕之功所能及的，必须经过长期的、有计划、有目的的艰苦努力。

> 课堂互动
>
> 讨论：请谈谈你对“只有一名乘客航班”的看法。

【案例 1-4】

只有一名乘客的航班

——“让顾客满意”：必备的公关意识

英国航空公司所属波音 747 客机×××号班机，准备从伦敦飞往日本东京时，因故障推迟起飞 20 小时。为了不使在东京候此班机回伦敦的乘客耽误行程，英国航空公司及时帮助这些乘客换乘其他公司的飞机。共 190 名乘客欣然接受了英航公司的妥当安排，分别改乘别的班机飞往伦敦。但其中有一位日本老太太大竹××，说什么也不肯换乘其他班机，坚决要乘英航公司的×××号班机。实在无奈，原拟另有飞行安排的×××号班机只好照旧到达东京后再飞回伦敦。

一个罕见的情景出现在人们面前。东京—伦敦，航程达 13 000 千米，可是英国航空公司的×××号班机上只载着一名旅客，这就是大竹××。她一人独享该机的 353 个飞机座席以及 6 位机组人员和 15 位服务人员的周到服务。有人估计说，这次只有 1 名乘客的国际航班使英国航空公司至少损失约 10 万美元。

从表面上来看，的确是个不小的损失。可是，从深一层来理解，它却是一个无法估价的收获。正是由于英国航空公司这种一切为顾客服务的行为，在世界各国来去匆匆的顾客心目中换取了一个用金钱也难以买到的良好公司形象。

5. 以真诚为信条

以事实为基础是公共关系活动必须切实遵循的基本原则之一。社会组织必须为自己塑造一个诚实的形象，才能取信于公众。精诚所至，金石为开；至诚可以移山，热诚能成万事，真诚能产生最大的说服力。唯有真诚，才能赢得合作。

6. 以沟通为手段

没有沟通，主客体之间的关系就不会存在，社会组织的良好形象也无从产生，互惠互利也不可能实现。要将公共关系目标和计划付诸实施，双向沟通的过程，才是公共关系的完整过程。

【案例 1-5】

国航连续九年亮相“渝洽会”

2017 年 6 月 22 日，第二十届中国（重庆）国际投资暨全球采购会（简称“渝洽会”）在重庆国际博览中心隆重举行。作为西部地区重要的贸易投资促进活动，“渝洽会”已经成为西部领先、国内一流的大型国际性展会。本届渝洽会再创新纪录，共计 242 家 500 强企业，48 个国家（地区）的 1 500 多家跨国公司、6 100 多家企业（机构）参会。

中国国际航空股份有限公司（以下简称“国航”）作为展会指定的航空合作伙伴，从 2009 年开始至今，已连续九年参加“渝洽会”。

本届渝洽会国航派出了强大的参展阵容，以别出心裁的展台设计、精彩纷呈的节目表演、良好的观众互动和优质的展台服务以及形式多样的优惠推广活动获得了参展商和观众的一致好评。

国航展台凸显丝路寓意

此次国航展台设计凸显了陆上和海上丝绸之路的寓意，配合宣传共建“一带一路”，以“让世界发现你”为主题，通过国航覆盖全球六大洲的航线网络，对六大洲的航线产品进行生动的动态演示。同时，国航近期开通的上海—巴塞罗那、北京—阿斯塔纳、北京—苏黎世航线和即将开通的重庆—河内、重庆—长滩航线以及即将投入使用的重庆江北机场 T3 航站楼国航自营贵宾休息室也在展台上一一呈现。

为了庆祝重庆直辖 20 周年、“渝洽会”举办 20 周年和星空联盟成立 20 周年，此次国航展台设计还加入了记录国航在重庆发展的“历史墙”，从国航的“发展历程”“安全记录”“服务品牌”和“社会责任”等方面进行了全方位展示，让参展商和观众可以更加深入、全面地了解国航伴随重庆发展的历史。除此之外，在展台呈现上还展现了国航引进的远程宽体机波音 777-300ER 机模，通过巧妙的设计将波音 777-300ER 机模与展台完美融合，吸引了众多参展商和市民驻足观看。

才艺表演精彩纷呈

在展会上，国航进行了形象展示并和重庆市民进行各种互动，这些活动也是国航参会九年以来一直保留的传统节目。来自国航系的大连航空、澳门航空、深圳航空、西藏航空、内蒙古航空、山东航空的乘务员们进行了形象展示、才艺表演，并提供了展会现场服务，成为一道靓丽风景线。内蒙古航空乘务员木兰为大家带来的充满异域风情的舞蹈《寻》、大连航空乘务员李佳睿表演的古典唯美的《爱莲说》、西藏航空乘务员桑青卓玛带来的藏族舞蹈《赞歌》以及国航系乘务员共同表演的《感恩的心》手语节目等获得了各地参展商和市民的一致好评，大家纷纷为国航点赞。国航空乘人员独具特色的空乘制服展示和精彩纷呈的才艺表演令人赞叹。

推广活动形式多样惊喜连连

中国国航 APP 在此次渝洽会活动现场特别推出了“微信点赞送大礼”“幸运大转盘”“购票有礼”和“APP 摇一摇送代金券”等现场活动，并备有日默瓦旅行箱、登喜路腰带、蓝牙耳机等奖品，礼品丰富且形式多样，把展会活动气氛推向高潮。

同时，国航展台现场也为观众提供了各种优惠信息的介绍。为了满足不同旅客的需求，国航还推出了暑假期间国际、国内机票特惠，重庆往返迪拜 2 000 元起、重庆往返芽庄 1 600 元起和国航官网购票最高直减 5%等各类优惠，种类多且选择面广。

此外，国航展台开辟了大客户洽谈区，供参展客商在现场了解国航相关特色服务产品。国航重庆营业部还在渝洽会服务处设立了机票销售柜台，为广大参展商和来宾提供航班咨询、定座查询和购票等服务。同时，国航在重庆江北机场开设了渝洽会专用的值机柜台和国航自营休息室，方便参会嘉宾出行。

国航通过展会展示遍及全球的航线网络和先进、优质的航空服务，始终为推动重庆地区经济发展进行着不懈努力。“九载相伴”，国航在渝洽会上的精彩亮相，完美地诠释了其加快实现“做主流旅客认可、中国最具价值、中国营利能力最强和有世界竞争力的航空公司”的战略目标，再一次展示了其“放心、顺心、舒心、动心”的服务体验。同时，作为中国唯一的载旗航空公司，国航将充分利用全球化市场和全球化资源，加速拓展以北京为核心枢纽的全球航线网络。

（资料来源：中国国际航空官网）

小　结

本节主要学习了公共关系的六个基本特征：以公众为对象、以信誉为目标、以互惠为原则、以长远为方针、以真诚为信条以及以沟通为手段。

思考题

1. 公共关系的基本特征有哪些？
2. 请举例说明公共关系以互惠为原则。
3. 请举例说明公共关系以长远为方针。

1.4　公关机构与公关人员

公共关系机构一般包括组织内部设立的公共关系部、公共关系公司和公共关系社团三种类型。

1.4.1　公关机构

1. 公共关系部

公共关系部是指社会组织内部设立的专门性公共关系工作机构，主要是组织为处理、协调、发展本组织与社会公众和组织内部公众关系而设立的专业职能机构。

组织内部设置公共关系部是有效地开展公共关系工作的组织保证，旨在筑起组织与公众之间感情的桥梁和沟通渠道，以便在公众中树立良好的形象。它是组织的“参谋部”“联络部”“情报部”“外交部”和“宣传部”，对组织的生存和发展起着非常重要作用。

公共关系部的工作影响到组织的信誉和形象，关系到组织上下、内外的信息交流，关系到组织近期和远期的利益，同时也关系到组织在社会整体中的地位与作用。因此，公共关系部在组织中既是组织的管理职能部门，又是组织的决策参与部门。

公共关系部作为组织专门的沟通传播、协调关系的机构，其基本职能将在第 2 章有专门讲述。主要表现在以下几个方面：

第一，调研与信息处理。

公共关系部通过与组织内各部门保持接触和联系，对组织外公众进行调研、收集信息并汇总，做出分析和处理，掌握组织内外公众的要求和倾向，从而为最高领导层提供决策的参谋。

第二，传播沟通。

公共关系部根据组织的决策，担负对内外公众宣传、阐释、传递信息的职责：①编制刊物、画册等宣传品；②直接与社会媒体沟通，并提供相关新闻资料；③负责其他对内外公众施加影响的广告设计和信息传播。

第三，专项技术处理。

从广义上讲，一个组织所有与公众之间沟通、传阅的文字、音像、图片材料都将对公众产生一定的影响，都应赋予公共关系的意义，需要公关人员具有专项制作技术。

第四，策划组织公共关系专题活动。

为使组织形象发展有利于预期目标，公关部门要适时地策划举办各种专门活动，如展览、参观访问、新闻发布会、记者招待会、交流会、联谊会等，有效塑造组织的良好形象，营造有利于组织生存发展的环境。

第五，处理突发事件。

2. 公关公司

公共关系公司又称公共关系咨询公司或公共关系顾问公司，是由具有专业特长的专家和各类专业技术人员组成的，具有独立的法人资格，专门从事公共关系咨询或受理委托为客户开展社会公关活动的有偿服务机构。1903 年，被后人誉为“公共关系之父”的美国著名记者艾维·李开办了世界上第一家公共关系事务所，自此，雨后春笋般地涌现了成千上万家公共关系公司。中国自 1985 年 8 月成立第一家公共关系公司“环球公共关系公司”至今，已有数百家公共关系公司活跃在市场经济的舞台上，在社会和经济发展中发挥着重要的作用。本书第 2 章对此有专门讲述。

公共关系公司的业务范围比较广泛，可涉及政治、经济、文化、法律、宗教、体育、旅游、教育等行业。公共关系公司根据客户的需要开展工作，并按照一定的标准收取费用，其主要服务内容包括以下方面：

① 公共关系咨询服务。② 为客户制订近期和远期的公共关系目标；为客户制订公共关系计划，并组织实施，评估公共关系活动效果；收集、汇编有关情报资料，为客户提供如市场动态、政治、经济、文化、科技等社会情报资料。③ 为客户策划、组织各种公共关系活动。④为客户策划新闻传播。⑤ 为客户组织有关的市场营销、促销活动。⑥ 协助客户与有关公众联络沟通，建立和维持良好关系。⑦ 利用自身专业优势，组织公共关系培训，等。

3. 公共关系社团

公共关系社团是指社会上自发组织起来的、非营利性的从事公共关系理论研究与实践活动的群众组织和群众团体。主要包括公共关系协会、学会、研究会、专业委员会、俱乐部、沙龙、联谊会等。

目前，我国的公共关系社团主要有以下几种类型：

（1）综合型社团。主要指不同地区的公共关系协会。此类社团多为民办官（政府部门）助，其职能是服务、指导、协调、监督。

（2）学术型社团。主要指公共关系学会、研究会、研究所等学术团体。此类社团通过举办研讨会、学术交流会，总结公共关系活动的经验。

（3）行业型社团。指某些行业内部设立的公共关系组织。行业型公共关系社团可根据本行业的特点有针对性地开展公共关系工作，保证公共关系在某一行业的深入发展。

（4）联谊型社团。指以联谊为主的公共关系社团，这类社团名称各异，有公共关系俱乐部、公共关系沙龙等，一般没有固定的活动方式、严密的组织机构。

（5）媒介型社团。通过创办报纸、杂志等传播媒介，并以此为依托建立的公共关系社团。此类社团直接利用媒介探讨公共关系理论及实践。

资料卡

世界各地公共关系团体

- 美国公共关系协会

1915 年 7 月，金融公共关系协会在美国芝加哥成立（1970 年后该组织易名为“银行和市场协会”）；1917 年 4 月，美国高等院校公共关系协会（当时名为“美国高等院校新闻协会”）宣告成立；1948 年 2 月 4 日，美国的全国公共关系顾问协会（NAPRC）和美国公共关系理事会（ACPR）合并成立美国公共关系学会，其总部设在纽约，下设 80 多个分会，成员超过 1 万人。

- 英国公共关系协会

英国公共关系学会（IPR）成立于 1948 年，有 12 个地区性的团体，会员超过 3 500 人。它们在建立和推行职业道德准则方面走在世界前列。

在所有专业性协会中，总部设在伦敦的国际公共关系协会（IPRA）无疑是最具影响力的。尽管其在 1995 年刚成立时，只有 5 个国家和 15 名会员，但现在已经发展到 77 个国家数千名会员。国际公关协会是得到联合国正式承认的，其会员也作为顾问服务于联合国经济社会理事会。国际公关协会每年聚会两次，颁发“促进世界理解杰出贡献奖”，出版《国际公共关系评论》季刊。

- 其他比较有影响的公共关系协会

其他比较有影响的公共关系学会（协会），还有国际商业传播者协会（1970 年成立）、加拿大公共关系学会（1948 年成立）、德国公共关系学会（1958 年成立）、印度公共关系学会（1958 年成立）和尼日利亚公共关系学会（1963 年成立）等。

- 我国的公共关系协会

在我国，最早的公共关系协会是 1986 年底成立的上海公共关系协会；1987 年，全国性公关专业性组织——中国公共关系协会成立，到 20 世纪 90 年代中期，该协会已有团体会员 500 余家、个人会员 2 000 多名；1991 年 4 月，以促进国内外公关界交流与协作为己任的中国国际公关公司在北京成立。

国内比较有名的公关协会，还有由一些在大学中从事公关教学和研究的专家、学者组成的中国高等教育学会公共关系学会，它们能定期组织成员间的学术交流和研讨活动。还有每年召开一次的全国各省市公共关系组织联席会议，至今已举行了 14 届，各省市通过这种方式互通信息，相互交流，切磋公关理论和实务工作，起到了互相促进、共同提高的作用。

（资料来源：陈晖.公共关系理论与实务[M]. 北京：北京理工大学出版社，2006.）

1.4.2 公关人员

公共关系人员是指专门从事组织机构公众信息传播、关系协调与形象管理事务的调查、咨询、策划和实施的人员。他们是组织开展公关活动的最基本主体，其素质如何直接决定了公共关系活动的成败。因此，明确公共关系人员应具备哪些职业素质，以及怎样培养公共关系人员具有重要意义。

1. 公关人员的素质

公共关系人员的素质，是指公共关系人员在运用传播媒体，实施增强组织机构的生存能力和在公众心目中树立良好形象的目标过程中，所表现出来的心理方面的总和。

1）公关意识

公关意识是指一种尊重公众，自觉致力于塑造组织形象、传播沟通、争取公众理解和支持的观念和指导思想。公关意识是组织建立良好公共关系的前提，是公关人员基本素养的核心。公共关系人员应具备以下公关意识：

（1）塑造形象的意识。

塑造形象是公关意识的核心，组织的公关工作基本上都是围绕着这个核心而展开的。

（2）服务公众的意识。

公众是公关工作的对象，离开了公众，孤立的组织形象是没有意义的。公关人员要将公众的需要放在首位，树立服务公众意识。

（3）真诚互惠的意识。

社会的发展表明，目前竞争进入合作和互惠的阶段，组织之间既竞争又合作，共同发展。公关人员应有真诚合作、互利互惠的意识。

> **课堂互动**
>
> 讨论：你认为公关人员与民航服务人员在职业素质方面有哪些相同和不同点？

（4）传播沟通的意识。

组织树立良好形象是通过传播沟通的手段来实现的，公关人员必须重视信息传播，与外界和内部公众沟通，消除异议，化解矛盾。

（5）创新意识。

组织要赢得公众支持，必须首先吸引公众。公关人员具有一定的创新意识，能够设计和策划出有新意的公关方案，才能在竞争中脱颖而出，成功地为组织争取到公众的支持。

（6）危机管理意识。

危机管理一直是公共关系的重要课题。组织面对日趋复杂的环境，需要公关人员善于发现潜伏的可能造成危机的因素，及时准确地判断，果断应对，防患于未然。

2）心理素质

公关人员的心理素质是公关人员最基本的素质。根据公关工作的实际需要，公关人员必须具备以下心理素质：

（1）追求卓越、渴望成功的心理。

成功首先需要有成功的欲望，需要有成功的动力。公共关系需要人发挥自己最大的聪明才智，以不断创新的能力去竞争，要敢想，敢于创造惊世之作，策划出引起轰动的公关活动。

社会对公关工作期望很高，如果没有强烈的事业心，就吃不了这个苦。不求上进的平庸之辈和只顾眼前、见好就收的实用主义者都不可能成为一个优秀的公关专业人员。

（2）易于投入、热情工作的心理。

公共关系行业由于职业道德和生存需求，往往不能自由选择公众对象，正如同医生不能选择病人一样。另外，公共关系行业在很大程度上是一门中介行业、代理行业，一个公关人员如果不能迅速转换角色、迅速投入新领域，就无法开展公关工作。

公共关系是一个既动脑又动手，既有学又有术的职业，公关人员不是审批方案的决策者，要做到嘴勤、手勤、腿勤，要动脑，要动手写、动手做，要到处跑。一个公关人员能否胜任这些工作，是否受欢迎，关键在于是否具备易于投入、热情工作的心理素质。

（3）自信的心理。

公共关系要创新，必然要承受压力。有自信心是公关人员职业心理最基本的要求。有了自信心，才能激发极大的勇气和毅力，最终创造出奇迹。

公共关系是一项创造性的劳动，它的价值在于塑造出组织最佳形象，创出前所未有的效益；因而在手法、技巧上要敢于走前人没有走过的路。当一个创造性的新方案一时得不到大多数人的理解与支持时，要有坚定的自信心，敢于坚持用实践去检验真理；一个创新的领域被经验主义所束缚，公共关系就失去其创造性的艺术光芒，因而丧失存在的价值。

（4）开放乐观的心理。

公共关系本身就是一种开放型的工作，因此要求公关人员以一种开放的心理适应这一工作。公关人员在同外界打交道时会遇到各种各样的人，应该能够应付自如，善于“异中求同”，与各种类型的人建立良好的关系。

公关工作要求创新，工作中必然会遇到各种困难与挫折，这一点比其他行业更突出。面对困难与挫折，公关人员应能达观面对，走到哪里就把微笑带到哪里。这不仅是对公关人员的一种心理素质要求，而且还是公关人员的一种职业规范。

3）知识结构

公关人员的知识结构包括职业公关人员从事公关工作所必需的专业知识和相关知识。一般来说，成功的公关人员应该是一专多能的“杂家”。通常组织要求公关人员应具备的知识结构包括四个方面：

（1）公共关系的基础理论知识。

公共关系理论是人们对于公共关系社会实践活动的科学的总结和理论概括。知识应包括公共关系的基本概念，公共关系的由来和基本原则，公共关系三大要素，即社会组织、公众和传播的概念和类型，不同类型的公共关系机构的构建原则和工作内容，公关工作的基本程序，等等。公共关系的理论体系与知识结构是一个开放的系统，要不断地发展、充实，逐渐吸收各国的特色，开拓新的领域。

（2）公共关系的基本实务知识。

公共关系是一门哲理性、实务性都很强的学科，公关人员除了需要通晓公共关系的基本知识以外，还必须具备公共关系的基本实务知识。公共关系的基本实务知识包括：公关调研的知识、公关策划的知识、公关活动实施与评估的知识、处理各种危机的知识、公众对象分析的知识、与各类公众打交道的知识、社会基础文明和社交礼仪的知识，等等。

（3）与公共关系密切相关的学科知识。

公共关系人员为了更好地开展工作，还应该掌握一些相关学科的理论知识。与公共关系学科联系最紧密，对公关理论和实务影响较大的学科有管理学、传播学、社会学、心理学、行为科学，而市场营销学、广告学、人际关系学则因为与公关学科的理论和实务有相当的交叉而颇具借鉴意义。

（4）属于公关人员个人专长类的知识。

公共关系部应是一个人才能互补的群体，作为其中一员应有自己的专长，或长于对内关系，或长于对外传播交往，或长于专题策划，或长于国际公关，以便在群体发挥自己的作用。

现代社会是信息爆炸、知识爆炸的社会，每个公关人员都应以此为目标激励自己，不断地学习，不断地吸收最新的公关理论、实务知识和公关技巧，努力使自己成为知识结构合理的公关人员。

4）职业能力

能力通常指完成一定的活动的本领，包括顺利完成各种活动所必需的个性心理特征。公关职业能力是公关人员从事公关工作必备的基础，是赖以生存的工具。为实现组织的公关目标，公关人员不仅要有良好的知识结构，还应具备必要的能力素质。

一般说来，合格的公关人员应努力使自己具备以下几方面的职业能力：

（1）表达能力。

包括口头表达能力与书面表达能力。公关人员的文字能力和口头表达能力是其从事公关职业的基本功。公关人员担负对内外宣传、塑造组织形象的任务，要编写组织宣传材料，撰写新闻稿件，编写组织刊物，为发言人和领导撰写演讲稿，起草活动计划方案、各种报告和总结。为了向外界及时报道宣传，公关人员经常需要边组织公关活动边撰写高质量的新闻稿，活动一结束，稿件马上发出；一个好的策划思路出现后，有时要抢在竞争对手之前把文章作出来。文字功夫不过硬，就可能会贻误战机，使精心策划的活动失去新闻价值。

口头表达方式是最常用、最简捷的传播手段，也是人类沟通思想的重要手段。公关工作在很大程度上是一种劝说工作，因此公关人员须具备一定的口头表达能力，能清晰明了地发布信息、表达思想，而且要幽默机智、谈吐风雅、引人入胜、令人信服。公关人员应有意识地训练自己的演讲、谈判等职业能力。

（2）思维能力。

公共关系工作属于一种智力产业，公关人员健全的思维能力至关重要。健全的思维能力要求一个人心智成熟，有一定的深度且具有系统性。公关人员应扮演的角色是给企业当参谋、“医生”、代言人，不应是一个“漂亮的花瓶”。在工作中，要思路清楚，安排得当，抓住关键，提纲挈领，善于全面思考、分析问题并能进行换位思考，领悟他人意图。

（3）创造能力与学习能力。

公关工作在某种程度上讲就是以变促变，不同时间、不同地点、不同对象，工作内容不同，同一内容的工作方式也不尽相同。因此，公关人员的工作是一种富于创造性、开拓性的工作，它要求公关人员思维活跃，激情勃发，摒弃成规与陋俗，不断开创公关工作的新境界。

竞争激烈的 21 世纪公共关系需要新型的公关人才。除了懂外语、能使用电脑与互联网、有一项公关专长以外，最重要的是要有两面种能力：一是学习能力；二是创造能力。

另外，由于互联网络的出现，信息的传播速度与公开性大大提高，这也就意味着现在的公关技巧很快过时。而公众的欣赏水平和品味越来越高，竞争对手越来越强，公关人员若没有较强的创造能力、学习能力，将无法生存。

（4）组织策划能力。

组织策划能力包括策划决断能力、计划设计能力、组织实施能力、指挥调度能力和平衡协调能力等几个方面，是公关人员有计划、有步骤地从事某种活动并使之达到预期目标的实施操作能力。公关实务是一种目标指向活动，往往由一系列公关活动构成，有些大型公关活动还要涉及对外交往，如与上级和兄弟单位合作等，若没有良好的组织能力，即使有再绝妙的创造性思维也是枉然。当今的企业公关实务工作大都由集体来完成，这就要求公关人员与组织内外的各种人协同工作。公关人员不仅要能穿针引线，使各方人士联合在一起，而且要充分调动每个人的积极性，使他们的聪明才智充分发挥出来，形成智力群体优势。在举办各种公关活动时，公关人员应能控制进度、把握全局，擅长指挥调度，遇事沉着机敏，使整个活动有条不紊地进行。

（5）信息采集处理能力。

从信息科学的角度看，公关实务工作就是一种信息工作，属于信息产业的一部分。因此，一个合格的公关人员不仅应具备公关意识，而且应具备信息意识，学会运用现代化的信息技术，包括计算机、多媒体、互联网络，电子商务等，掌握信息调研方法和信息加工管理、处理的方法，以胜任组织的调研咨询和信息发布工作，并自觉培养自己的超前意识和科学预测能力。

（6）社交能力。

公共关系大量的日常工作都要同方方面面的社会公众打交道，社会交往能力是打开工作局面的基本能力。优秀的公关人员应该是一位社会活动家，善于同各种各样的人打交道。公关人员要有意识地培养自己处世融群的能力，掌握打开人际关系之门的钥匙，待人热情诚恳、落落大方、礼貌周全、宽厚坦诚，注意培养自己的气质风度，形成一定的人格魅力，有能力迅速取得别人的信任。当然，高超的社交能力还要求公关人员具有良好的仪表风度、幽默的谈吐和宽容的品德。

（7）自控和处理危机的应变能力。

公关人员要代表组织面对公众，因而他们在公众面前应展示一种“公务性自我”。职业要求公关人员带着“永恒的微笑”，公关人员不管自己遇到什么困难、内心多么烦躁甚至痛苦，不管遇到多么挑剔的公众，都应通过自我调节加以控制。个人的喜怒哀乐、心理失衡应通过正确渠道去宣泄，而不应带给公众。这不仅是公关人员应具备的一种能力，而且也应是公关人员的一种职业道德。公关人员在工作中会遇到各种各样的难题和意想不到的危机，遇到这类情况，公关人员应做到“每临大事有静气”，沉着机智，灵活机动，有条不紊地化险为夷。

2. 公关人员的培训

公共关系人员的基本素质直接决定了组织的公共关系任务能否顺利完成。成为一名合格的公关人员并不是容易的事，而其素质的提高可以通过一定的培养和训练得以实现。公共关系人员的培训途径主要有以下几种：

1）正规学校学历教育

这是一条专门培养公共关系人才的正规途径，也是社会培养公关人才的一种方式。在这种方式下，学生可以系统地学习公关理论，潜心研究公关技巧，掌握信息传播工具，并适当地参加实践与模拟活动。学校正规培养的优点是：课程学习安排具有系统性和科学性，专业基础知识学习具有广泛性和厚实性。

2）在职进修培训

在职进修是我国公关教育培训中最受欢迎的形式之一，其主要特点是：教学的现实针对性较强，周期短，见效快；学生的学习目的明确，且已有实践经验，故易于理解、接受和领悟，而且能学以致用。

（1）短期培训。

由高校、企业或行业组织（如公关协会）举办，时间长短不一，有半月、一月、半年等。培训对象是有一定实践经验的人员，培训目标和重点是专业基本理论与知识，着力于理论水平的提高。此外还有岗前培训，主要是进行专题讲座与报告，属于角色培训。

（2）见习培训。

这种方式的特点是在实践中学习与提高，让见习者在一段时间内充任本组织或外部组织公关人员的助手，见习并实际参与公关实践，学习别人处理公关事务的技术和方法，增强感性认识。

（3）聘请专家、学者指导。

聘请公共关系专家来单位指导和咨询，帮助解决公关工作中的疑难问题，对公关人员进行业务的实际辅导和点拨。这种方式针对性强，启发性大，实际效果好。

（4）其他培养形式。

如组织员工参加自学考试、函授刊授教育及电视广播教育，并为之提供参加辅导、面授等的条件，多途径多形式地提高专业理论水平和业务水平。

资料卡

公关从业人员能力要求

美国著名公关学者斯科特·卡特李普等人所著的经典著作《有效的公共关系》将公关工作概括为十大类：写作、编辑、与新闻媒介联络、特殊事件的组织与筹备、演讲、制作、调研、策划与咨询、培训、管理。根据这些工作内容，将公关人员的能力概括为：①对紧张心理的控制能力；②个人创造能力；③好奇心与求知欲，有很强的认知能力；④精力过人、有雄心大志；⑤客观地考虑问题，事实求是，有出色的判断能力；⑥具有从他人的角度观察问题的能力；⑦为他人服务的精神；⑧友善；⑨全面的适应能力；⑩较少个人意识。

（资料来源：[美]艾伦• 森特、斯科特• 卡特里普. 有效的公共关系[M]. 明安香，译. 北京：华夏出版社, 2006.）

小 结

本节主要学习了公关组织机构和人员。公关组织机构主要有公关部、公关公司和公共关系社团。公关从业人员有较高的知识、能力与素质要求,同时可以通过公关培训来提升。公共关系人员的培训主要有正规学校学历教育和在职进修培训两种途径。

思考题

1. 公共关系的组织机构有哪些?
2. 公关人员需要具备的素质有哪些?
3. 可以通过哪些途径对公关人员进行培训?

第 2 章　公关的三要素

个人离开社会不可能得到幸福，正如植物离开土地而被扔到荒漠不可能生存一样。

——列夫·托尔斯泰

没有人仅凭闭目不看社会现实就能割断自己与社会的联系。他必须敏感，随时准备接受新鲜事物；他必须有勇气与能力去面对新的事实，解决新问题。

——富兰克林·罗斯福

本章导入

公共关系是社会组织运用各种传播手段来维持和发展与公众之间良好关系的互动过程。公共关系由三大要素构成，即社会组织、社会公众、传播与沟通。其中，社会组织是公共关系的主体；社会公众是公共关系的客体；传播与沟通是联结主体与客体的中间环节，贯穿于公共关系的全过程。这三个要素既有各自的作用，又相互影响，相互促进，使组织保持良好的公共关系状态，并产生积极的社会影响。

通过本章的学习与练习让同学们掌握公共关系的要素构成。掌握公共关系主体的类别，能够明确公共关系主体在公关活动中的主导作用；能够分析公共关系客体与主体间的关系。知晓公共关系媒介的作用，体会在公共关系活动中，主体、客体和媒介三个要素浑然一体、密不可分的相互关系。

学习目标

1. 掌握公共关系三要素构成。
2. 掌握公共关系主体的类别，熟悉公共关系主体在公关活动中的主导作用。
3. 掌握公共关系客体的类别，分析公共关系客体与主体之间的关系。
4. 能描述传播与沟通在主体与客体之间的作用。
5. 能清楚地描述在公共关系活动中主体、客体和媒介三个要素的相互关系。

开篇案例

“小燕子”的一封信

日本奈良市郊区有一家旅馆，环境优美，招待客人热情，很能吸引顾客。但是美中不足的是每年春季，许多燕子竞相光临，在房檐下营巢安家，排泄的粪便弄脏了玻璃窗和走廊。服务员小姐擦不过来，使得旅客有点不快。旅馆主人爱鸟，不忍心把小燕子赶走，但又难以把燕子的粪便及时、彻底地清除，很是苦恼。

旅馆公关经理想出一条妙计。他提笔写道：

女士们、先生们：

我们是刚从南方赶到这儿过春天的小燕子，没有征得主人的同意，就在这儿安了家，还要生儿育女。我们的小宝贝年幼无知，我们的习惯也不好，常常弄脏了您的玻璃和走廊，致使您不愉快。我们很过意不去，请女士们、先生们多多原谅！

还有一事恳求女士们和先生们，请您千万不要埋怨服务员小姐，她们是经常打扫的，只是她们擦不胜擦。这完全是我们的过错。请您稍等一会儿，她们就来了。

您的朋友：小燕子

（资料来源：佘廉，中外公共关系案例分析[M]. 辽宁：辽宁人民出版社，2013 年）

入门问题

1. 您知道公共关系三要素吗？
2. 您知道公共关系主体有哪些吗？
3. 您认为自然人能成为公共关系主体吗？
4. 您知道公共关系客体有哪些吗？
5. 您知道的可以作为公共关系媒介的传播和沟通手段有哪些？

请您先不要着急往下看，试着回答以上问题。

2.1 公共关系的主体

公共关系的主体是在公共关系活动中处在主导地位的各类社会组织机构，是公共关系活动的策划者和组织实施者。公共关系的主体可大可小，国家、学校、家庭都可以作为主体。

2.1.1 社会组织概念及其特征

社会组织译自英文“Organization”，是指人们为了达到共同目标，按照一定宗旨、制度、系统建立起来的一个完整有机体。公共关系是一种组织活动，而不是个人行为，因此，社会组织是公共关系活动的主体，处于核心地位，是公共关系的实施者、承担者，其经营理念和行为对公共关系的形成与发展起着至关重要的作用。任何一个社会组织都不是孤立存在的，而是存在于一定的物质环境和文化环境之中，是一个开放的系统，即组织与组织之间，组织与外部环境之间都存在着相互作用的关系。社会组织是各种政治、经济、军事、文化团体及民间组织的统称。由于社会分工不同，社会组织有多种形态，如企业、学校、党派、政府机关等。

作为公共关系主体的社会组织在公关活动中起着主导作用，它具有以下特征。

1. 社会组织的整体性

社会组织的成员和部门都是组织的构成部分，与组织具有不可分割的密切关系。组织内各成员、各部门既有明确的分工，又有机地构成一个整体，组织成员有着共同的目标和利益保障。在实施公共关系活动中，应充分认识到组织的整体性，充分调动组织各部门及各方面成员的积极性。只有整个组织的形象目标明确，才能真正做好组织的公共关系工作。

2. 社会组织的目的性

社会组织的各成员和部门是在共同目标基础上结合起来的，社会组织的目标是构成组织和加强组织的核心要素。社会组织存在的目的是确立其宗旨、原则和运行规范与条件的依据，也是协调组织人力资源、发挥组织群体效应的基础。社会组织目标对组织的生存和发展具有导向作用，对组织成员具有统一认识、规范行为的作用。

3. 社会组织的动态性

任何组织都是一定社会环境的产物，环境是组织生存的社会基础。一方面，组织的环境是随社会经济环境不断变化的，因此组织也必须动态地根据环境变化修正自己的方针、政策、经营理念，不断自我调节、自我更新、自我完善，以适应环境的变化；另一方面，社会组织本身也是不断发展变化的，在不同的发展时期，组织的目标会有所不同，组织的成员间、部门间、成员与部门间、成员（部门）与整体间都需要动态地变化以适应不同的目标。因此，在公共关系活动实施过程中要充分考虑社会组织动态性特征。

4. 社会组织的多样性

不同的社会组织，其性质、组织规模、结构形态和职能等均不相同，因此，在公共关系活动的实施过程中要充分考虑社会组织的多样性特征，因地制宜地采取相应的策略。

2.1.2 社会组织的分类

不同的社会组织有不同的特点、不同的对象，为了更好地促进和提高组织的运行效率和有针对性地开展公共关系活动，有必要分清社会组织的分类。社会组织的分类从不同的角度可以分为以下几种。

1）互益性组织

主要包括各种党政团体、职业团体（学会、协会、研究会等）、群众社团组织、工会组织、宗教团体等。该类组织非常重视内部成员的利益和共同目标，强调成员对组织本身的凝聚力和归属感，重视组织内部沟通，及时了解成员对组织的要求，争取他们的理解与合作。

2）营利性组织

营利性组织是以营利为目的，追求经济利益最大化的经营性组织，主要包括工商企业、金融机构、第三产业服务机构等经济组织。这类组织为了自己的经济利益，为了在市场竞争中争取顾客，一般都有比较自觉的公共关系行为，主动争取公众支持，但比较偏重于与市场活动直接相关的公众。其公共关系行为的营利性质也较为明显，因此这类组织要与其利益相关者建立良好的关系。

3）服务性组织

服务性组织不以营利为目的，而以服务对象的利益为目标，主要包括学校、医院、社会福利机构等非营利性组织。该类组织以满足特定服务对象的需要为目标，因此要与其投资者、协助者以及服务对象处理好关系。

4）公共性组织

公共性组织是指为了保证社会安定及不受内部不良因素影响和外来干涉，为整个社会和一般公众提供服务的组织，主要包括政府部门、军队、公关安全机构、消防机构等。该类组织以国家和社会整体利益为目标，所以它们需要处理好与社会各界的关系。

任何一个组织的生存与发展，都需要得到社会的认可、接受和支持，都需要公共关系管理的帮助，创造一个良好的环境，塑造一个良好的组织形象。公共关系的主体性的发挥在很大程度上依赖于组织的公共关系部门和该部门人员。

2.1.3 公共关系机构

公共关系的职能必须借助一定的载体或实体才能发挥和完成，这种载体即是公共关系机构。公共关系机构是由公共关系人员组成，开展公关活动，实施公关工作职能，服务于社会，组织公共关系需要的专业机构。社会组织要卓有成效地开展公共关系活动，就必须结合组织实际情况，合理地设置公共关系机构。

> **课堂互动**
>
> 讨论：公共关系活动究竟应该由谁来开展？

按公共关系机构的独立性和服务对象划分，可分为组织内部设立的公共关系部、专业从事公关活动的公共关系公司和公共关系专业社团。

1. 公共关系部

在本书第 1 章中已有讲述，公共关系部是指社会组织内部为处理、协调、发展本组织与社会公众和组织内部公众关系而设立的专业职能机构。

公共关系部作为组织专门的沟通传播、协调关系的机构，其基本职能主要表现在以下几个方面。

1）调研与信息处理

调查研究（调研）在公共关系工作中具有重要意义，它是一切公关工作的立足点。通过与组织内各部门、各方面保持接触和联系，对组织外公众进行调研，收集信息并汇总，也做分析和处理，掌握组织内外公众的要求，为最高领导层提供决策参考。

2）传播沟通

公共关系部根据组织的决策，担负对内对外公众宣传、阐释、传递信息的职责。公共关系的工作就是要处理组织与环境（公众）的关系，为组织沟通信息、联络感情、扩大社会联系、解决与公众间的矛盾与冲突。公共关系部要与组织内外公众保持沟通和协调，并创造各方面关系和谐的人际环境和社会环境。

3）专项技术处理

公共关系工作技术性强。如摄影、制作录像、录音，组织公共关系广告、组织标志、商品的商标、广告宣传画的设计等，这些工作都需要专业技术制作，也是公共关系日常工作的重要内容。除此之外还包括撰写新闻稿件，写演讲稿，编写年报、组织内刊、服务指南以及其他宣传与沟通材料等工作。

4）策划组织公共关系专题活动

公共关系部的工作不是简单地迎来送往、接发信函，除组织常规的会议与活动外，公共关系部还应审时度势地策划并推出具有轰动效应的公关专题活动，借此完成塑造和宣传组织形象的任务。公关部门为塑造良好的组织形象，营造有利于组织生存发展的环境，要适时策划举办各种专题活动，如展览、新闻发布会、记者招待会、交流会、联谊会等。

5）处理突发事件

当可能给组织形象与发展带来负面影响的突发事件发生时，公关部门要及时迅速客观地调查处理。包括与媒体积极接触、传播真相、积极组织与公众沟通并安抚、释疑，与法律部门、质检部门打交道等。

2. 公共关系公司

资料卡

公共关系公司的发展

公关关系公司是随着公共关系职业化而产生的。1903年，被后人誉为“公共关系之父”的美国著名记者艾维·李开办了世界上第一家公共关系性质的事务所。1920年，N. W. 艾尔正式开办了公共关系公司。由于它在当时克服美国经济危机中所发挥的作用，因此确立了其社会地位。如今，在美国，有成千上万家公共关系公司；在英国，有600多家各类公共关系公司。其中国际性著名的跨国公共关系公司有美国的博雅公共关系有限公司、爱德曼国际公关有限公司、传达公共关系公司、奥美公共关系国际集团、英国的万博宣伟国际公关公司等。中国内地自20世纪80年代中期成立第一家公共关系公司以来，至今已经有数百家公共关系公司活跃在市场经济的舞台上，在社会和经济发展中发挥着重要作用。

公共关系公司又称公共关系咨询公司或公共关系顾问公司，指由具有专业特长的专家和各类专业技术人员组成的，有独立的法人资格，专门从事公共关系方面的咨询服务或代表客户进行公共关系活动的有偿服务性公司，其专业水平较高，社会影响较为广泛。

公共关系公司的业务范围比较广泛，根据客户的需要开展工作，并按照一定的标准收取费用，其主要服务内容包括以下几个方面：

1）咨询服务

公共关系公司利用自己专业水准高、经验丰富、对问题分析客观等优势，为社会组织提供各种咨询服务。如组织形象调查，公共关系诊断，收集、汇编有关情报资料，为客户提供如市场动态、经济、政治、文化环境等社会情报资料，为客户制订公共关系计划等。

2）代理性服务

公共关系公司利用自己的各种专业技术资源，以客户代理人的身份，直接为客户操办具体的公共关系业务，或者直接从事客户的公共关系工作。如，为客户策划和组织各类专题活动，包括剪彩仪式、庆典活动、联谊活动、赞助活动等；为客户策划新闻传播，包括撰写新闻稿件、选择新闻媒介、组织新闻发布会；为客户组织有关的市场营销、促销活动，包括承办产品推广会、贸易展览会、展销会等。

3）职业培训服务

公共关系公司可以利用自己的职业水平优势，采取多种方式为一些组织的公共关系人员进行职业培训服务。如，开设各种培训班；派专家去指导工作；安排有关人员来公司实习等。

4）一般性公共关系服务

包括设计、编制、印刷各种文字宣传资料，发放纪念品，制作视听材料等。

3. 公共关系社团

公共关系社团泛指社会上自发组织的非营利性的从事公共关系理论和实践活动的各种群众性组织和群众团体。主要包括公共关系协会、公共关系研究会、公共关系专业委员会、俱乐部、沙龙、联谊会等。

资料卡

公共关系协会的发展

早期的公关关系工作者尽管没有打出“公共关系协会”的招牌，但相应的社团组织早已出现在公共关系活动中，如美国国会于 1929 年成立的“宗教公共关系理事会”等，已初具这种综合性社团的雏形。自 1948 年美国公共关系协会（Public Relations Society of America，PRSA）成立后，世界各地的公共关系协会如雨后春笋般涌现。1986 年 11 月，上海市公共关系协会成立。1987 年 6 月，中国公共关系协会在北京成立。之后，我国各省、市，各行业相继成立不同层次的公共关系协会。这类社团大多自筹活动经费，有的是民办，由政府部门赞助，其职能多是服务、指导、协调、监督。

公共关系社团的工作内容包括以下几个方面。

（1）发展联络会员和社团。

公共关系社团应与其会员建立经常性联系，并与海内外其他公共关系社团建立横向协作关系。

（2）制定行业规范。

制定和宣传公共关系职业道德标准、行为准则，并检查其执行情况。

（3）专业培训。

为社会和各类组织培训公共关系专业人员。通过举办培训班和研讨班等方式培训公共关系专业人员。如英国公共关系协会经常举办 CAM 证书和文凭两个层次的培训和考核。

（4）出版公共关系书刊，宣传普及公共关系专业知识。

通过编辑出版会刊、通讯，普及公共关系的知识，记载和推广公共关系的研究成果。

（5）开展公共关系咨询服务工作。

（6）维护公共关系从业人员的基本权益。

小 结

本节公共关系主体主要学习了三个方面的内容：公共关系主体的概念与特征、公共关系主体的类型、公共关系机构。

作为公共关系主体的社会组织在公关活动中起着主导作用，其具备整体性、目的性、动态性、多样性四个特征；社会组织主要分为互益性组织、营利性组织、服务性组织和公共性组织。

公共关系机构是由公共关系人员组成，开展公关活动，实施公关工作职能，服务于社会，组织公共关系需要的专业机构。公共关系机构一般包括组织内部设立的公共关系部、公共关系公司和公共关系社团三种类型。

思考题

1. 公共关系的构成要素有哪些？
2. 什么是公共关系的主体？它有哪些特征？
3. 社会组织类型有哪几种？请列举三个你知道的社会组织。
4. 公共关系部的基本职能有哪些？

2.2 公共关系的客体

公众是公共关系传播沟通的对象，是公共关系活动的客体。公众作为公共关系的基本构成要素，是公共关系学中一个相当重要的概念。公众一词源自英文“Public”，既有泛指公众、民众的含义，也有特指某一方面公众、群众的含义。公共关系学中的“公众”是一个特定的概念，并非是人们听到这个词脑海中想象的“群众”“人民”“人群”“普通老百姓”等，而是具有特殊意义的“公众”。

【案例 2-1】

新加坡航空公司的服务

新加坡航空公司（以下简称“新航”）的服务准则是：对所有乘客一视同仁地施以关心和礼貌，在一切服务细节上给乘客留下难忘的印象，并树立公司的整体形象。这些服务准则通过每一位工作人员的良好举止体现出来。

（一）订票时可得座位号，登机时乘务员对乘客以姓相称

一般航空公司乘客在订票时是不能拿到座位号的，登机前才能在机场领得印有座位号的登机卡。而新航通过公司设在全球各地的电脑订票系统，使乘客在任何国家预订任何班次的机票时，能够同时得到飞机上的座位号。公司将订坐某次班机的全体乘客姓名按舱位平面图排列交给当班乘务员，要求每个乘务员事先记住自己所负责的那一舱位所有乘客的姓名，乘客上机时只需将座位号贴在登机卡上，乘务员在机舱门口引导乘客对号入座，并在舱位图上做记号。乘客就座完毕后，乘务员就能按照记忆，对每一位乘客以姓相称呼，使乘客在感到宾至如归的同时又略感意外的和谐与舒适。这样周到的服务，是世界上其他航空公司难以做到的。

（二）殷勤款待，乘客从进入飞机起就感觉如同在殷勤的主人家中做客

乘客在座位上刚坐定，乘务员就手拿衣架来到面前，和蔼地询问你要不要把上衣脱下挂起来，如果要的话，可把上衣连同登机卡一并交给她，下机再把上衣送还。飞机起飞之前，乘务员又送来热毛巾，端来一杯杯饮料，然后又送上插着牙签的小点心请乘客选用，乘客如同受到主人的悉心款待。

（三）照顾乘客休息用餐，将饭店服务方式搬进机舱

洲际飞行乘客易疲劳，而且途中要用几餐饭。因此班机起飞不久，乘务员就给每位乘客送上一双尼龙软鞋套和遮光眼镜，供乘客休息时用。还送来一份印刷精美的菜单，上面以英、法、德三种文字印有全程每餐饭的菜名，并附有飞行各段所需的时间，然后乘务员来到座位上登记每位乘客所选用的主菜。公务舱开饭时，先给乘客小桌上铺桌布，再送上主菜托盘。主菜用完后，乘务员前来把托盘中的主菜器皿取走，空出位置再送甜食或水果，这样就等于把饭店的服务方式搬进了空间狭小的机舱，而不是一股脑儿地把所有的吃食都端到小桌上。

（四）纪念品加优待券，希望你再来光顾

乘客休息完后，可得到一包装潢精美的盥洗用具，包括牙刷、牙膏、肥皂、梳子和两小瓶化妆品，上面都印有新航标记，其不但是美观实用的纪念品，更是值得保留的宣传品。乘客如需写信，均可由新航免费邮寄至世界各地。头等舱和公务舱的乘客如填写一张表格，便可将自己的姓名地址存入新航公司的计算机，并取得一个编号，日后可得到公司寄来的一二十张优待券，一年之内可凭优待券优先购买新航的机票，行李超重可不付费，还可以到新加坡的一些百货商店享受购物折扣优惠。

以上这些及其他各项服务措施，使新航在国际航线上赢得了声誉，赢得了顾客，在激烈的国际竞争中胜人一筹。

案例思考：

顾客的口口相传是最有效的广告，乘坐新航的乘客，他们一定会将自己亲身体经验讲给朋友听。加拿大一家杂志社曾调查得出：当你发现一个顾客在抱怨，势必有 26 个其他顾客在抱怨，结果会有 18 个顾客拒绝再购买你的商品。由此可见公众的重要性。

（资料来源：佘廉. 中外公共关系案例分析[M]. 大连：辽宁人民出版社，2013.）

2.2.1 公众的概念及其特征

公众是组织在运行过程中涉及的个人关系、群众关系、组织关系的总和，是公共关系传播沟通对象的总称。从与主体之间关系的角度来讲，公众是指与公关主体产生相互联系并相互作用，其成员面临共同问题、共同利益和共同要求的社会群体。如作为主体的企业的公众除了顾客、经销商、供应商，还包括该企业内部的全体员工、股东、政府、新闻界、社区居民等。每个社会组织都有自己特定的公众，只有识别了公众才能开展工作。

公共关系学中所指的公众是和公共主体有共同利益并密切相关的人，离开了公关主体就没有公众。公众与组织面临着一个共同问题（目标），一旦这个问题解决了，这个问题的公众也就随之消失。因此，公众是群众中与公关主体发生关系并且会发生变化的一部分。

为了更清楚地认识公众，接下来我们来了解一下公众的特征。公众的基本特征有如下五点。

1. 公众的整体性

社会组织面对的公众是一个完整的环境，它不是单一的群体，而是与某一组织运行有关的各种关系的总和，我们把这种整体环境称之为公众环境。公共关系工作不能只注重其中某一类公众而忽略其他公众，对其中任何一种公众的疏忽，都可能不同程度地导致公关环境的恶化，因此必须关注公众的整体性，这样企业的生存和发展才能得到保障。

2. 公众的共同性

公众是具有某种内在共同性的群体。当一群人因为某种共同点而发生联系时，便成为某一类公众，这种共同点的可能性很多，有共同的利益、问题、需求、兴趣、意向、背景等。如某企业销售的产品出现质量问题，凡是购买了该产品的顾客都存在因购买此商品可能面临的利益损害的共同问题，如果这群消费者联合起来向媒体披露或向消协投诉，这时，企业为了自身利益和公司形象，就必须展开公关活动。因此，这里出现的“这群消费者”就成为该企业公共关系工作的特定“公众”。

3. 公众的相关性

公共关系中的公众总是相对于一定公共关系行为主体（组织或个人）而存在的，它们是相互制约、相互作用、相互影响的互动关系。公众对于社会组织的生存和发展具有实际或潜在的影响力和制约力，同样，社会组织的行为和决策对它的公众也具有实际或潜在的影响力和作用力，影响着公众面临问题的解决或需求的满足。如上面提到的企业销售的产品出现质量问题，其消费者的不满情绪高涨，这会对该企业的商业信誉造成不好的影响；而企业对这件事的处理态度和方式，关系到消费者能否获得自己的利益。寻找公众、确定公众其实就是寻找和确定相关性，并将它们具体揭示出来，分析清楚，从而确定出自己的目标公众。因此，相关性的确定，有助于组织在大众中弄清楚哪些是公众，哪些是非公众，并从公众需求和利益出发，知己知彼，避免问题或有效解决问题。

4. 公众的变化性

组织所面临的公众不是一成不变的，而是处在不断变化之中。公共关系的公众涉及各个领域，它与社会组织的联系是由于面临某种共同点或相关性，随着时间的推移或事件的演进，当这种共同点或相关性不存在，这些公众就不再是这个社会组织的公众，与此同时，又会有新的公众加入其中，形成新的公众环境。在这个过程中，主体与其公众之间的关系是变化的，有的关系产生了，有的关系消亡了；有的关系紧密了，有的关系疏远了；有的关系可能从之前的竞争变化成合作，有的关系可能从之前的协作发展成了对立。因此，公众绝对不是“铁打的营盘”，而是“流水的公众”，作为公关主体必须以动态发展的眼光认识自己的公众。

5. 公众的多样性

“公众”仅仅是个统称，其存在的形式复杂多样，可以是个人，可以是松散的群体，也可以是严密的组织或团体。如，某企业所面临的政府、供应商、经销商等公众都是严密的组织，而面临的消费者可以是个人，也可以是一群消费者这样松散的群体，还可以是特殊的利益团体（如消费者协会）。正因为组织公众复杂与多样，才体现出公共关系活动的必要性。

2.2.2　公众的类型

对复杂多样的公众进行科学分类是公共关系工作的起点，是提高公共关系活动有效性的保障。根据不同的分类标准，公众可以划分为以下几种类型。

1. 按公众与组织机构的关系划分

根据公众与组织有无关系来看，可以分为内部公众和外部公众。

1）内部公众

组织内部的成员。最直接、关系最密切的内部公众是员工公众和股东公众。

2）外部公众

内部公众以外的公众。对于一般的组织，常见的外部公众包括政府公众、媒介公众、顾客公众、社区公众等。

2. 按公众对组织的重要程度划分

根据公众对组织的重要程度来看，可以分为首要公众、次要公众和边缘公众。

1）首要公众

指与组织联系最频繁、最密切，对组织影响重大甚至可以决定公司生存发展的那部分公众。他们是组织公共关系的重点目标，需要组织投入最多的财力、物力、人力来协调和促进与他们之间的关系，最常见的如顾客公众、企业的员工公众、股东公众等。

2）次要公众

对组织生存与发展有一定影响，但不起决定作用也不直接发生作用的那部分公众。如政府公众、媒介公众、社区公众等。需要注意的是，次要公众在某一特定时期和条件下有可能转化为首要公众，反之亦然。因此，在实施公共关系活动中，在保证首要公众的前提下，应该兼顾次要公众，争取他们的合作与支持。

3）边缘公众

首要公众和次要公众以外的与组织关系最不密切的那部分公众，如一般的社会团体、慈善团体、宗教团体等。一般情况下这类公众不会对组织构成影响，但也不可完全忽略。

3. 按公众对组织的态度划分

根据公众对组织的态度，可以分为顺意公众、逆意公众和独立公众。

1）顺意公众

指对组织的政策、行为和产品持积极支持和拥护态度的公众，这部分公众是企业生存的基本公众，是企业的支持者和盟友，他们对企业的稳定和发展非常重要，因此组织要注意维系和加强和这类公众的关系。

2）逆意公众

指对组织的政策、行为和产品持否定和反对态度的公众，即组织的敌对者，是组织发展的障碍。逆意公众对组织的态度是否定和反对的，因此对组织来讲，大多数情况下，逆意公众都存在一定的威胁，因此他们是组织公共关系的重点对象，组织要注重与这部分公众加强信息沟通，促使这部分公众的态度发生改变。

3）独立公众

指对组织持中立态度或观点、意向不明朗的那部分公众，介于顺意公众和逆意公众之间，这类公众对组织不了解，如果能够做好工作，很可能将其发展成顺意公众，但如果忽视他们，这部分公众也有可能成为逆意公众。因此，对于独立公众要树立良好的组织第一印象，争取得到他们的支持与赞赏。

4. 按公众的动态发展过程划分

根据公众处于不同发展阶段时呈现的特点或根据组织对公众的影响程度，可将公众分为非公众、潜在公众、知晓公众和行动公众四类。

1）非公众

是指其行为、观点和态度不受组织影响，也不会对组织发生任何影响的团体或个人。如大学招生，学龄前儿童就是非公众。了解了非公众，组织的公共关系工作就能避免盲目性和浪费。需要注意的是我们之前提到公众具有变化性的特征，因此非公众也不是绝对不变的，从发展的角度来看，公众都是从非公众发展而来的，公关人员需要从事情的实际出发去分析公众。

2）潜在公众

潜在公众有两种情况：一是已经与组织有某种联系，但其自身尚未意识到这种联系的公众，如产品质量问题的潜在受害者；二是虽然现在和组织还没有发生关系，但将来会与组织发生关系和影响的那部分公众。对潜在公众，公共关系人员需要未雨绸缪，加强对组织公众环境的监测，预测事态发展，争取主动性和超前性，把一切问题解决在萌芽状态。

3）知晓公众

知晓公众由潜在公众发展而来，这部分公众意识到问题的存在，并把它与组织的运行联系在一起。当曾经的潜在问题暴露出来，原来的潜在公众已经明确意识到自己面临的问题与某组织有关，迫切需要了解与该问题相关的信息时，潜在公众就发展成知晓公众。知晓公众是企业无法回避的。因为知晓公众已经知悉问题的存在与组织有关，因此，他们对问题相关信息都很关注，而且迫切想知道问题产生的原因、解决办法及组织的态度等，因此知晓公众一旦形成，组织的公共关系工作就应该积极主动地展开，及时与公众沟通信息，表明主动解决问题的态度，尤其当组织的负面问题暴露后，公共关系活动部门更要借助各种媒介、各种传播手段，积极主动地向公众传递他们关注的相关信息，切忌“沉默是金”。让公众通过其他小道消息了解不切实际的信息，这对组织的公关工作工展是非常不利的。总之，知晓公众是需要非常谨慎对待的公众。

4）行动公众

行动公众是由知晓公众发展而来，指不但意识到问题的存在，而且准备或已经开始采取实际行动对组织形成压力以求得问题解决的公众群体。当公众意识到问题存在，而且该问题与某组织有关，但组织因为各种原因没能及时解决问题，公众就会采取行动，对组织施加压力，迫使组织采取相应的行动来解决问题。面对行动公众，无论他们的行动是积极的还是消极的，组织都应该全力采取实际且有效的行动去对待他们，要让其知道组织想要解决问题的诚意和努力，尽可能变不利为有利，其他逃避或推卸责任的做法都是不可取的。

5. 按公众的稳定程度划分

根据公众构成的稳定性程度，将公众划分为临时公众、周期公众和稳定公众三类。

1）临时公众

指因某个临时因素、偶发事件或专题活动而形成的公众，如因飞机航班晚点而滞留机场的旅客、因某产品质量问题而使利益受到损害的消费者等。每个组织都会遇到一些偶发事件，这就需要公共关系部门紧急应对。一个组织的公关能力是否很强，从某种程度上说，就是看该组织是否具有较强的突发问题的应对能力。

2）周期公众

指按一定周期出现的公众，如春运时的旅客，十一长假去景点游玩的游客，情人节购买玫瑰的消费者等。周期公众出现有一定的规律性，组织应该掌握好这个规律性，事先揣摩好公共关系活动计划，做好充分的准备，争取把某些周期公众变为长期公众。

3）稳定公众

是指与组织之前有稳定关系，会经常性出现的公众。如持有航空公司里程卡的会员、组织的老客户等。稳定公众是组织的基本公众，是组织的财富，对于这类公众，组织通常采用一些优惠的政策以维系其亲密关系。

小　结

本节公共关系客体主要学习了两个方面的内容：公共关系客体的概念与特征与公共关系客体（公众）的类型。

作为公共关系客体的公众是与特定的公共关系主体利益相关并相互影响和相互作用的个人、群体和组织的总和。简单地说，就是与主体（社会组织）有直接或间接关系的人群。它是公共关系工作对象的总称。

公共关系客体（公众）具有整体性、共同性、相关性、变化性、多样性五个特征。根据公众与组织关系、公众对组织的重要程度、公众对组织态度、公众发展过程及公众的稳定程度几个标准进行了分类。

思考题

1. 什么是公众？公众具有什么样的特征？
2. 简述公众的类型及分类标准。
3. 组织应如何处理好与员工公众间的关系？
4. 怎么理解“顾客永远是正确的”这句话？

2.3 公共关系的媒介

公共关系的媒介，是社会组织开展公关工作的重要手段。离开了媒介，组织无法将自己的信息传达到公众，让公众了解自己，同样公众也无从知悉组织的情况。我们把社会组织看作公共关系工作的主体，公众看作是公共关系公众的客体，媒介就是联结二者间的纽带，组织与公众间的沟通，在很大程度上依赖媒介。

2.3.1 媒介的概念

媒介是使双方（人或事物）发生关系的人或事物。其中，“媒”，在先秦时期意指媒人，后引申为事物发生的诱因。“介”，指居于两者之间的中介体或工具。媒介也指在两者或两者以上的人或事物间，从中介入参与其中的活动或组织，表达一种动作状态。

资料卡

马歇尔·麦克卢汉是20世纪原创媒介理论家，他以研究媒介著称于世，其主要思想体现在以下四个方面：

1. 媒介即是信息

真正有意义的信息不是各个时代的传播内容，而是这个时代所使用的传播工具的性质及其所开创的可能性，以及给社会带来的变革。

2. 媒介是人体的延伸

任何传播媒介不是具有长久保存的倾向性，便于对时间跨度的控制，便是具有远距离运送的倾向性，便于对空间领域的控制，二者必居其一。麦克卢汉把前者称为“偏倚时间的”媒介，把后者称为“偏倚空间的”媒介。

3. 媒体有冷热之分

依据媒介提供的清晰度或明确度、信息接受者想象力的发挥程度及信息接收活动中的参与程度，可将媒介划分为冷媒介和热媒介。冷媒介是清晰度低，要求人们尝试参与和卷入的媒介，如手稿、电话、电视。热媒介是清晰度高，不要求受众深度参与和再创造的媒介，如印刷品、广播、电影等。

4. 媒介理论的局限

把技术视为社会发展和变革的唯一因素；忽略了人的主观能动性，人似乎被媒介主宰；用媒介对中枢感觉的影响来解释人类的全部影响，强调媒介是人的生物性而不是人的延伸。

（资料来源：马歇尔·麦克卢汉. 理解媒介【M】. 何道宽，译. 北京：商务印刷出版社，2000.）

2.3.2 媒介的类型

传播媒介是信息传递的载体，信息不能独立存在，必须借助于某种介体才能显现。对于大众传播媒介来说，不同的媒介发挥着不同的作用，作为一名公共关系工作人员，必须了解、熟悉各种传播媒介，并能适时正确运用。按不同的分类标准，媒介可划分成不同的类型。

表 2-1 媒介的分类

分类标准	分类结果
按媒介的发展历程	亲身传播时代媒介、口头语言时代媒介、文字书写时代媒介、印刷时代媒介、大众传播时代媒介、网络传播时代媒介
按媒介属性	纸质媒介——报纸、杂志 电子媒介——广播、电视、电影 新兴电子媒介——网络、手机
按媒介的功能	听觉媒介——广播、电话 视觉媒介——报纸、杂志、路牌、DM（Direct Mail Advertising，直邮信函广告）、海报、POP（Point of Purchase，卖点广告）、画册、橱窗、展示台等 视听两用媒介——电视、电影、网络、手机等

以上介绍的是组织常见的几种媒介类型，它们自成体系，又各自具有不同的结构、要素、形式、功能和特点，同时相互联系、互相交叉、互相重叠、互为补充。因此，熟练地掌握和运用不同的媒介，是组织公共关系成功的保障，此处仅简单介绍其类型，详细的内容将在第 4 章“公关传播”部分详细展开。

2.3.3 媒介的作用

1. 促进社会整合，实现社会系统总目标

大众媒介因其大众化的特征，成为社会资源整合的最佳工具之一。它能有效地将社会各系统的信息整合，有效地联结社会各子系统，如政府与民众之间、政府与组织之间、组织与民众之间、民众与民众之间等。同时媒介系统作为社会子系统，是现存社会制度的一部分，必须为社会总目标服务，维护既有的社会秩序。在一方面，政府可以利用媒介传播主流价值观，制造有利于自身的舆论，协调各利益集团间的关系；另一方面，公民可利用媒介间接地了解和参与国家事务与政府决策。

2. 开发和利用各种社会信息资源

媒介在社会总系统中的基本作用即开发和利用社会信息资源。作为新闻媒介，其主要功

能就是新闻信息的开发和利用，实现传递信息、观念、态度和情意，达到互相交流的目的。

3. 实现个人的社会化

个人可以通过媒介提供的信息认知和理解自身，也能通过对媒介信息理解社会；媒介能起到个人行为的导向作用，即通过媒介的信息，个人能够做出行动的决策，也能通过媒介的信息处理个人的人际关系；媒介能够起到个人娱乐作用，即个人通过与媒介的接触获取娱乐。

小　结

本节简要描述了公共关系要素之一——媒介的相关内容，主要从三个方面进行了阐述：媒介的定义、媒介的分类和媒介的作用。

媒介是联结组织与公众间的纽带，了解媒介的类型和作用是每一个公关从业人员必须具备的基本知识。不同的媒介类型自成体系，又相互交叠，各自具有不同的特征和优势，选择合适的传播媒介能够让公共关系工作收到事半功倍的效果。

思考题

1. 什么是媒介？
2. 媒介根据其属性标准分几类？请分别举例。
3. 媒介在社会现实中的作用有哪些？请分别举例。

第 3 章　公共关系的职责与功能

塑造组织形象，可以说是公共关系最基本的职能，有人据此将公共关系部称为组织的“形象设计师”。一个组织在公众心目中树立了良好的形象，就意味着它具有很好的社会信誉，可以取得广大公众的信任和支持，这也就是我们通常所说的“无形资产”。

——居延安《公共关系学》

企业管理过去是沟通，现在是沟通，未来还是沟通。

—— 松下幸之助

本章导入

公共关系职能就是公共关系在组织中所应发挥的作用和承担的职责。对公共关系职能长期以来存在着不同的表述,我们认为，概括地说，公共关系职责与功能就是调动一切可以调动的力量，运用各种手段，塑造良好的组织形象，创造宽松的外部环境，促进组织的生存和发展。具体来说，公共关系的主要职责有六项：收集信息、辅助决策、传播推广、协调沟通、提供服务、危机处理。公共关系的功能主要体现在塑造良好的组织形象和协调内外关系两个方面。概括地讲，即“内强素质、外塑形象”。

学习目标

1. 明确为什么要学习公共关系的职责与功能。
2. 掌握公共关系的六项职能。
3. 掌握如何运用公共关系协调组织内部与外部关系。
4. 掌握如何运用公共关系塑造良好组织形象。

开篇案例

如果你是某大城市一家宾馆的公关经理，宾馆设施、条件一流，但外人知晓不多。你恰巧得知国外某影星将到该城市来度蜜月，你将会如何去做？

高莉莉就任上海某大酒店公关部经理时，酒店还缺乏知名度。1995 年秋，她从记者朋友处得知，日本著名的影星中野良子将偕新婚丈夫来北京、上海访问。她马上意识到这是酒店开展公共关系活动，提升知名度和美誉度的好机会。于是，她立即采取了一系列措施，争取到了接待客人的机会。然后她给正在北京的中野良子打电话，请她来上海时下榻“金沙江”。对方应允后，高莉莉立刻带领宾馆的工作人员进行策划和准备。当中野良子夫妇到达上海某大酒店时，等待他们的是一个洋溢着浓烈的喜庆气氛的“迎亲”场面：在一片热烈的鞭炮声里，中野良子夫妇被 40 多位中外记者及酒店上百名员工簇拥进一个中国传统式的“洞房”——正墙上大红“喜”字熠熠生辉，两旁的对联上写着“富士山头紫燕双飞白头偕老，黄浦江畔鸾凤和鸣永结同心”。在笑声、掌声此起彼伏的“闹洞房”仪式中，新婚夫妇还品尝了象征“甜甜蜜蜜”“早生贵子”的哈密瓜、桂圆、红枣等，在异国他乡度过了一个难忘的欢乐之夜。第二天，众多记者纷纷在各自的媒体上报道了这则极富情趣的新闻。上海某大酒店也随着这些报道在一夜之间扬名海内外，特别是在中国公众和日本公众心中留下了深刻而美好的印象。

案例思考：

以上故事，体现出哪些公关知识呢？首先，高莉莉听到中野良子夫妇要赴上海，就马上采取行动，想方设法请他们下榻自己任职的大酒店，这就是公共关系担当的角色：收集信息、咨询决策；其次，高莉莉通过数十位记者，把中野良子夫妇在大酒店享受到的中式婚礼报道出去，这又是公共关系所承担的主要功能：塑造形象、协调关系；再次，高莉莉他们在如何开展这项活动方面，所采用的手段技巧是严格按照公共关系的基本原则进行的，即：求真务实、真诚互惠、全员公关、不断创新。

（资料来源：看公关经理怎么“制造新闻”，曹丽娟《公关世界》1995 年 01 期。）

入门问题

1. 上面案例中公共关系承担的主要职责有哪些？
2. 为什么要学习公共关系的职责和功能？
3. 公共关系的主要职责有哪些？
4. 公共关系的主要功能有哪些？
5 在生活中有没有利用公共关系的职责和功能达到目的的事例？

请您先不要急着往下看，试着回答以上问题。

3.1 公共关系的职责

公共关系的职责：指公共关系在组织的行政管理或经营管理过程中的工作范围及其应当承担的责任。公共关系以塑造社会组织的良好形象为工作目标，围绕这一目标所开展的具体活动和工作便是它的职责范围。

3.1.1 收集信息

公共关系在组织的经营管理活动中，首先要发挥信息情报的搜集、整理、分析、评估的作用，充当组织的“耳目”，使组织“眼观六路，耳听八方”，对与组织相关的社会环境和公众舆论保持高度的敏感性。

1. 公共关系信息搜集的内容

1）与组织形象有关的信息

公共关系处理的信息是与组织的公众形象有关的信息，即了解公众对本组织的产品、政策、行为、人员等多方面的印象、看法、意见和态度，了解本组织在公众心目中的位置，了解本组织在公众中的形象。具体分为两个方面：

第一，产品形象的信息。产品是组织的缩影，组织的存在价值通过其产品被人接受和喜欢而得到确认。公众对产品的意见和评价是基于多方面的，如质量、性能、功能、价格、款式、包装、售后服务等，对于该产品优点、缺点的评价以及如何改进等方面的建议。

如：美的电器的外观设计都非常时尚美观；格力空调的质量好，功能全；海尔电器的售后服务很好。这些都是关于产品形象的信息。

第二，组织形象的信息。组织的公众形象就是组织的整体素质和实际表现在公众心目中的认知和评价，反映为组织的知名度和美誉度两个方面。

组织的知名度信息：知名度信息除了产品的品牌商标的社会认知率之外，还包括企业名称和标志的社会认知率，企业主要领导人的社会知名度，对企业历史与现状的了解程度，对组织的政策和行为的知晓程度等。

组织的美誉度信息：美誉度包括组织的有关方针政策、组织的活动和行为，组织的领导及其人员等在社会公众中是否“得人心，受欢迎”。

组织的整体形象还反映在公众对组织其他的要素的评价。这些要素包括：① 公众对组织机构的评价；② 公众对组织管理水平的评价；③ 公众对组织人员素质的评价；④ 公众对组织服务素质的评价。

如：××银行的员工素质很高，每次进银行，可以看到大家都在有条不紊地工作，顾客都由服务人员引导进行各种金融业务的办理，而服务小姐迷人的微笑让人倍觉温馨，服务的效率也很高，不需让顾客等很长时间。

2）组织环境中的各种社会信息

公共关系作为环境的“监测器”，要注意跟踪分析公众环境的变化动态，及时把环境中的各种“变数”反馈回来，把握环境变化中的各种潜在的趋势，预报环境中各种潜在的问题和危机，提高组织对环境的应变能力。

2. 公共关系信息搜集的渠道

1）内源信息渠道

内源信息渠道主要指组织内部的信息渠道与来源。包括正式的和非正式的信息渠道。

正式的信息渠道指按照正式的组织层级系统传递信息的渠道，是组织内部规范化、程式化的沟通渠道。

非正式的信息渠道指通过非组织的人际传播传递信息的渠道。

2）外源信息渠道

外源信息渠道指组织外部的信息渠道与来源。包括公开的和非公开的信息渠道。

3. 公共关系信息搜集的意义

（1）了解公众，监测环境。

（2）评估效果，分析形象。

（3）预测趋势，咨询决策。

【案例 3-1】

一张照片背后的财富

1964 年，中国画报的封面刊出这样一张照片：大庆油田的“铁人”王进喜头戴大狗皮帽，身穿厚棉袄，顶着鹅毛大雪，手握钻机刹把，眺望远方。在他背后远处，错落地耸立着星星点点的高大井架。

当时，由于种种原因，大庆油田的具体情况是保密的，然而上述由官方对外公开播发的极其普通的旨在宣传中国工人阶级伟大精神的照片，在日本三菱重工财团信息专家的手里，变成了极为重要的经济信息，揭开了大庆油田的秘密。

其一，根据对照片的分析，可以断定大庆油田的大致位置在中国东北的北部。其依据是：唯有中国东北的北边寒冷地区，采油工人才必须戴大狗皮帽和穿厚棉袄。又根据有关“铁人”的事迹介绍，王进喜和工人们用肩膀将百吨设备运到油田，表明油田离铁路线不远，据此，他们使轻而易举地标出大庆油田的大致方位。

其二，根据对照片的分析，可以推断出大庆油田的大致储量和产量。其依据是：从照片中王进喜所站立的钻台上手柄的架势，推算出油井的直径，从王进喜所站立的钻台油井，和他背后隐藏的油井之间的距离和密度，可基本推算出油田的大致储量和产量，又根据新闻报道王进喜出席了第三届全国人民代表大会，可以肯定油田已出油。

其三，根据中国当时的技术水准和能力及中国对石油的需求，推断中国必定要大量引进采油设备。

于是，日本三菱重工财团迅速集中有关专家和人员，在对所获信息进行剖析和处理，全面设计出适合中国大庆油田的采油设备，做好充分的夺标准备。果然，中国政府不久便向世界市场寻求石油开采设备，三菱重工财团以最快的速度和最符合中国所要求的设计设备获得中国大量订货，赚了一笔巨额利润。此时，西方石油工业大国目瞪口呆，还未回过神来。

案例思考：

这一事例表明，公共关系具有信息管理的职能。公共关系活动的基本目的，就是通过双向的信息沟通，有效地达成组织与公众之间的信息交流。采集信息已成为公共关系工作的一项基本功能。

在市场经济中，信息已成为一项宝贵的资源，是当今科技发展的三大支柱之一，是提高竞争力和创造经济成就的关键性因素，这已成为现代社会人们的共识。

三菱重工财团总公司每天获得的信息处理纸带竟可绕地球 11 周，其信息意识和信息处理的技术、速度等可见一斑。因此，中国大庆油田的照片在其手中变成经济信息，变成巨额财富也就不足为奇了。

（资料来源：根据网络资料整理）

3.1.2 辅助决策

公共关系在组织的营运决策中，发挥着咨询、建议、参谋的作用，协助决策者考虑各种复杂的社会因素，平衡各类复杂的社会关系，从社会公众和整体环境的角度评价决策的社会影响，预测决策的社会后果；帮助决策者在决策中将组织的利益和公众利益结合起来，将近期目标与长远目标统一起来，将经济效益与社会效益统一起来；使组织的决策方案具备较强的社会适应力和社会应变力；使决策目标的实现能够赢得良好的社会评价和社会影响。

1. 为确立决策目标提供咨询建议

公共关系部门从社会公众的角度出发，帮助组织确立决策目标，使组织的决策目标既反映组织发展的要求，也反映社会公众的需求。

2. 为决策提供信息服务

为决策建立有效的信息网络，提供各种社会信息，完善各种公众咨询渠道，开辟各种信息来源。

3. 协助拟定和选择决策方案

运用公关手段协助决策者评价、选择和实施有关的决策方案，使决策方案在经济效益和社会效益上统一协调。

4. 从公众关系角度评价决策效果

分析、评价决策实施的公众影响和社会后果，以及这种后果对决策目标的制约作用。

【案例 3-2】

“芭蕾”珍珠霜打入香港市场

“芭蕾”珍珠霜是江苏一家并不引人注目的工厂以珍珠为原料生产的一种护肤霜。1981年前，这家工厂曾多次想让“芭蕾”步入香港市场，均因方法不对而问路无门。后来，厂领导从外国一位公关专家谈企业经营与公关的联系问题中得到启发，决定按照公关专家的建议在香港当地选择一位经销商，树立企业形象，打开产品销路。选择经销商的条件是：有爱国思想，愿为祖国出力；最好是江苏人，愿为家乡办事；在香港有一定的实力、地位，具有较大的社会影响，并热衷于“芭蕾”珍珠霜的经营。为了寻找具备这些条件的经销商，他们做了大量工作，甚至发动职工和社会公众推荐他们在香港的亲友、同学。最后终于选中一位苏州籍的香港粮商。

这位粮商在公关方面有一套成功的实践经验，特别是在公关宣传和装潢设计方面颇有才能。工厂邀请这位经销商一起参与产品设计、试制和投产的全过程。代理商根据自己在香港多年的公关经验，建议把包装盒设计成白色底色，中间是一双金色的手，双手托着一颗珍珠。整个设计简洁大方，醒目突出。代理商又从自己的公司中拨出 150 万港元，为“芭蕾”珍珠霜进入香港市场大做宣传、鸣锣开道，以至于“芭蕾”珍珠霜还没有运到香港，不少市民就知悉其名，翘首以待。“芭蕾”珍珠霜抵达香港后一个月的时间，就建立了130个经销点，形成了庞大的销售网，使“芭蕾”珍珠霜的销售量打破了香港化妆品市场的销售记录。

不久，代理商又根据香港妇女爱佩戴珍珠项链的特点，建议在“芭蕾”珍珠霜的包装纸盒内放置一只小巧玲珑、用泡沫塑料制成的托盘，盘内放一枚镶有珍珠的别针，自然，这样的包装深受妇女和年轻男士们的青睐。工厂又在说明书内特别说明，购买50瓶，就能串成一条珍贵的项链。这些都大大激发了消费者的购买欲望。“芭蕾”珍珠霜一下子变成了抢手的“馈赠礼品”，父亲买来送给女儿，男青年买来送给女友。尽管售价高达 65 港元一瓶，但全港年均日销售量仍突破千瓶大关。

（资料来源：根据网络资料整理）

3.1.3 传播推广

公共关系在组织经营管理中发挥着传播推广的作用，即通过各种传播媒介，将组织的有关信息及时、准确、有效地传播出去，争取公众对组织的认知、了解、信任与好感，提高组织及其产品、人员的知名度和美誉度，为组织创造良好的公众舆论，树立良好的社会形象。

1. 公共关系传播推广的任务

公共关系是运用传播沟通艺术来争取公众、扩大影响、树立形象的。公共关系的传播推广工作要完成以下几方面的任务：

1）创造舆论，告知公众

公共关系的宣传功能首先在于“告知公众”，即向公众说明和解释组织的有关政策、行为和制品，争取公众的了解和理解，促使公众认同与接受。这是一种为组织创造和形成公众舆论的工作。

2）强化舆论，扩大影响

运用各种现代媒介加强公众对组织的印象，深化公众对组织的了解，提高组织的社会知名度和美誉度，为组织及其产品推广形象，扩大影响，是公共关系宣传的重要任务。

3）引导舆论，控制形象

公共关系宣传的功能还在于调节组织的信息输出量，引导公众舆论向积极、有利的方向发展，根据舆论反馈适当调整组织的行为，控制组织的形象。

2. 公共关系传播推广的方式

公共关系的传播推广工作要运用现代信息社会所提供的一切传播媒介和传播方式，从现代化的大众传播到最古老和原始的人际传播。

1）大众传播方式

大众传播指专业的传播机构（如新闻单位、出版发行机构），通过大众传播媒介（如报纸、杂志、广播、电视等），将大量复制的信息传送给分散的大众。其特点是传播机构专业化、传播对象大众化、传播内容公众化、传播手段技术化、传播活动高效化。

2）公众传播方式

大众传播是一种“不见面”的传播，借助大众媒体进行远程传播。而公众传播则是一种大规模的现场传播活动，即传播者利用公众参与度高的大型活动（如体育竞赛、大型博览会等），与大规模的公众群体进行现场沟通。

3）组织传播方式

组织传播方式主要指运用组织的自控媒介进行传播活动。

4）人际传播方式

人际传播主要指利用个人的传播优势，面对面地进行游说、演讲，以影响对方的观点、态度和行为。

3. 公共关系传播推广的特点

公共关系的传播活动既有别于我国传统的政治宣传工作，也有别于纯粹的商业性宣传活动。

1）公共关系的传播活动不同于政治宣传工作

政治宣传工作属于政治思想工作范畴，公共关系传播活动则属于组织的经营管理范畴；政治宣传工作以纵向的传播机制为特征，公共关系传播活动则以横向、多元的传播机制为特征，政治思想宣传工作以内向型为主，以内部人员的思想教育为主，公共关系传播活动则以外向型为主，以影响公众和形象推广为主，等等。

2）公共关系的传播活动也不同于纯粹的商业性宣传

商业性宣传以宣传产品、吸引顾客为目的，公共关系传播以传播组织形象，影响公众舆论为目的；商业性宣传是一种直接的促销手段，以追求近期的市场效益为主，公共关系传播是一种非商业性的传播，以追求长远的社会影响为主，等等。

概括来说，政治思想宣传主要是做人的思想工作；商业广告宣传主要是推销产品；公共关系宣传则主要是增进公众对组织的了解，提高组织的知名度，扩大组织的社会影响，树立组织的公众形象。因此既不能相互混淆，也不能相互取代。

【案例 3-3】

长城饭店的宣传推广

长城饭店是我国第一家五星级的合资饭店。它创建于 1980 年，高 82.64 米，有 24 层楼，1 007 个客房，5 个小会议厅，9 个餐厅和酒吧，还有屋顶花园、室内影院、室内游泳池等服务设施。它的外部犹如一座水晶宫，豪华而壮观。

1984 年初，得知里根总统访华的消息，长城饭店的经理和公关人员立即意识到，这是一个难得的机会。如果能邀请里根总理光顾，将给“长城”带来良好声誉，对饭店前途产生极大影响。于是，他们制定了周密的公关计划，并全力付诸实施。

当时，饭店尚未全部竣工，服务设施不尽完善，公关部人员克服各种困难，夜以继日地做了大量准备。他们不厌其烦地请美国驻华使馆的工作人员参观饭店，征求意见，不断提高服务质量；接待上百名外国记者，为他们提供材料和通信设备，协助其采访，做到有求必应。经过努力，他们终于争取到了里根总统在“长城”举行答谢宴会的机会。

1984年4月28日，来自世界各地的500多名记者聚集在长城饭店，向世界各地发出了里根举行告别宴会的消息。这些消息，无一不提到长城饭店。于是，长城饭店在全世界名声大震，许多外国人产生了好奇心："长城"是怎样一家饭店？为什么美国总统选择在这里举行宴会？后来，许多外国来宾一下飞机，就想到"长城"住宿，于是，长城饭店的生意格外兴隆。据统计，开业的头两年，70%以上的客人来自美国。这不能不归功于成功的公共关系活动。

1989年，美国总统布什来华访问，长城饭店凭着自己一流的设施和服务质量，又把布什"抢"到了长城饭店，举行了一次盛大的宴会。那年2月26日晚，500位宾客在长城饭店与布什总统一道品尝得克萨斯烤肉，这使长城饭店又一次成为世界各地新闻报道的中心。

作为一家经常接待外国元首的豪华饭店，"长城"的客人中有98%是外国客人，这在许多中国人心目中形成"'长城'是洋人进出的地方，中国人进不去"的误解。为消除这种误解，公关部想出一个好主意：举办一次集体婚礼，每个普通的北京市民都可以报名参加，还可以带上15名亲友。这条消息在《北京日报》登出后，没过几天就名额爆满，来电或登门询问者应接不暇，公关人员忙得不亦乐乎。

当百对新婚夫妇和他们的1 500名亲友步入长城饭店大厅时，通过中央电视台和北京电视台，亿万中国观众收看到了这一盛况，此举受到了人们的热烈赞扬。新婚夫妇们以在这里举行婚礼而备感荣幸。此后，许多企业、政府机构、社会团体也在这里举办各种活动，长城饭店在中国人的心目中变得更亲近了。

（资料来源：根据网络资料整理）

3.1.4 协调沟通

公共关系是组织与社会环境之间的一种协调沟通机制，即运用各种协调、沟通手段，为组织疏通渠道，发展关系，广交朋友；为组织减少摩擦，调解冲突，化敌为友。通过发挥协调沟通的职能，使公共关系成为组织运转中的润滑剂、缓冲器，成为组织与各类公众交往的桥梁，为组织的生存和发展创造天时、地利、人和的环境。

1. 协调内部关系，增强组织凝聚力

一个组织的内部关系状态直接反映着组织的内部凝聚力。公共关系工作将组织自身的成员视为"公关对象"，尊重组织成员分享信息的权力，即知晓权和了解权。

2. 开展社会沟通，建立和谐的社会环境

在对外交往方面，公共关系承担着组织的"外交部"的繁重任务，要运用各种交际手段和沟通方式，热情地迎来送往，积极地对外联络，为组织开拓关系，广结良缘，为组织的生存和发展减少各种社会障碍，增加各种有利的机会，创造和谐的公众环境。

（1）要处理好各类直接的业务来往关系。如顾客和用户关系，原材料和能源供应关系，产品的销售网络关系等。

（2）要妥善处理好组织与一些制约监管部门之间的关系。如工商管理局、税务局、公安局、商检局、环保局等。

（3）要主动建立和发展各种非业务性的社会关系。如社区关系、新闻界关系、社会名流

关系、社会团体关系等。

总之，公共关系协调沟通的目标就是：第一，减少摩擦，化解冲突；第二，广结良缘，借力发展。

【案例 3-4】

深入人心的花——某公司母亲节免费送鲜花活动

长甲集团生产的“百消丹”是一种专治妇科肿瘤的中成药。为了回报杭州市妇女的厚爱，长甲集团杭州分公司于5月12日母亲节那天，举办了免费为母亲送鲜花、送祝福的活动，为杭州1000余位母亲送上了一份特别的节日鲜花。“打个电话，我们就会把您最想和妈妈说的话与一束鲜花，在母亲节这天送到您的母亲手中。”在母亲节，长甲集团“百消丹”组织的送鲜花活动别出心裁，得到了广大市民的赞赏和踊跃参加。短短3天，打电话参加活动的人数超过一千人。“妈妈，您是儿子永远的港湾，不论走多远，最后都要回到您的怀抱”；“妈妈，真的感谢您，您是女儿永远的爱”；“妈妈，我们爱您到永远……”当儿女们饱含着深情的话语，随着一盆盆、一束束鲜花，一起送到一位位母亲手中时，当看到一个个母亲捧着鲜花，脸上绽放出比鲜花还灿烂的笑脸时，浓浓的母亲节氛围也在杭州城洋溢着。一时间，长甲集团“百消丹”举办的母亲节活动成为市民们关注的热点。

（资料来源：根据网络资料整理）

3.1.5 提供服务

公共关系工作是一种服务工作，它通过信息性、传播性、协调性、支持性、辅助性的服务使组织内部运转得更加顺畅、协调，使组织外部环境更加和谐、良好。它包括在组织内部为各个业务部门和职能部门服务以及在组织外部提供社会服务两个方面。

【案例 3-5】

IBM公司的服务理念

靠最佳服务占领市场，是IBM公司成功的秘诀。IBM公司认为：不能在事后才考虑服务，服务必须成为营销计划的一个重要部分。从产品开发开始，就要认真考虑服务问题。如果没有在事前仔细筹划服务和进行服务试点，就不应该推出新产品。因此，在产品的最初规划阶段，就要把设计、制造、销售和服务四个过程集中起来，形成连锁反应。在开发设计产品时，预见到各种服务问题。产品一旦售出，IBM就开始实施预防性维修保养计划，他们生产的每一种产品都订有维修日程表。公司的服务代表经常访问客户并检查设备。有时，访问是为了实施某项特定的维修程序，或者是因为某个元件有麻烦的“前科”，服务人员想要除去隐患；有时，访问是为了对产品实施全面检查。一旦真的故障出现，IBM维修代表就尽一切可能缩短整个停机时间。甚至新产品还在生产过程中，维修人员就开始了训练。IBM在肯塔基州的莱克星顿市生产一种新式打字机时，数以百计的维修服务人员在生产线上协助工作，了解产品生产情况及可能出现的维修故障。有人说，IBM每创造一件新产品，就同时发现一种服务方法。

IBM 为顾客提供服务的金科玉律是：以顾客、市场为导向，而不是以技术为导向。服务从一点一滴做起。IBM 公司享有“世界上最讲求以服务为中心的公司”这一殊荣。这一声誉不是来自成功的广告宣传，而是来自数年不懈的努力工作和优秀的公司服务人员实实在在的行为。他们靠一点一滴的小事，积累起了 IBM 的声誉，塑造出 IBM 的形象。一位在菲尼克斯工作的女服务代表，驾车前往基地，为顾客送一个小零件，顾客要用它恢复一个失灵的数据中心的存储功能。然而，通常应该是短暂而愉快的驱车旅行，此次竟如此艰难：瓢泼大雨使河流成了横冲直撞的急流，通往目的地的 16 座桥梁只有 2 座可以通车。汽车头尾相接，交通堵塞，使 25 分钟的路程变成了 4 小时的“爬行”。这位代表决心不能就这样失去整整一个下午的时间。她想起车里有一双旱冰鞋，于是就抛下汽车，穿上旱冰鞋，一路滑行，为顾客雪中送炭！美国纽约城曾经发生一次大停电事故，华尔街停顿，纽约证券交易所都关闭了，银行、公司一片混乱。IBM 纽约分部紧急动员，每一个人都忘我地工作，力求把顾客的损失减少到最低限度。在 25 小时的停电期间，户外气温达 35°C 左右，空调、电梯、照明一概都没有，IBM 的工作人员不辞辛苦地攀登一些高层大厦——包括 100 多层的世界贸易中心大楼。他们带着各种急需部件为顾客维修设备。迎接顾客提出的具有挑战性的服务难题，已经成了 IBM 生存活动的一部分。几十年如一日视顾客为上帝，奠定了公司繁荣兴旺的基础，从而树立起了一个守信誉、重服务的公司形象。

（资料来源：根据网络资料整理）

3.1.6 危机处理

危机处理是公共关系中一项重要的职能。由于管理不善发生事故屡见不鲜，在日常生活中，事故每日每时都在发生。隐患随时存在，危机经常可能发生，为此要对危机做好准备，这就是公共关系的危机处理职能，我们一般称作危机公关。详见第 7 章公共关系危机处理。

小　结

本节主要学习了公共关系的职责。它是指公共关系在组织的行政管理或经营管理过程中的工作范围及其应当承担的责任。公共关系以塑造社会组织的良好形象为工作目标，围绕这一目标所开展的具体活动和工作便形成它的职责范围。概括地讲公共关系的基本职责主要包括了六个方面的内容：收集信息、辅助决策、传播推广、协调沟通、提供服务以及危机处理。

思考题

1. 公共关系的基本职责有哪些？
2. 公共关系信息搜集主要有哪些方面的内容？
3. 如何利用公共关系开展社会沟通，建立和谐的社会环境？
4. 如何理解公共关系提供服务的基本职能？

3.2 公共关系的功能

公共关系的功能主要体现在塑造良好的组织形象和协调内外关系两个方面。概括地讲，即“内强素质、外塑形象”。

3.2.1 塑造良好的组织形象

公共关系塑造形象的职能主要体现在两方面：一方面通过学习和运用公关礼仪提升员工个人形象，进而提升组织整体形象（这部分在第 10 章公关礼仪部分展开讲）。另一方面通过学习与运用 CI 战略（组织可识别系统）建设企业文化，塑造组织形象。

1. 组织形象的含义

形象是当前出现频率很高的一个词语，我们经常看到、听到，如：企业形象、政府形象、学校形象、班级形象、个人形象等。什么是形象呢？概括地讲，形象就是客观事物在人们心目中的主观印象和综合评价。

明确什么是形象之后，对于组织形象我们就很好理解了。组织形象指社会公众和组织内部员工对组织整体的印象和评价，是社会公众对一个组织的完整信念。决定组织形象的因素，对组织内部而言，在于组织的运行、管理情况和全体员工的精神风貌；对组织外部而言，在于组织在公益事业中的表现。

就企业而言，在“产品趋于相同”的情况下，其形象内容不限于产品的质量和价格，更重要的是企业整体所表现出的正直、友善、活力、想象力、进取、能力等精神面貌。组织形象要通过公共关系活动来建立和调整。组织形象的优劣，直接影响组织目标的实现。对于企业来说，组织形象就是企业形象。

2. 良好组织形象的作用

组织形象对于组织来说是非常重要的，是该组织内在的各种文化信息所形成的凝聚力、创造力、吸引力和竞争力的综合体现，尤其是良好的组织形象，能够给该组织带来无可限量的价值。

1）良好的组织形象有利于吸引更优秀的人才，壮大组织实力

人才在好的组织里不仅能人尽其才，发挥最大作用，进而实现自己的人生价值，而且能够获得更多的进修和学习的机会，不断提高自己的能力，充实自己，获得个人事业的成功。比如，更多优秀的高中毕业生愿意去北大、清华等这类名牌院校，更多优秀的大学毕业生愿意去华为、苹果、海尔、联想等名气大、名声好的公司或企业就职。

2）良好的组织形象可以使组织获得更多社会公众的信赖、合作与支持

这是组织开展一切社会活动的基础，是组织建立与广大公众良好关系的基础。组织形象好首先意味着该组织的信誉好，唯有良好信誉的组织才能让更多公众愿意接受其观念、产品或是服务，也唯有良好信誉的组织才能获得行业内或相关主管部门更多的资金、技术等的支持。著名管理学家克拉伦斯·沃尔顿曾说，应该把企业看成是讲信用、讲商誉、讲道德的组织，而不是赚钱的机器。可见企业的信誉形象能树立公众的精神信仰，使企业获得公众的长久支持。

3）良好的组织形象增强内部成员认同感、向心力与凝聚力

良好的组织形象能够激发内部员工的自豪感、荣誉感，使他们热爱组织，献身组织，自觉地把自身的言行和组织的形象联系起来，把自身的命运和组织的命运联系起来，从而产生强烈的使命感和责任感。良好的组织形象使员工感到工作环境为他提供了用武之地，就职单位用人制度能使自己的聪明才智得以发挥。组织形象好了，员工心情舒畅，加之配套系统（如：统一的徽章、制服、办公用品等）的相辅相成，能够创造出一种朝气蓬勃的气氛，使他们的工作热情日趋高涨，工作效率不断提高。

4）良好的组织形象有不错的缓和效果

一些形象比较好的公司或企业，可能无意间犯了比较大的错误，但由于它以前形象良好，往往能比那些形象一般的公司或企业得到社会公众更多的谅解，从而减轻社会舆论对它的压力。比如，“海底捞”火锅无论是2011年8月“骨汤勾兑门”事件，还是2017年8月发生“后厨发现老鼠、火锅漏勺掏下水道”的卫生违规事件，都能顺利脱险，转危为安，除了公司高层运用了“教科书级”的危机公关之外，“海底捞”火锅良好的口碑以及在过去所积累的强大品牌势能，也起到不容小觑的作用。

【案例 3-7】

新加坡东方大酒店的“超级服务”

新加坡东方大酒店利用“顾客至上、以人为本”的组织形象，在力所能及的范围内为顾客提供“超级服务”。一次，4位来东方大酒店咖啡厅的客人，因人多嘈杂，随口说了声“吵死了，听不清”。这话让一位服务员听到了，她马上为他们联系了免费客房供他们讨论问题。对此，4位客人十分惊讶、感动。两天后，4位客人给酒店送来了感谢信：“感谢贵大酒店前天提供的服务，我们受宠若惊，并体会到什么是世界上最好的服务。我们4人是贵酒店的常客，从此，我们除了永远成为您的忠实的顾客外，我们所属的公司以及海外来宾，亦将永远为您广为宣传。”

3. CIS

当前很多的社会组织都在学习和运用CI的战略来建设组织文化，塑造和传递其组织形象。下面我们就CIS的含义与发展以及CIS的主要内容做简单介绍。

1）CIS的含义与发展

“Corporate ldentity System”简称CIS，是一个标准的外来词，翻译为“组织可识别（区分）系统”。它兴起和发展于欧美一些发达国家。

20世纪50年代中期，美国IBM公司在其设计顾问“透过一些设计来传达IBM的优点和特点，并使公司的设计与应用统一化”的倡导下，首先推行了CI设计。

20世纪60年代初美国一些大中型企业纷纷将能够完整树立和代表形象的具体要素作为一种企业经营战略，并希望它成为企业形象传播的有效手段。它包含了企业形象向各个领域渗透的整个宣传策略与措施，这种完整的规划与设计在相当长的一段时间后被人们广泛认知并正式冠以企业形象识别系统的名称。

20 世纪 70 年代 CIS 理论引入日本，少数有远见的企业先行导入 CIS，并逐渐产生了功效。

进入 80 年代，我国南方一些企业也开始 CIS 尝试。广东太阳神集团被认为是中国最早导入 CIS 的企业，通过视觉元素的展现，较好地体现了企业经营理念和经营风格。

资料卡

中国国际航空股份有限公司企业文化

公司名称：中国国际航空股份有限公司

公司英文名称：Air China Limited　　简称：Air China

国航的企业文化表达了向世界传播爱心、追求卓越服务品质的理念。

国航标识：

“凤凰”是中华民族远古传说中的祥瑞之鸟，为百鸟之王。国航标志是凤凰，集中体现在“中国红，凤凰体 VIP”上。标识颜色为中国传统的大红，造型以简洁舞动的线条展现凤凰姿态，同时又是英文“VIP”（尊贵客人）的艺术变形。

“凤凰者，仁鸟也”“见则天下宁”，凤凰“出于东方君子之国，翱翔四海之外”，撷英咀华，志存高远。国航推崇的凤凰精神的核心内涵是“传递吉祥，引领群伦，超越自我”。国航具有深厚的历史积淀，身为中国民航业发展的践行者、推动者、引领者，秉承凤凰精神，致力于打造完美航程，传递平安吉祥；致力于引领行业发展，打造“国家名片”；致力于创新进取，追求事业辉煌。

企业愿景：

“具有国际知名度的航空公司”，其内涵是实现“竞争实力世界前列、发展能力持续增强、客户体验美好独特、相关利益稳步提升”的四大战略目标。

企业精神：爱心服务世界、创新导航未来。

企业使命：满足顾客需求，创造共有价值。

企业价值观：服务至高境界、公众普遍认同。

服务理念：放心、顺心、舒心、动心。

此外，国航是中国唯一载国旗飞行的航空公司。

2）CIS 的主要内容

CIS 包括三部分，即 MI（理念识别）、BI（行为识别）、VI（视觉识别），其中核心是 MI，它是整个 CIS 的最高决策层，给整个系统奠定了理论基础和行为准则，并通过 BI、VI 表达出来。所有的行为活动与视觉设计都是围绕着 MI 这个中心展开的，成功的 BI 与 VI 就是将企业富有个性的独特的精神准确地表达出来。

BI 直接反映企业理念的个性和特殊性，包括对内的组织管理和教育，对外的公共关系、促销活动、资助社会性的文化活动等。

VI 是企业的视觉识别系统，包括基本要素（企业名称、企业标识、标准字、标准色、企业造型等）和应用要素（产品造型、办公用品、服装、招牌、交通工具等），通过具体符号的视觉传达设计，直接进入人脑，留下企业的视觉影像。

3.2.2 协调组织内外关系

现代组织需要协调的关系是多方面的，一般来讲主要分为两大系统：一是内部公共关系系统，二是外部公共关系系统。对应的组织与公众之间关系的协调也包含两个方面，一方面要创造一个亲密合作、团结一致的内部环境；另一方面争取一个共同发展的外部环境，使其与它面临的内部和外部公众之间的关系处于一个和谐的状态。

1. 协调内部关系

1）协调与员工间的关系

员工关系是指组织内各部门及其员工互相间的关系，包括组织内上下级之间的关系，部门、科室、班级间的关系，员工个人间的关系。美国公共关系专家亨得利·拉尔特曾指出，公共关系 90%靠自己做，10%靠宣传。良好的组织形象来自全体员工的共同努力和不懈奋斗，来自组织内部良好的公共关系。因此，协调好与员工间的关系，培养员工对组织的认同感和归属感，形成凝聚力，是内部公共关系的首要职责和基础。

员工是企业的财富，他们既是组织的构成要素，是组织赖以生存和发展的基础，同时也是组织形象的创造者和设计者，是向外部公众展现组织形象的窗口，其重要性不言而喻。协调好与员工之间的关系可以从以下几个方面入手。

（1）共同的目标价值观激励。

员工的价值观念是决定组织发展的根本问题，每个组织都有一个基本信念和目标宗旨来激励员工，使员工的需要与组织目标紧密联系在一起，指导员工的行动，让员工形成共同的价值观，以激发员工的主动性、创造性和积极性。

组织所有相关者的利益都是通过这种共同目标实现来达成的。因此，让员工认同组织的目标，认同组织的价值观是比较重要的一个工作，是建设和完善员工关系的前提和基础。

（2）关注员工需求。

马斯洛的需求层次理论告诉我们，合理的物质需求是一切的基础，因此，首先要关注员工的薪酬水平和福利待遇，只有满足了员工的生存和发展需求才能让他们无后顾之忧；其次，关注员工的人际关系，创建和谐的企业人际关系氛围，让员工在工作中能够感受到来自上级、下级和同事之间的关心和支持，满足其人际关系方面的需求；最后，关注员工自我发展方面的需求，这里不仅仅是薪资提升的需求，更多的是个人自我价值实现的需求，可以通过晋升机会、挑战性的工作等来帮助员工实现个人价值。

（3）创建顺畅的内部沟通机制。

从某种意义上来讲，管理的本质是沟通。当员工间出现争吵、矛盾和冲突时，良好的内部沟通机制是解决问题的有效途径。首先，构建有效的上下级沟通渠道。因为在与上级相处时，大部分员工比较顾忌，因此有必要建立正式的沟通平台让组织的领导们能够聆听和理解员工的声音，如正式的书面报告、定期的沟通会、意见日等形式增强上下级间的相互理解。其次，可以创新更丰富多彩的沟通方式。如公司内刊、员工生日会等，增强员工与员工间的相互理解和信任，以更好地促进组织目标的实现。此外，组织的管理者不能忽视协调沟通过程中的细节，或许一个微笑、一句贴心的问候、一个信任的眼神就能拉近与员工的关系。

（4）合理引导员工的行为。

在协调组织与员工关系过程中不能只关注与员工搞好关系而忽略了组织引导和控制员工的重要职能。一个组织要保持良好的秩序，就要对员工的言行举止进行合理的引导和规范，尤其当员工的行为与组织目标及制度背离时，要及时制止，对于积极、正面的行为要及时给予鼓励与倡导。

2）协调与股东间的关系

股东关系是社会组织与投资者之间的各种关系的总称。股东关系是股份公司（包括股份责任公司和股份有限公司）内部公共关系的重要内容。股东是组织的投资者或股份持有者，是组织的真正主人，他们的利益与组织的经营状况息息相关，他们的决策对公司的生存与发展具有决定性的影响，因此，协调好股东关系非常重要。

2. 协调外部关系

> **课堂互动**
>
> 讨论：外部关系除了顾客关系以外还有哪些关系？

外部公共关系是指在组织外部对组织的发展具有直接或间接影响和作用的社会关系，它主要包括顾客关系、政府关系、新闻媒介关系、社区关系等。任何一个组织，在其发展的过程中，一定会出现与外部公众发生矛盾和冲突的情况，一旦这些现象出现，组织没能处理和协调好彼此间的关系，解决好矛盾和冲突，就会对组织的生存和发展带来不利影响。因此，处理好外部公众关系是组织正常运转的必要条件，是组织公共关系的重点。

1）协调与顾客间的关系

顾客关系是指各种产品的生产者和供应者、服务的提供者与产品和服务的购买者和消费者之间的外部联系。顾客是与组织具有直接利益关系的外部公众，他们是组织生存的决定性因素，失去顾客，组织就失去了存在的意义，因此，组织必须清醒地认识到顾客关系的重要性，要把建立良好的顾客关系作为企业的一项长期任务来抓。要搞好顾客关系，需要注意以下几个方面的工作：

（1）贯彻“顾客至上”的公关原则。

贯彻“顾客至上”的公关原则，就是把顾客放在比企业更重要的位置，组织的所有工作都要始终如一地贯彻这一宗旨，以此赢得顾客的赞誉及信赖。美国公关专家加瑞特曾说过：“无论企业大小，都永远必须按照以下信念来计划自己的方向，这个信念就是：企业要为消费者所有，为消费者所治，为消费者所享。”

> **资料卡**
>
> 美国学者研究表明：每出现1名通过口头或书面直接向企业提出投诉的顾客，就会有约26名保持沉默但感到不满的顾客。更重要的是，这26名顾客每人都会对另外10名亲朋好友负面宣传这家企业，对企业造成消极影响，而这10名亲朋好友中，约有33%的人会把这一坏消息再传递给其他20个人。换言之，每有一名投诉的顾客，就会产生326名［（26×10）×1+（10×33%×20）=326］潜在顾客对企业不满，他们有可能转向竞争对手，从而削弱企业的存在基础。

（2）用良好的服务意识赢得顾客。

服务意识是指企业全体员工在与一切企业利益相关的人或企业的交往中所体现的为其提供热情、周到、主动的服务的欲望和意识。即自觉主动做好服务工作的一种观念和愿望，它发自服务人员的内心。

强化员工的服务意识，提高服务质量，增加顾客满意度是组织追求的目标，具体来看：首先，要端正员工为顾客服务的态度；其次，提高员工服务水平和质量，建立有效的服务标准，建立正规的与客户沟通的平台，听取公众的意见和建议，注重提升员工服务水平方面的培训，建立有效的激励机制；最后，不能忽略服务流程，要设计人性化的服务流程，让客户感受到企业良好的专业的服务水平。在面临与顾客关系纠纷时，要表现出服务意识，面对有不满情绪的顾客，要体现出组织的态度和专业的服务水平，一定要站在顾客的角度，换位思考，做好解释工作，努力寻找解决问题的办法，尽量让顾客的问题得到满意的解决。

资料卡

许多研究表明，售后服务是留住顾客、增加顾客忠诚度的最有效方略。意大利经济学家帕累托的20/80营销法则的内容就是：组织的80%的经营利润的来源是20%的消费者的重复购买。美国的一项研究表明，让一个老顾客满意，只需花19美元，而要吸引一个新顾客，就要花119美元。减少顾客背叛率5%，就可提高利润25%。他们在调查中还发现，顾客从一家组织转向另一家组织，70%的原因是服务，组织的员工怠慢了一个顾客，就会影响40名潜在的顾客。在竞争焦点上，服务因素已逐步取代产品的质量和价格，世界经济已进入服务经济时代。正是基于这样的认识，美国IBM公司公开表示，自己不是电脑制造商而是服务性公司：“IBM并不卖电脑，而是卖服务。”

（3）建立客户档案，加强客户关系管理。

建立客户档案的目的主要是通过数据库管理顾客的基本信息，这些信息包括：客户的基本信息、客户相关的消费历史记录、客户消费习惯与偏好、跟踪与客户的联系情况、客户的内部机构设置概况、潜在客户管理、服务管理，包括服务项目的安排、高度和分配、服务的跟踪服务协议和合同、订单管理和跟踪、问题及解决方法、合作伙伴关系管理等。这些客户关系档案的管理与分析有利于组织与客户间长期合作关系的建立与维护，也是协调顾客关系的有效公关方法。

2）协调与政府间的关系

政府公众是指政府各行政机构及其官员和工作人员。政府关系是指作为公共关系主体的组织与作为公关工作对象的国家权力机构之间的关系。政府机关是社会上最具权威性的机构，是组织外部公众中地位最高的一类，在任何一种经济体制下，任何组织都必须接受政府的管理和制约。组织需要与各政府有关职能机构和管理部门打交道，因此，组织必须与政府各职能部门建立和保持良好的关系，维护良好的生存发展环境。与政府相处需要做以下几方面的工作。

（1）熟悉国家政策。

政府掌握着制度政策、执行法律、管理社会的职能，具有强大的宏观调控力量，代表公众的意志来协调各种社会关系，了解、熟悉、善用政策是组织创造机会或规避风险的法宝，组织可以根据政策的变动及时修正组织的策略和活动，可以说谁能“吃透”政策，谁就把握住了先机，因此，组织必须熟悉国家政策，占取先机，让自己处于良性的发展状态。

（2）了解政府机构运作流程。

既然与政府打交道不可避免，就必须做到知己知彼百战不殆。组织需要清楚政府机构的内部机构和层次、工作范围、工作流程，只有熟知这些信息，在与政府打交道的过程中才能提高办事效率。

（3）加强与政府双向沟通。

组织除了要了解政府的信息资料以外，还必须积极主动地将组织的具体工作及时地、不断地上传至政府有关部门，使政府能够了解组织的基本运作情况和发展动向；同时也可以根据一些特殊情况，主动地提出一些政策设想和方案，协助政府发现并纠正政策执行过程中出现的失误和偏差。

组织还可以借开业、周年庆、新产品发布会等时机，邀请相关政府官员参加，同时邀请他们参观工厂、办公区，让他们了解企业情况，提高对企业的兴趣，获得他们对企业的认同。

（4）参与政府组织的公益活动。

组织作为社会有机体的一个重要组成部分，必须承担一定的社会责任，无偿提供一些公益服务。积极响应政府提倡的公益事业和活动能获得政府的依赖和赞许，也能为组织营造良好的组织形象。

【案例 3-8】

东海航空民航安全知识的普及宣传活动

2017 年 6 月 16 日，一年一度的“全国安全生产宣传咨询日”如期而至。围绕着“全面落实企业安全生产主体责任”的主题，东海航空作为深圳本土唯一的民营航空公司，在深圳监管局、深圳机场牵头组织下，协同深圳航空、扬子江航空在 T3 候机楼通过公司形象展示、节目表演、有奖问答等方式，对现场旅客展开了民航安全知识的普及宣传活动。

通过丰富多彩的活动方式，旅客的航空安全意识得到提高，也增进社会对民航安全工作的理解和支持，展示了东海航空的企业形象和精神面貌。

（资料来源：民航资源网）

3）协调与媒介间的关系

媒介公众是指新闻传播机构及其工作人员，如报社、杂志社、广播电台、电视台、网络平台及其编辑、记者。媒介公众是公共关系工作对象中最敏感、最特殊的一部分。这是因为，一方面，媒介公众是组织协调关系的对象之一；另一方面，媒介公众又在组织与其他公众间起到沟通桥梁作用，媒介的对象性和中介性决定了媒介公众是组织外部公共关系中最重要的关系之一。协调与新闻媒介的关系需要注意以下几方面。

（1）尊重新闻媒介。

新闻媒介既然重要且又具有特殊性与独立性，那么在与新闻媒介交往中，需要注意尊重新闻媒介。尊重新闻媒介，一方面要充分认识到新闻媒介的重要性，另一方面要尊重新闻媒介的独立性，既无权要求新闻媒介按自己的意愿办事，也不能在出现了对组织不利的失实报道后，对新闻媒介漫骂、指责，而应该主动与他们联系，重新提供正确的信息，告知事实真相，交由他们去处理和更正，这种态度就是对新闻媒介的尊重。

（2）平等对待各种新闻媒介。

组织对各种新闻媒介要平等，不要有等级亲疏之分。接待不同新闻机构的记者、编辑也要一视同仁，使他们都能平等地获得组织提供的各种信息。切忌对报道本组织失误的媒介另眼相待，应该给予他们同样的支持。

（3）公开事实真相。

这个原则是与新闻媒介打交道的基本原则。报道事实真相是新闻媒介的本职工作，因此不能用虚假信息蒙蔽新闻媒介，否则不仅新闻媒介的声誉受到影响，企业的形象也会受到损害。组织面对新闻媒介应该“讲真话”，即使是不好的消息、负面的消息也应该如实反映，并提出解决问题的措施，展现积极解决问题的态度，从而取得新闻媒介及社会公众的谅解，使坏事变好事。

（4）主动保持和新闻媒介的联系。

组织要积极主动地加强同新闻媒介的联系，向新闻媒介提供有价值的信息，如新产品开发、企业的重大庆典等信息，还可以主动邀请新闻人士参观企业、了解企业现状，既为记者提供新闻报道的素材，又给企业创造新闻宣传的机会。除此之外，企业还应该重视与记者的人际交往，如重要的节假日给新闻媒介发送贺卡纪念品，举办各种形式的联谊活动，加强组织公关人员与媒体人之间的个人联系，增强其个人友谊。只有这样，当组织有了重大新闻，尤其是在发生危机情况时，他们能客观、公正地进行采访和撰写新闻报道。

4）协调与社区间的关系

社区是指人们共同生活的一定区域，如城镇、区乡、街道等。社区公众是指组织所在地的区域关系对象，包括区域的管理部门、相邻工厂、学校、医院、事业单位以及居民等。社区是组织生存的基本环境，与社区关系的好坏对组织的生存与发展也有较大影响。发展良好社区关系是为了争取社会公众对组织的理解和支持，为组织创造一个稳固的生存环境；同时体现组织对社区的责任和义务，通过社会关系扩大组织的生存环境。协调与社区间的关系需要注意两个方面：

（1）开放组织，加强沟通。

开放组织是让社区居民了解和信任组织的一个较好做法，可以通过如开放组织食堂、俱乐部、健身房、游泳池、篮球场等场所，给社区居民生活带来便利，同时组织还可以定期或不定期组织参观、联谊、座谈等活动加强与社区居民的沟通，让社区居民了解企业的目标宗旨、工作业务、员工情况、产品用途、环境治理等信息，增加组织的透明度，得到社区公众的支持与合作。此外，组织也负有宣传社区的责任，通过对社区信息的宣传和介绍，增进社区全体成员对所在社区的了解和认同。

（2）关心建设，勇担责任。

组织与社区的发展相辅相成，社会组织生存在社区中，社区的发展有赖于组织的发展，同时社区的发展也给组织的发展带来良好的环境，二者相互依赖。因此，组织有义务关心社区建设，承担起自己作为“社区公民”的责任，积极利用自身的人力、物力和财力为社区建设出力，在力所能及的情况下，投入社区建设，如投入公共设施的建设、社区环境治理，资助慈善机构等社会福利机构，支持社区文化建设，教育职工自觉遵守法律法规，为社区安定做出贡献。

小　结

本节主要学习了公共关系的功能。公共关系的功能主要体现在塑造良好的组织形象和协调内外关系两个方面。概括地讲，即“内强素质、外塑形象”。塑造组织形象部分我们谈到了组织形象的含义、良好组织形象的重要作用以及CIS三个方面；协调内外关系我们又谈到了如何通过开展公关活动来协调员工、股东之间的内部关系，以及顾客、政府、新闻媒介、社区等外部关系。

思考题

1. 公共关系的主要功能有哪些？
2. 什么是组织形象？良好的组织形象对组织有什么意义？
3. CIS的主要内容包括哪几个部分？
4. 如何通过公共关系活动来协调组织内部员工间的关系？
5. 组织在协调与顾客间关系时要注意哪些事项？

第 4 章　公关传播

对于一个组织而言，坏消息如生双翅，乘风而去；好消息犹如跛子，蹒跚而来。

——迈·德雷顿

网络、媒体的介入，使我们知道的信息数量增加，知道的机会增多，使一些事实的真相很难被掩盖，它们的立体配合，使解决事情的方法更加公平、公正。

——撒贝宁

本章导入

公众对企业的了解、信任与支持，某种程度上与企业公共关系部门传播推广的力度和效果密切相关。社会组织一方面通过运用各种传播媒介，将组织的经营宗旨、目标、方针、战略等信息传递给公众，求得社会各界的认同与支持；另一方面通过公关广告、新闻策划等手段，制造声势，提高组织的知名度和美誉度，引起社会各界的关注，为组织创造良好的舆论环境。公共关系工作主要目的是协调组织与各公众间的关系及塑造良好的企业形象，但如果没有传播这种信息沟通交流的渠道，公共关系的一切工作将失去意义。

通过本章的学习与练习让同学们掌握传播的内涵，熟悉传播的要素构成；熟悉公共关系传播的方式；能够根据公共关系策划内容和目的的不同，选择合适的媒体；能够灵活借助公关广告帮助组织开展公共关系活动，获得社会各界的关注，赢得公众的好感和舆论的支持，最终获得良好的经济效益和社会效益。

学习目标

1. 掌握公关传播的内涵。
2. 掌握公共传播要素构成。
3. 列举公关传播的方式。
4. 能够根据公关策划内容和目的的不同，选择合适的媒体。
5. 能够熟练运用公关广告手段进行公关传播。

开篇案例

中国人民大学形象片亮相美国时报广场

美国东部时间 8 月 30 日至 9 月 3 日，中国人民大学形象片在美国纽约时报广场纳斯达克广告屏上播出，形象片以一支饱蘸浓墨的毛笔滴落在纸上，依次渲染变化出“厚、德、雅、博、是”五个书法汉字，嵌入人民大学景观。创意独特，强调人文精神与中国元素，深刻解读了人民大学的办学理念和大学精神。形象片的亮相引起包括校内外师生、各类媒体、海外留学生、外籍游客以及广大网友在内的各界人士热烈反响。有媒体称“这是我国一流高校首次在国际上以播出形象片的方式展现学校形象、传播办学理念，是在新时代探索对外传播新形式的一次有效尝试”。

据不完全统计，《人民日报》、新华社、《光明日报》、中国新闻社、《中国教育报》《中国青年报》《北京青年报》《北京日报》《新京报》等媒体以“人大形象片”“厚、德、博、雅、是”“大学精神”“大学形象”“国际性”“公共外交”等关键词进行了广泛的报道、评论。微博、微信、人人网等社交媒体也围绕“人民大学形象片亮相纽约时报广场”“厚重唯美”“高端大气上档次”“中国风”等形成若干热门话题。优酷网人大形象片点击率近三万次，新浪微博转发及评论上万次。

（资料来源：中国人民大学形象片亮相纽约时报广场引起社会各界热烈反响. 人大新闻网.http：//news.ruc.edu.cn/archives/63470）

入门问题

1. 您知道公关传播的概念与特点吗?
2. 您知道传播（沟通）的几个要素吗?
3. 您认为公关传播的类型和方式有哪些?
4. 您知道有哪些大众传播媒体？它们各自有哪些优缺点吗?

请您先不要急着往下看，试着回答以上问题。

4.1 认识公关传播

随着社会的不断发展，信息传播行为和信息传播现象已经成为现代人生活中不可或缺的一部分，公共关系传播是信息交流的过程，也是社会组织开展公共关系工作的重要手段。我们无法否认，离开了传播，组织无法了解公众，公众也无从知悉组织，可见组织与公众的沟通，很大程度上依赖信息传播，组织与公众间的误解，也往往是因为信息不畅造成。因此，组织的公共关系工作想要达成协调好与各方面关系和塑造良好组织形象的目的，必须掌握传播与沟通的技能。

4.1.1 传播的内涵

传播译自英文“Communication”，是指社会组织为了实现其公共关系目标，利用各种传播媒介和传播方式，有计划地与公众进行双向信息交流沟通的过程。传播的基本含义包含了以下三个方面的内容。

1. 传播是一种双向沟通的活动

沟通是通过信息发送者与接受者双方进行信息传递、反馈、交流等一系列活动来获取信息的过程，传播不是单向的信息沟通，而是双向的信息沟通。组织希望在公众心目中树立一种良好的形象，因此传播必须要关注公众的反馈，强调与公众平等的双向沟通，而不要以自己强于公众的社会地位单向地向公众进行宣传、灌输。公共关系传播除了向公众传递真实、公正、准确的信息外，还要客观、及时地获得公众的反馈信息，掌握自身的公关状态和形象状态，及时调整自己的策略和行为，以适应公众的愿望和需求，与公众保持动态的平衡。因此，传播更多的是一个交流双方建立共知、共识、共感的过程。

2. 传播是表达和理解的相互过程

传播是发生在信息发送者与信息接收者之间的行为，对于信息发送者而言强调表达，即信息发送者通过有意义的符号与渠道把自己的意图传递给对方，这个过程是一个思考到陈述的过程；而信息接收者根据发送者传递的信息来理解对方的意思，这个过程是一个理解的过程。因此，有些学者认为，传播就是表达与理解某种事实、观点、态度和情感，输出与接收某种信息以达到相互理解的互动过程。

3. 传播是一种目的明确实施计划严密的活动

我们都知道公共关系工作的目标就是通过信息沟通，协调关系、树立良好的组织形象，尽管每次具体的传播活动会有直接的目标，但都是服务于总体目标。“目的明确”是指传播活动必须围绕公共关系工作的目标、组织的总目标进行，不能背离。“计划严密”是指整个公共关系传播过程必须依据传播学中的“五个 W 模式”，有步骤地展开。“五个 W 模式”即：传播实施过程的主体 Who（谁）、Say What（说什么）、Through Which Channel（通过什么渠道）、To Whom（公众是谁）、With What Effect（产生什么效果）五个要素。

4. 传播的形式和手段选择广泛

由于公众的构成复杂，形态各异，因此，要想与自己的各类公众实现信息交流，单一的传播手段显然是不行的，比如，顾客的需求和政府的需求就不尽相同，若选择同样的传播手段进行信息沟通，达不到好的沟通效果，因此公共关系传播就需要根据实际情况，因地制宜、因时制宜、因对象制宜选择不同的传播渠道和传播方式，与自己的公众实现有效的信息沟通。

4.1.2 传播的要素

随着传播理论的发展，国内外许多学者从自己的研究领域描述过不同的传播过程模式，至今没有一个完整统一的意见，有的认为是四要素，也有人认为是六要素，还有人持其他看法。笔者认为，公共关系的信息传播是一个完整的系统，由以下几个方面的基本要素构成。

1. 信息发出者

信息发出者是传播的主体，是信息发出的源头，也称之为信源，它有以下几种类型：

——个人。在社会生活相互关系中，任何个人都有向他们表达自己观点、态度与情感，从而得到其他人理解和认可的需要。

——群体。作为非正式组织的群体，主要包括朋友、邻里、团伙等。

——组织。即为实现特定目标并按照一定社会规范组建起来的群体。在公共关系传播中，传送者一般指某一具体的社会组织。

2. 信息

信息是传播的客体，即传播的内容。信息的概念外延比较广泛，从公共关系传播的角度看，信息是用一定的符号（可以是文字信息，也可以是非文字信息）表达出来的具有新内容、新知识的消息，其中包括对人与事的判断、观点、态度、思想和情感等。不存在没有信息的传播。公共关系信息传播的内容通常有：组织基本情况、组织产品和服务情况、组织生产状况、组织管理和企业文化现状、组织重大活动、组织荣誉及社会影响情况，以及公众对组织评价与媒体、社会舆论对组织的评价情况等。

3. 编码

指信息传送者将要发送的信息设计、制作成信息接收者能理解的信息的过程。传播者需要根据传播对象的特点，在不违背法律和道德准则的前提下，科学合理地编排信息，便于传播对象接收与正确理解，提高传播效率。如新闻稿的撰写过程、广告词的编写过程、广告的设计过程等都属于编码的过程。

4. 渠道

渠道即信息传递的途径和通道。主要包括以下类型：

——感官。比如，在人与人之间面对面的传播和间接传播中，听觉和视觉就很重要。

——口和体态。口作为传播通道，它可以传递语言；体态是指通过表情、姿势、神态等体态传递信息。

> **课堂互动**
>
> 讨论：您认为信息传递的渠道有哪些？

——媒介。它是用以记录和保存信息，并能重现信息的载体。现代社会传播媒介非常发达，形式多样。既有人际传播媒介，也有大众传播媒介；既有文字传播媒介，如资料、报纸、期刊等，也有电子传播媒介，如电视、电影等。组织可以根据自己的实际情况选择合适的传播媒介，实现信息的交流。

5. 接收者

接收者是传播的对象，是接收并利用信息的人，也称为信宿。它包括个人、群体、组织、群众、公众和大众。在公共关系中，接收者一般指公众，即公共关系的客体。

6. 译码

译码是指信息接收者接收到信息以后，对信息的理解过程。译码的能力根据不同人的价值观、人生观、知识背景、社会经验、所处的环境不同产生差异，可能会出现不同的人对同一信息产生不同的理解，会影响传播效果，这就要求信息发送者要研究揣摩接收者的心理和需求，尽可能避免接收者对信息的曲解。

7. 反馈

反馈是指接收者对信息传送者发出信息的反应，是一种信息的回流，也叫公共关系信息的逆向传播过程。传播者可以通过反馈来检验传播效果，并据此调整组织行动，比如传播者接收到的是肯定性反馈，该组织将会继续传播；如果接收到的是否定性反馈，该组织就会纠正和调整改变内容和传播方式。由此可见，信息反馈工作十分重要，它是组织调整传播活动达到传播目的的依据。

8. 环境

环境是影响传播的外在构成要素，是能够对公共关系传播活动产生影响的因素，包括政治环境、经济环境、文化背景环境、地理环境、人文环境、时间环境、空间环境等。任何传播活动都离不开一定的环境背景，其传播效果直接受环境影响，组织在传播活动中应尽可能避免环境所带来的不利影响，利用环境所给予的有利因素，使传播事半功倍。

4.1.3 传播的层次

公共关系传播效果是指组织利用各种传播手段对公众的思想、态度、行为等方面产生的影响和作用，公共关系传播作为一种带有明确目的的职业传播，必须关注传播的效果。信息传播的效果一般划分为四个层次，由低级到高级分别为知晓层次、情感层次、态度层次、行为层次。

1. 知晓层次

知晓层次的传播是最低级的传播，这种传播主要是把社会组织运行的一些基本信息如发展状况、企业优势等利用各种传播媒介传给公众，使之完整、清晰地接收到，尽可能地在传播过程中减少歧义、含混和缺漏，其目的是让公众了解组织，在公众心目中初步建立对企业的印象。知晓层次的传播对象是潜在公众和一部分将来可能与组织发生关系的非公众。在这一层次的传播过程中需要注意的是，因为公众对组织不了解，对组织相关的信息不一定感兴趣，所以这一层次的传播想要取得效果，公关人员必须注意传播信息的强度、对比度、重复率和新鲜感等。

2. 情感层次

情感层次是指组织与公众在传播活动中的感情联络。社会组织传递的信息从最初的知晓层次上升为触动公众的情感，使公众在感情上认同传播内容，并激发兴趣愿意与组织接近。

【案例 4-1】

MDL 的争议广告

MDL 为了满足顾客天天都想拿到物美价廉商品的心理，设计了一则 30 秒名为《追债》的广告。广告想用一种轻松幽默的形式表现 MDL 天天有折扣，设计的故事情节是一名男子跪在几个酷似讨债者的彪形大汉面前苦苦哀求，随即画外音响起，“幸好 MDL 了解我错失良机的心痛，给我365天的优惠……”。这则广告在西安、成都和郑州等城市播放后掀起轩然大波，消费者纷纷表示看完该广告心里不舒服，把消费者说得太没骨气了，侮辱了消费者，不仅如此还向当地的消协、工商局都进行投诉，最后该事件以MDL停播广告和公开道歉告终。

案例思考：

情感有正负之分，只有正面情感才是组织所需要的，所以传播过程中组织应当争取给公众留下更多正面印象，注意避免负面印象。

3. 态度层次

态度是人对事物或现象认识的程度、情感表达和行为倾向的总和。态度层次传播已经从感性层次进入到理性层次，是在感性认识基础上经过分析判断、理性思维而产生的，一经形成很难改变。在公众经过组织知晓层次传播，对组织有了一定的了解之后，组织要全面了解和充分认识公众，对其展开公关活动，尽力培养他们的正向态度，扭转负面态度。

4. 行为层次

行为层次的传播是最高层次的传播，是指公众在对传播信息进行研发和理性认识之后，行为发生改变，做出与组织期望一致的行为，从而完成从知到行的认识到实践全过程，如购买组织产品或认购组织股票等。行为层次的实现，必须有前三个层次的实现作为基础。

【案例 4-2】

“地球1小时”

“地球1小时”也称为“关灯1小时”，是世界自然基金会在2007年向全球发出的一项倡议：呼吁个人、社区、企业和政府在每年三月最后一个星期六20：30—21：30熄灯1小时，以此来激发人们对保护地球的责任感，以及对气候变化等环境问题的思考，表明对全球共同抵御气候变暖行动的支持。这是一项全球性的活动，世界自然基金会于2007年首次在悉尼倡导之后，吸引了超过220万的悉尼家庭和企业参加，随后以惊人的速度席卷全球，2013年，包括悉尼歌剧院、帝国大厦、东京塔、迪拜塔、白金汉宫在内的各国标志性建筑也在当地时间晚8：30熄灯一小时。

小　结

本节公共关系主题主要学习了三个方面的内容：公共关系传播的含义、传播的要素、传播的层次。

1. 传播是指社会组织为了实现其公共关系目标，利用各种传播媒介和传播方式，有计划地与公众进行双向信息交流沟通的过程。

2. 传播过程的要素分别为：信息传送者、信息、渠道、编码、接收者、译码、反馈、环境。

3. 公共关系传播效果分为四个层次，从低到高分别是知晓层次、情感层次、态度层次、行为层次。

思考题

1. 公共关系传播的含义是什么？
2. 传播要素分别有哪些？
3. 公共关系传播层次分别是什么？

4.2 常见的几种传播方式

公共关系的传播行为是综合运用多种传播方式的一种组织行为，这些传播方式各成体系，发挥着各自不同的作用，同时又互相联系，互为补充，为实现公共关系传播目的服务。最常见的传播方式有四种，它们是：人际传播、组织传播、大众传播、群体传播。

4.2.1 人际传播

1. 人际传播的定义

人际传播是个体与个体之间的信息传播活动，是最常见，最广泛的一种传播方式，也是人类社会赖以生存和发展的最基本的形式，它渗透于人类生活的各方面。公关人员在很多场合下需要与职工、领导、顾客、记者、政府工作人员等打交道，并与他们建立良好的人际关系，为组织营造良好的舆论环境，因此，人际传播是公关人员最基本最具体的工作方式。

2. 人际传播的特征

人际传播的特征体现在以下几个方面：

1）传播的双向性

人际传播必须在两个或两个以上的主体间完成，一个人不能构成人际传播。在人际传播中信息发送者和接收者的角色是双向的，随着传播过程的进行，信息发送者和接收者的位置可能互换，双方既发表自己的见解，又接受对方的意见，交替进行，相互讨论，平等对话。可以说，双方都既是信息的传播者，又都是信息的接收者。

2）传播方式的灵活性

在人际传播过程中，传播手段和方式是丰富多样的。除了语言、文字、图像，还可以运用表情、眼神、动作、神态、肢体语言、语气、服饰、特定的物品等，甚至在某些情况下，特定的时间、空间环境都能让对方感受到一定的信息传播；同样，信息接收者也可以通过多种渠道接收信息。

3）反馈的及时性

人际传播反馈快捷、精准，基本上可以做到实时反馈。同时，由于人际传播的反馈是在特定情境氛围中获得，因此比其他传播方式能得到更多、更准确地反馈信息。在传播过程中，双方可以根据需要，根据对方适时的反馈信息来调整自己的传播内容和传播手段，以达到相互沟通和交流的目的。因此，人际传播是一种高质量的公关传播活动，尤其在沟通感情方面，其效果要好于其他传播方式。

4）沟通的情感性

在所有的传播方式中，人际传播的感情色彩最浓厚。通过人际传播，不仅可以进行信息的交流沟通，而且可以达到情感的沟通。尤其是面对面的人际沟通，有利于双方在比较轻松随意的氛围下交流情感，这样的感情沟通比在公众场合下进行效果更明显，这也是公共关系必须广泛使用人际传播的原因所在。

5）传播的局限性

人际传播是发生在个人之间的传播，其传播面窄，传播范围小，速度慢，在较短的时间内很难让更多的社会公众了解组织。同时，传播效果容易受个人主观因素的制约，如传播者个人沟通能力强，传播效果就好，反之则相反。除此之外，传播效果还受双方各自知识、态度、情绪等因素的影响以及传播渠道的限制，致使信息在多次传播中失真。

【案例 4-3】

秀才买柴

有一个秀才去买柴，他对卖柴的人说："荷薪者过来！"卖柴的人听不懂"荷薪者"（担柴的人）三个字，但是听得懂"过来"两个字，于是把柴担到秀才前面。秀才问他："其价如何？"卖柴的人听不太懂这句话，但是听得懂"价"这个字，于是就告诉秀才价钱。秀才接着说："外实而内虚，烟多而焰少，请损之。（你的木柴外表是干的，里头却是湿的，燃烧起来，会浓烟多而火焰小，请减些价钱吧。）"卖柴的人因为听不懂秀才的话，于是担着柴走了。

3. 人际传播的类型

1）按人际传播是否有中间媒介，分为面对面传播和非面对面传播

面对面传播是指参与传播的双方处于同一时空，彼此能看见对方，一般通过语言、动作、表情等方式进行交流，这种传播双方交流充分，反馈及时，但传播范围较窄。常见的形式有宴会、讲座、招待会、专访等。

非面对面传播是参与传播的双方不在同一时空，信息交流是依靠媒介来完成，一般通过文字媒介（书信、图片等）和电子媒介（电话、电报、网络等）完成交流。这种传播适用于远距离的信息传播。

2）按人际传播是否使用语言，分为语言传播和非语言传播

语言传播：语言是人们用于传播最普遍的工具，它包括口头语言和书面语言。利用口头语言进行信息传播的场合有谈判、演讲、电话、推销等，这种传播形式简单灵活，信息传递快，但不易保存。利用书面语言进行传播的场合有总结报告、信函、请柬等，这种传播形式信息保存时间长，可供反复查阅，可以从容措辞，减少面谈时的误会，但传递不够灵活。

非语言传播：指通过动作、体态、表情、服饰等方式传播信息，即通过"人体语言"进行传播。善于运用非语言传播，能使传播内容更加生动、深刻、感人。它有一种情绪加强的作用，但非语言传播通常比较含蓄，不易把握。为取得较好的传播效果，公关人员需要加强自身"人体语言"的修炼，要注重自己的仪表、风度，言谈举止大方得体，同时也需要了解沟通对象的处境和心思，理解对方不经意的一些"小动作"传递的信息，并使自己在对方心目中留下较好的印象，达到好的沟通效果。

4.2.2 组织传播

1. 组织传播的含义

组织传播是指社会组织内部组织与成员之间、成员之间或机构之间的信息交流。它是疏通社会组织的内外沟通渠道、梳理组织内外关系的一种传播活动。

传播是组织最基本的职能，是组织存在的基础。组织传播包含两个方面：一是组织内传播；二是组织外传播。

组织内传播是组织通过书面文件、会议、电话、组织内公共媒体、计算机通信系统等形式与其员工进行沟通交流。通常一个社会组织内部的信息传播有上行、下行和平行三种。上行传播是指下级部门向上级部门或部下向上级领导汇报情况，提出建议、愿望与要求的信息传达活动。下行传播指通过组织层级，上级将有关组织目标、任务、方针、政策的信息往下传达的过程，如上级布置任务、公布奖惩制度等。平行传播指组织内同级部门成员之间互通情况、交流信息，其目的是为了相互之间的协调和配合。

组织外传播是指组织与其外部环境的各类公众间的信息互动和沟通交流。任何组织的发展都离不开社会各界的支持与合作。组织必须通过传播协调好与各类公众间的关系，与其建立良好的关系，得到他们的配合和支持，以获得组织良好的发展。

2. 组织传播的特点

组织传播虽然也是一定的组织所从事的信息传播活动，但是它与大众传播相比有根本的区别，它有自己的特点。

1）传播对象是特定的

组织传播的接收者是特定的。多数组织传播的传播对象是固有的，大至组织的全体成员，小至组织内的有特定身份的部分人或个别人。

2）接收者接收信息是强制的

组织传播活动总是凭借组织的自身的系统进行，信息传播通道与组织系统是同一的，传播的动力来自组织本身具有的强制力。在组织传播中，接收者必须接受组织传来的信息，而不允许对接收还是不接收、接收这些信息或不接收这些信息做自由选择。这里说的强制力，既是指显性存在的组织纪律和规章制度的约束，也包括隐性存在的组织的权威性和传统习惯的影响。

3）传播走向既存在单向，也存在双向

组织传播过程有单向的也有双向的，这主要取决于传播发生的层级差别。不过我们尽量提倡不管是哪些层级间沟通都应该是双向的，这样传播的效果才好。

4）组织传播具有指挥性和强制性

在组织传播中，组织是组织传播的组织者和主体，它掌握着传播的主动权，因此在传播内容上体现出组织固有的强制性，可能不太会考虑传播内容是否符合接收者的需要。同时，因考虑到组织目标和任务的实现需要进行指挥管理，因此组织传播在具体任务指令的下达、实施、监督、检查、总结等方面，体现了一定的指挥性。

3. 组织传播的障碍

1）组织层级过多

组织层级过多，信息沟通速度就慢，而且层级越多越易造成信息失真。因此，在组织机构的设置上应该减少层级间沟通环节，使信息沟通的渠道短而直接，从而保证信息的及时性和准确性。

2）信息沟通方式多变

组织中因为部门不同或层级不同，传播信息的方式有自己的喜好，部门或层级间信息传递每启用一种新的信息传播方式，就有一个适应和熟悉的过程，因此，组织的传播方式应该固定，不能经常改变。

3）管理者不恰当的管理方式

管理者的管理方式不恰当时，会影响信息传播的效果。主要表现在：第一，官僚作风严重，不能听取下属提出的建议，关闭“下情上达”通道；第二，滥用职权，随意发布信息、截留信息或解释文件；第三，过于集权，下属缺乏沟通积极性和主动性。

4. 组织传播的目的

1）组织内传播的目的

通过良好的组织内部传播，在组织中的各部门、各岗位间形成固定的信息沟通渠道，各部门通过信息的传达和反馈相互衔接，使各部门、岗位既各司其职，又在统一目标下协同作业，不断协调好组织内部门之间、员工之间的相互关系，加强组织内部的联系和协作，增强组织凝聚力和向心力，提高组织整体效能。

2）组织外传播的目的

组织外传播的首要目的是与外界环境相适应，协调好与外界各类公众间的关系，创立和维护良好的组织形象。

【案例 4-4】

荷兰皇家航空公司免费太空之旅

荷兰皇家航空公司将会把他们的标语“灵感之旅”带到更高的地方。

承运人宣称他们将会在 4 月 22 日把一个高空气球送入太空，猜中气球爆炸前的高度和行驶距离的人将会获得一张通往太空的票。这张票价值 9.5 万美元，这个盛大的奖赏还包括一张从世界任何地方到库拉索的荷兰皇家航空机票。在库拉索，猜中的幸运儿和一位客人将会住在豪华酒店。在经过身体检测后，这两位朋友将乘坐太空探险公司（SXC）的山猫号进行长达 60 分钟的通往太空的旅行。在地球上空 64 千米的高度，4G 的推力下，乘客将会体验到完全的失重状态，奖励够刺激也够有吸引力。

（资料来源：根据网络资料整理）

4.2.3 大众传播

1. 大众传播的含义与特点

大众传播指职业传播者通过广播、电视、报纸、杂志、书籍、电影、网络等大众传播媒介，将组织的信息大量复制和大规模传送给分散的公众的过程和活动。在现代社会，以大众传播为手段的信息传播活动，不仅推广到社会的每一个角落，而且渗透到社会生活的方方面面。现如今，大众传媒已经成为人们获取外界资讯的主要渠道，也是社会组织争取和维护自身利益的工具。与人际传播、组织传播相比，大众传播具有以下特点：

1）传播组织具有专业性

大众传播的专业性是指传播组织的专业化和传播手段的技术化。现代大众传播是专业化很强的行业，它通常是一个庞杂的机构，内部有精细的分工。如以报社为例，由采访、编辑、评论、广告、经理等多个专业度较高的部门组成。同时大众传播借助现代印刷、摄影、电话、传真、无线电、网络等技术手段，操作难度和技术含量较高。

2）传播内容具有公开性和易逝性

大众传播与密码、旗语、信鸽、书信等传播现象不同，它不带有保密的性质。这就决定了各种社会制度下的政府部门，往往以不同的方式或在不同的程度上，对传播内容加以审查和控制。报纸刊登的消息，广播、电视播送的节目，通常只具有一次性阅读、视听的价值，除非信息接收者为了某种用途，以剪报、录音、录像等方式将信息贮存起来。这就迫使传者必须注重信息传递的时效。

3）传播过程具有很强的选择性

这里的选择性体现在：一是信息传递者会根据其受众选择传播工具；二是受众对传播工具同样有选择，这是因为年龄、性别、职业、文化素养、个人兴趣等差异可以使受众分为不同的读者层、听众层或观众层，不同层次的受众偏爱的传播工具存在差异；三是受众对传播的内容可以任意选择；四是受众对参与大众传播的时间可以自由选择。受众的选择性表明，大众传播并不意味着对每个人的传播。

4）信息流通上具有单向性

大众传播在很大程度上是单向沟通，因为其受众是不确定、不稳定的，受众无法当面提问、要求解释，因此整个传播过程存在反馈渠道不畅、反馈过程长、速度慢、成本高等问题。

5）传播速度具有快速性

由于现代科技不断发展，交通、通信条件不断改善，大众传播媒介能够以最快的速度向公众传递信息，其传播速度是其他传播方式难以企及的。

2. 大众传播的功能

大众传播作为组织常用的一种传播手段，主要具有信息传播、舆论引导、教育、娱乐休闲等功能。

1）信息传播

向受众连续不断地传播大量的信息，是大众传播的首要功能，大众传媒通过持续公开地向大众提供各种事件发展变化的信息，满足社会各团体组织及个人的信息需求。在向公众传播信息的同时，大众媒介还能够对周围环境进行监视，把有违社会规范的不良行为在媒介上公开，引起大家关注和讨论，使社会规范得以巩固和加强。

2）舆论引导

舆论是指社会公众共同的强烈持久的意见、态度与信念的总汇。从某种程度上讲舆论代表民意，它的发生发展以共同关注的问题存在为前提，可以自发形成，也可以由外力引导形成。大众传播的重要社会责任之一是通过对新闻事件的选择和评价，甚至加以解释或提出对策，将社会舆论引导到有利于社会和人民的轨道上来，形成公众的议论中心。

3）教育大众

大众传播的教育功能，表现为大众传播媒介可以营造一种重视教育，具有强烈教育意识的社会环境，让大众在这样的环境中学习和享用文化知识；大众传播媒介总是传播最新的知识、最常用的知识、最受公众欢迎的知识；在现代生活中，大众传媒还成为现代人获取知识的主要载体。传播的教育功能由来已久，并且在现代社会越来越显示出它的重要性。

4）娱乐休闲

娱乐休闲功能是大众传播最明显的一种功能，很多人选择大众媒介作为娱乐的主要工具和手段，特别是电子媒介飞速发展的今天，人们对娱乐的需求得到了满足。但需要注意的是如果过度沉溺于表面信息和通俗娱乐，沉醉在虚幻满足中，人们将失去社会行动力。

诚然大众传播为我们的生活带来了不少的便捷，但也必须警惕大众传播带来的负面影响。它们表现在：大众传播媒介易混淆“现实环境”与“虚拟环境”（媒介环境），大众对媒介过分依赖，而媒介带来的事实只是部分再现生活情景，不能代表一种社会趋向，若被人利用则会造成不良后果；当大众传播的信息量过量，人们就可能对信息产生冷漠态度；当媒介占用了人们的大量时间，人们会过多依赖媒介带来间接交流后人际间的社会交往互动逐渐减少，与社会群体就会逐渐疏远和陌生；过于通俗的大众文化易降低观众、读者的审美水平和鉴赏力；电影电视作品中大量的暴力血腥、色情内容和场面给社会带来消极影响，影响青少年的身心健康等。

4.2.4　群体传播

群体传播指一群人按照一定的聚集方式，在一定的场合可以比较自由地进行直接、多向性的信息交流活动。它是介于人际传播与组织传播之间的信息交流层次，是少数人直接面对多数人的传播。演讲会、专题报告会、展览会、大型演出活动等，都属于群体传播。

群体传播具有传播速度快、范围广、反馈及时等特点，易于创造热烈的气氛和舆论，形成轰动性传播的效果，是社会组织对内对外常用的一种有效的传播手段。不过群体传播的反馈虽然及时，但效果并不理想，组织想要准确了解公众的反馈还需要进行专门的调查。

群体传播的特征：

（1）信息传播在群体成员之间进行，群体成员不多，可以相对自由地进行直接传播。

（2）群体内部的沟通是多向性的沟通。

（3）群体传播在群体意识的形成中起重要作用。群体意识越强，群体的凝聚力就越强，越有利于群体目标的实现。

（4）群体传播受到群体的共同目标和行为规范的约束。

（5）群体中的“舆论领袖”对人们的认知和行为改变具有引导作用。

在人们的日常生活和工作中，离不开群体（如家庭、部门、会议、展销会等），因此，对于组织公关人员而言，必须关注与群体成员的沟通技巧，以获得有效的沟通。

以上介绍了组织最常见的四种传播类型，它们既自成体系，又各自具有不同的结构、要素、形式、特点和功能，同时又相互联系、相互重叠、相互交叉、互为补充。公共关系过程涉及各种不同的传播方式，其中人际传播和大众传播是组织运用最为广泛的公关传播手段，熟练掌握人际传播和大众传播的基本方法，是公关人员必备的技能之一。

小 结

本节主要学习四种常见的传播方式：人际传播、组织传播、大众传播和群体传播。

1. 人际传播是个体与个体之间的信息传播活动，按是否有中间媒介，分为面对面传播和非面对面传播；按人际传播是否使用语言，分为语言传播和非语言传播。

2. 组织传播是指社会组织内部组织与成员之间、成员之间或机构之间的信息交流。

3. 大众传播指职业传播者通过广播、电视、报纸、杂志、书籍、电影、网络等大众传播媒介，将组织的信息大量复制和大规模传送给分散的公众的过程和活动。

公关人员必须了解各种传播方式，在实际公关工作中进行正确选择，以达到最佳的传播效果。

思考题

1. 常见的公共传播方式有哪几种？试分析每种传播方式的特点。

2. 以小组为单位，请各小组分别模拟组织公关人员——“推销员”向公众——“顾客”介绍企业新款空气净化器的有关信息，体会人际传播中语言传播和非语言传播的运用效果。

3. 大众传播的功能有哪些？

4.3 公共关系传播媒介的选择

公共关系传播媒介是信息传递的载体，信息不能独立存在，必须依赖于某种介体才能显现，因此信息和媒介是密不可分的。不同的传播方式需要借助不同的媒介。公共关系的传播媒介形式多样，各有特点，在传播媒介日益丰富的现代社会，熟知各种传播媒介并能熟练运用之是公共关系人员必须具备的能力。以下介绍几种常用的媒介。

4.3.1 印刷媒介

印刷媒介是指借助印刷技术，以文字、图片等形式将信息印刷在纸张上进行传播的媒介。其中，报纸和杂志因其覆盖面较广，是组织扩大公共关系活动影响力的重要渠道。

1. 印刷媒介的类型

人际传播时常用小媒介，如书信、传真、贺卡、名片等，它们是与公众特别是重要公众联络感情、加深印象、密切关系常使用的媒介手段。

群体传播时组织向成员发放或赠送内部报纸和刊物、宣传手册、图片资料等。

大众传播时面向社会大众公开发行的，具有正规刊号或书号的报纸、杂志、书籍等印刷品。

2. 两种主要的印刷媒介

1）报纸

报纸是以客观事实报道和评论为主要内容，利用印刷文字，以比较短的时间间隔定期发行的印刷类传播媒介之一。报纸具有固定名称，通常以散页（不装订）发行。报纸种类繁多，覆盖面广，阅读报纸是许多人日常生活中不可缺少的部分，是当代社会非常普及、重要的新闻传播媒介之一。

> **课堂互动**
>
> 讨论：请根据自己的认知谈谈两种印刷媒介各自的优缺点。

报纸的优点主要有：第一，信息容量大。报纸可以及时刊载国内外各种消息、报道、评论、新闻图片和理论文章等，而且可以根据新闻内容、数量要求调整结构或安排版面，较少受到限制。第二，选择余地较大。报纸给予读者更大的主动权，读者可根据自己的习惯、兴趣、能力来选择阅读的内容，无须看无关或不想看的内容，阅读的时间和速度也由读者自己把握，不受限制。第三，内容详尽细致。同一则消息，报纸报道要比电视报道更细致深入，读者可以反复阅读，仔细琢磨，一次读不懂可以再读一次。第四，便于保存信息。报纸上的资料可以根据需要剪贴、摘抄、保存，供日后反复、自由地取用和参阅。第五，报纸成本低廉，制作简便。相比电影、电视、广播等媒介，报纸的制作成本较低，出版速度快，对于读者而言，相比电影、电视等媒介，报纸不需要特别的信息接收的设备，降低了使用成本。

报纸的缺点主要有：第一，感染性差。报纸虽然有图片和表格，但相比电视、电影生动、形象、直观的影像传播还缺乏感染力。第二，即时性差，因报纸发行的制约因素，如地域、交通、气候、灾难、战争等会影响报纸传递信息的速度，因此信息传播的速度比不上电视、广播。第三，读者的文化水平和理解能力限制了报纸的传播范围。报纸阅读要求读者有一定的文化水平和理解能力，这就在客观上限制了读者的数量。

2）杂志

杂志又称期刊，指以刊载各类文章为主的、定期的连续印刷出版物。它作为一种印刷媒介与报纸在本质上没有区别，也是集文字传播与图像传播于一体的传播媒介，只是相比报纸杂志，其内容向深度和广度上延伸了。杂志具有固定名称，装订成册发行，发行量一般小于报纸，价格高于报纸。

杂志的优点主要有：第一，突破报纸的地域性限制。杂志可以全国公开发行，不受地域限制，甚至还可以突破国界的限制，因此传播范围比报纸广。第二，杂志种类繁多，读者范围广，因其专业性和针对性强，其读者群较稳定。第三，杂志因其发行周期较长，采编时间充足，报道或文章经过精细加工，有一定的学术价值和史料价值，给读者留下比较深刻的印象，同时易于保存、检索，便于读者反复阅读。第四，杂志的制作比报纸精良，它图文并茂，具有较强的艺术感染力。

杂志的缺点主要有：第一，其出版周期长，传播的时效性差，因此不适合刊登新闻类事件，也不适合短期公关。第二，虽然比报纸制作精良，但比起电视、电影等影像传播媒介仍然缺乏感染力。第三，杂志依然要求读者具有一定的文化水平和理解能力，同时因为杂志的专业性，更要求读者拥有一定的专业知识或专门的爱好，这就限制了读者群。

4.3.2 实像媒介

所谓“实像”，这里特指一个组织生产的产品实样或形象性的图片资料、视听材料，以及能反映该组织立体全貌的各种图片、视听信息，还包括商业服务单位向公众推出的各种示范性服务、操作表演之类的活动，如产品展销活动、时装模特儿的表演活动等。由于实像传播是实实在在的信息传播活动，不能有半点虚假，因此与言语传播和文字传播相比，更形象、更生动、更能反映组织的真实面貌。

1. 实像媒介的优点

实像传媒是以具体形象的内容来向公众传播信息，因此具有信息直接可靠、效果直接迅速、手段多种多样等方面特点。

1）效果直接

实像为公众提供了看得见、摸得着的实物信息，因此，实像传播对公众的影响相比语言和文字媒介更直接。如商品展销会上，消费者看中某件物品，我们可以从消费者的购买行动上看出其反馈，成功的商品展销会，消费者满载而归，说明产品是满足消费者需求的，若展销会上商品无人问津，也同样得到一个反馈信息即产品不对销路，需要改进。

2）更能吸引公众

实像的展现并不是简单的产品陈列或图片展览，而是要营造和烘托气氛，充分调动各种强化、美化手段来使产品展示得生动形象。

3）更打动公众

因为实像提供的信息更直观，因此比语言媒介和文字媒介更能打劫公众。如装修公司经常提到的“地中海风格”“东南亚风格”等概念，无论用多少言语或文字进行描述，都不如布置一个样板间来得直接和一目了然。

2. 实像媒介的运用

实像媒介的上述优点，使其在传播活动中备受青睐，尤其是在倡导体验经济的今天，公众更愿意以这种看得到、摸得着的方式来认知企业，因此在公共关系实务中实像媒介得到了广泛应用。

1）样品展览和示范表演

一个组织将其新研制、新开发的产品或新设计的服务项目向公众宣布，这就叫样品展览和示范表演。一般而言，样品展览和示范表演有以下几种情况：第一，组织向公众彰显自身的进取能力和满足社会需求的应变能力，如国外汽车厂商每年岁末向公众推出下一年汽车新款式展览。第二，通过这类实像传播形式向社会收集反馈信息，为新产品正式投产和新的服务项目正式推出确定市场的反应，以便对产品和服务项目做最后修正及改进。第三，社会组织举行样品展览和示范表演带有开拓新市场的意识趋向。

【案例 4-5】

宜家家居

宜家家居是一家来自瑞典的家居用品零售商，它的经营理念是“提供种类繁多、美观实用、老百姓买得起的家居用品”。逛宜家能给人一种方便、赏心悦目的购物体验。宜家并不像一般的家具商店，所有的商品都是按品种摆放的，如沙发区、茶几区、桌子区，而是以展示厅形式陈设的。在这里，你看到的是由各种各样家具组成的一个又一个温馨、舒适的场景，不管在儿童房，在餐厅，还是在卧室的展示厅里，你都可以看到多种不同的家具组合，还可以看到各种家具的说明书和组合图以及展示厅的面积大小。事实上，很多来宜家的人都不是纯粹购物的，他们已经习惯性地把这里当作一个休闲的地方，顾客在体验宜家的一个个展示厅的时候也会体会到：原来厨房可以如此整洁大方、井然有序，客厅可以如此色彩缤纷、功能丰富，卧室可以如此温馨无比、风情万种。顾客在宜家不但可以买到称心如意的家具或家居用品，更重要的是也学会了色彩搭配，杂物收纳，等等，许多的生活常识和装饰灵感在这里悄然迸发。久而久之，“宜家”成为家居的代名词。

2）橱窗陈列

橱窗，是一种能立体地、透明化地向公众显示产品实物的实像传播设施。橱窗是一个社会组织的门面，在商业服务单位，它直接用于产品陈列和销售宣传；在非商业服务单位，橱窗的公共关系功能也是比较明显的，如法制、交通、科技、卫生、体育等方面的宣传窗、画廊、展示柜等都用于显示成就、揭露问题、普及知识、鼓舞士气、警醒大家等类似于公共关系方面的工作。

橱窗陈列比较典型地显示了实像传播的特征：形象、直观、吸引力强。这几个特点跟它本身所处的地理位置一般是人流稠密的地带或地段分不开。除此之外还取决于能否给公众留下瞬时印象和是否经常保持新鲜感两个方面。

瞬时印象是指人们在不经意间或偶尔接触到某个客体对象时，刹那间所感受到的心理刺激，成语“惊鸿一瞥”就是对此较好的描述。因为橱窗陈列面对的公众大多处于流动的无意识状态，如果不能抓住公众的瞬时印象就降低了橱窗陈列的效果，因此，橱窗陈列需要有较高的美工基础。

保持新鲜感是指橱窗的陈列不能经年累月一成不变，虽然橱窗陈列面对的公众大部分是流动的，但仍有一部分公众是稳定的，如在附近上班的顾客，如果他们发现橱窗几十年如一日，就会对橱窗陈列的商品失去兴趣，甚至有可能认为橱窗的主人懒散、懈怠。因此，橱窗陈列更新是一项重要的工作。

3）作业场所布置

每一个组织都有它的具体工作环境，如办公室、接待室、会议室、商店铺面、生产车间、礼堂、户外加工场所休息室，等等，这可以统称为组织的作业场所。心理学研究得出结论，当人们处于一种经过精心布置并美化了的环境中时，会自然地产生愉悦心理，这种愉悦心理会使对抗、冷漠等消极情绪明显减弱，而以友好、合作等积极情绪取而代之。

作业场所是人们一天活动的最主要的环境，一个职业人士一天有三分之一的时间置身于作业场所，因此，精心布置和美化作业场所，调动人们的积极性就成为公共关系工作关注的一个方向。如国外的一些重型机械场为了调节人们的心理，让工作现场变得温暖，将机器漆成柔和的奶黄、粉色等暖色调。

作业场所的布置和美化是一个整体的概念，并不局限于色调的搭配，还包括整体环境气氛的渲染和各种设备器材的布置。

4.3.3 实物媒介和户外媒介

1. 实物媒介

实物媒介就是用具体的物品承载某种特定的信息，充当信息传递的媒介，通常指组织用于展览、赠送的产品样品、产品和模型以及公关礼品等实物媒介，它展现着组织的形象，凝聚着组织的各类信息。

1）产品样品、产品和模型

在企业公关和营销时，产品本身就构成一种信息媒介，通过其包装、外观、性能等向公众直观地传递出产品最真实可靠的信息。因此，产品作为传播媒介被广泛用于展览会、订货会、赞助活动中。

2）公关礼品

公关礼品是指用于加强组织与公众情感交流的实物宣传品，选择公关礼品需要考虑三个方面的要素：第一，标识性，公关礼品需要带有组织标识，让礼品辨识度较高；第二，纪念性，在选择礼品的时候更多地考虑其作为情感纽带的作用，而不要以货币价值来衡量；第三，新颖性，公司选择的礼品要新颖，设计构思精巧，彰显企业精神或内涵，使受赠者乐于珍藏或使用。

2. 户外媒介

户外媒介主要面对的传播对象是流动的人群，多出现在交通要道、城市广场、车站、码头和人群聚集的场所，如体育赛场、文化活动广场，而广告牌、霓虹灯、车船气球、旗帜、灯箱、路牌等都是常见的户外媒介。

户外媒介具有传播对象广泛、信息精简、制作成本低、使用费用低的优点，但户外媒介也存在着一定的不足：其面对的公众流动性大，因此传播效果很难控制度；传播范围和信息量有限，不能有效展现企业整体形象。

4.3.4 电子媒介

电子媒介是指依靠电子技术来传播声音、图像、文字、色彩，运用专门的电器设备发送和接收信息的广播、电视、电影等媒介。

1. 广　播

广播是通过无线电波或导线传送声音符号的传播媒介。广播出现以来，一直是重要的广告媒体，因为它以声音为传递形式，作用于人的听觉器官，相比印刷媒体有较强的亲切感。

广播有如下优点：第一，传播速度快。广播靠电波传递声音，信息一经播出，听众就能听到，比印刷媒介的传送速度快。第二，制作简单，成本低廉。广播相比电视、电影，它不需要复杂的制作工序，只要将信息稍加处理就可以传播出去。以投放广告为例，分别选择在中央人民广播电台和中央电视台的同一个时段播出同一产品广告，广播电台的费用远远低于电视台的费用。第三，传播范围广，与印刷媒介相比，广播受限制少，它不受地理环境和气候条件限制，对听众的文化程度也无特别要求，因此传播对象广泛。第四，广播作用于人的听觉器官，人们很容易因为听到的声音悦耳、亲切引起共鸣，较印刷媒体感染力更强。

当然，广播的不足之处也很明显：第一，稍纵即逝，不易保存。广播只闻其声，不见其人，缺乏图像和文字，公众很难对声音符号完全记忆，信息不易被保存。第二，广播是按既定的顺序播放，听众无从选择，检索性差。第三，广播收听随意性强，公众在收听时间较长后很难集中精力，难以全面传播信息。因此广播适合于在短时间内进行的公关宣传活动。

2. 电　视

电视是利用电子技术将声音、文字、活动的图像结合起来进行信息传递的媒介。电视以其声像并茂的特点，在众多的传播媒介中独领风骚，目前电视已经成为拥有庞大覆盖面的传播媒介。德国哲学家格林斯将电视、原子能、宇宙空间技术的发明并称为“人类历史上具有时代意义的三大事件”。

电视传播的优点明显，主要体现在：第一，普及性强，受众广。电视综合地将语言、文字、图像、声音、动作融为一体，信息的表现力和现场感强，信息接收不受公众文化程度的影响，能够引起受众的极大兴趣，因此电视的受众几乎涵盖了社会的各个群体。第二，时效性强。同广播一样，电视传播速度快，信息传播及时，公众可以及时收到相关信息。尤其是“现场直播”的形式，能够做到与事件的发生同时传播。第三，娱乐性强。电视的娱乐功能在众多媒介中居首位，它能将信息传播和文化娱乐融为一体，成为现代家庭日常生活中不可缺少的娱乐形式，在公众中影响较大。

电视的不足主要体现在：第一，电视传播成本高，节目制作复杂。第二，传播的信息瞬间即逝，不便于记录、保存和重复使用。第三，观众只能依据一定时间、顺序和速度收看节目，选择余地较小，时间和空间限制较大。

3. 其他电子媒介

电影内容生动形象，老少皆宜，但制作成本高，周期长，信息收集也受一定场地的限制。此外还有录音、录像、幻灯片，公交移动电视、电话、传真、电报等电子媒介。

4.3.5　新媒介

新媒介（New Media）是相对于传统媒体而言的，是在报刊、广播、电视等传统媒体之后发展起来的新的媒体形态，是利用数字技术、网络技术、移动技术、通过互联网、无线通信网、有线网络等渠道以及电脑、手机、数字电视机等终端，向用户提供信息和娱乐的传播形态和媒体形态。这里主要介绍两种媒介：网络媒介和手机媒介。

1. 网络媒介

网络媒介就是借助国际互联网这个信息传播平台，以电脑、电视机以及移动电话等为终端，以文字、声音、图像等形式来传播新闻信息的一种数字化、多媒体的传播媒介。网络媒介的出现和普及，标志着人类传播史上又一次重大媒介革命，这场革命为现代公关提供了全新的媒介和策划思路。

1）相比其他媒介，网络传播具有明显的优势

第一，传播范围广。互联网是一个由无数局域网连接起来的全球性的信息传播网络，其传播的最大特色为不受任何时间与地域的限制，它又被称为“无边界媒介”。

第二，交互性强。传统媒体基本上只能进行大众传播，而在互联网上，既能进行大众传播，又能进行个人传播、人际传播、群体传播和组织传播。交互性强是互联网络媒体的最大优势，它不同于传统媒体的信息单向传播，而是信息互动传播，用户可以获取他们认为有用的信息，组织也可以随时得到宝贵的用户反馈信息。

第三，高度开放。互联网是一个高度开放的系统，任何人都可以利用网络平等地获得信息和传递信息，享有高度的自由。

第四，超越时空界限。互联网的沟通是在电子空间进行，能突破现实时空的限制和障碍，可以每天 24 小时开放和运转。如今，数字通信已经向无线网络发展，移动上网已经成为一种生活习惯，嵌入我们生活的方方面面，这就为公关的信息传递提供了更有利的条件。

第五，成本低廉。由于互联网利用了现有的通信网络，不用重新投资新的通信设施，所以，从投入产出比来讲，互联网媒介的使用成本低廉。

第六，表现形式多样。互联网以超文本的形式，将文字、图像、声音等信息转化为计算机语言技术进行传递，它综合了报纸、杂志、书籍、电视、电话、传真等多种传播媒介。

第七，个性化。

2）网络媒介的不足之处

第一，信息缺乏控制。网络媒介交流的随意性致使信息泛滥，缺乏有效的控制手段。

第二，网络传播存在一定的安全问题。网络中层出不穷的病毒可能导致计算机瘫痪、数据丢失或被篡改，还有电脑黑客的攻击也易使网络瘫痪，或出现存储的数据被盗用、删除等情况。

第三，计算机操作和使用上的复杂性。网络传播是通过计算机来实现的，计算机的功能众多，使用需有一定的技术性，尤其对于老年公众来讲，掌握计算机的使用技能较困难。

第四，网络媒介传播信息依赖于网络的普及率，近几年我国的网络普及率虽大大提升，但还是不够高，尤其是偏远山区，这就使网络的传播广度受到限制。

2. 手机媒介

手机媒介是指通过手机终端，进行各种（文字、音频、视频等形式的）媒体内容的传播。目前，手机媒体的主要利用形式，包括手机报、手机电视、手机小说、手机音频广播、手机视频（电影）、手机应用软件等很多种。手机被公认为继报刊、广播、电视、网络之后的“第五媒体”。可以说，无线互联是互联网在移动领域的一种衍生。运用手机可以进行无线上网，传播者可开展短信群发，接受者可进行短信转发等传播活动。

手机媒介有自己独特的优势：

第一，手机覆盖人群广泛。从地理覆盖面上说，当前，手机媒介网络信号已经触及全球，用户可以在其手机所属运营商网络覆盖范围内进行联系，并逐渐在全世界范围内享受通信服务。同时，各个阶层的手机消费者都成为了手机媒体的潜在用户，实现了广泛的受众覆盖。手机不仅仅作为一个可以传递和获取高质量的多媒体新闻的平台而存在，它还是人们生产、生活所必需的工具，这大大增加了人们选择手机这一媒介形式的可能性。

第二，手机媒介能够区分目标受众，信息传递更有针对性。手机媒体所拥有的技术平台足以保证其为用户提供包括需求分析、信息订制、信息分类、自动分发、用户反馈等在内的信息服务。通过用户订制的信息服务内容，手机运营商和服务提供商可以针对不同的受众定向地推介信息，信息传递更有针对性。

第三，手机的移动性和便携性是传统媒体和网络媒介望尘莫及的，手机用户可以在任何时间任何地点接收他所需要的信息，传播者也可以在事件发生地点以及事件发生的第一时间发送信息。同时，人们可以利用较为零散的时间收看手机信息，并能够快捷地传播信息。

第四，手机媒体传播信息带有一定的强制性和高度的参与性，在公共信息平台建设方面，它已经成为公众意见的汇聚渠道，并用来进行民意调查，这不仅可以促进政府决策过程的民主化，也可以增强公众参与公共事务的意识，提高受众的参与程度。

第五，与传统媒体和网络媒体相比，手机媒体在时间限制和地域限制上实现了超越，同时还打破了信息终端设备的限制，基本上可以做到与新闻事件和传播信息同步。

当然，手机作为公关宣传媒介也有明显不足，比如手机屏幕小，视听感受不及电视或电脑。同时，还存在一些虚假信息传播、侵犯个人隐私、垃圾信息泛滥和信息安全等问题。

【案例 4-6】

××航空公司首家推出二维码会员服务

2011 年××航空公司在国内首家推出了二维码会员回馈服务，开辟了一条个性化服务之路：××航空的 VIP 客户在里程积分兑换之外，额外会得到一条二维码彩信兑换券，持这条彩信至指定店铺，如影院、咖啡店、餐厅，扫描二维码即可获取指定权益：看场电影、喝杯咖啡、享受一道美味……

小小的二维码彩信兑换券，绝不是发送一批彩信、送出一份礼品那么简单。依托于可靠稳定的二维码移动优惠促销平台，航空公司与 VIP 会员之间保持了良好的互动。客户收到二维码彩信兑换券，比起实物形态的礼品，感觉时髦又方便；航空公司则省去了寄送、通知等人工服务，成本大大降低。进一步，航空公司还可以对客户的消费行为进行分析，收集与客户喜好相关的非航空类的信息，以便有针对性地开展下一轮营销或会员回馈。这样一来形成了“购票—飞行—会员营销—购票”的完整的消费链条，从而增强用户黏性，提升客户忠诚度。

4.3.6 媒介选择的原则

传播媒介的选择直接影响到传播效果，因此公关人员必须正确而适当地选择传播媒介，以便有效地将信息传播给公众，否则只会消费物力、财力和人力，给组织带来不必要的损失。选择媒介应注意以下四个原则。

1. 根据传播内容选择

不同的传播内容需要选择不同的传播媒介。一般情况下，如果传播的信息复杂，难理解，需要深入报道，适用于印刷媒介；传播内容简单，易理解，适用于电子媒介；如果信息需要强调声音，可选择广播；如果侧重于画面，可以选择电视、网络等；如果信息量大，需要检索和保存，需要选择印刷媒介；如果需要声情并茂，引起公众兴趣，则可用电子媒介或网络。

> **课堂互动**
>
> 讨论：房屋销售选用报纸传播好还是电视传播好？为什么？

2. 根据目标公众选择

不同的公众，因其不同的经济条件、职业、兴趣、学历、文化水平等会选择与之相适应的媒介。如年龄大、文化水平高，喜欢接收偏知识性、政治性、公共事业性较强信息的人，选择印刷媒介；年龄小，文化水平不高，喜欢娱乐性强的公众，多使用电子媒介和新媒介。

> **课堂互动**
>
> 讨论：某方便面厂家主要选择电视这种媒体并且选择在“黄金时间”大做广告，这种选择是否恰当？为什么？

3. 根据组织特点选择

不同的组织因其产品或服务的特点不同，应该选择不同的传播媒介。如，商业企业，因其产品主要面对广大的消费者，可以选择报纸、电视、网络等传播面广的媒介，让尽可能多的消费者了解企业；对于制造企业，因客户比较单一，采取专业领域的杂志，有针对性地向特定公众进行传播，效果更为显著。

4. 根据组织经济实力选择

任何一种媒介的使用都不是无偿的，都需要支付一定的费用，但成本负担有差异。比如电视传播效果好，但成本高。因此组织在选择公共关系传播媒介时，一定要从组织自身实际出发，考虑自身的经济实力，量力而行，不应为了追求声势而盲目选择媒体，应考虑到传播成本和传播效果，尽可能寻求较高的投入产出比。

通过以上几种媒介的了解，我们知道公共关系的传播媒介各有特点，公关人员在进行选择时，应综合考虑组织公共关系工作的目标和要求、公众对象的特点、传播的内容、组织的经济实力等因素，合理地选择，以达到最佳的传播效果。

小　结

> 本节主要学习了传播媒介的类型及选择原则：
>
> 1. 公共关系传播媒介有印刷媒介、实像媒介、实物媒介、户外媒介、电子媒介和新媒介。各种媒介都有其优缺点，在进行公关传播活动时应选择性应用。
>
> 2. 媒介选择有四大原则：根据传播内容选择、根据目标进行选择、根据组织特点选择和根据组织经济实力选择。

思考题

1. 公共关系传播媒介的类型有哪些？
2. 报纸媒介与杂志媒介相比有哪些优点？
3. 网络传播有哪些特点？
4. 实像传播在公共关系中是如何应用的？
5. 公共关系传播媒介选择的原则有哪些？
6. 思考讨论：如果让你（你们）组织一次旨在提升本专业形象的大型公关活动，你会选择用哪些大众传播媒体，为什么？

第 5 章　公关活动

如果公共关系要想影响对于公司的生存和成功必不可少的互惠互利的关系，它就必须参与制定活动战略，并且将这种战略与随之而来的传播联系起来。

——[美]斯各特·卡特里普

夫未战而庙算胜者，得算多也；未战而庙算不胜者，得算少也。多算胜，少算不胜，而况于不算乎！

——《孙子兵法》

➔ 本章导入

公关活动是一种系统性的信息管理与传播工作，需要遵循一定的工作程序。美国的公共关系专家爱德华·伯内斯提出了“公关四步法”，该方法认为，一个完整的公关活动，应该由调查、策划、实施和评估四个工作步骤组成。公关调查是为了收集资料，从中找出问题及问题原因，是开展公共关系工作的前提和基础；公关策划是在调查的基础上，具体制定公关活动方案的过程；公关实施是对公关策划进行具体操作与管理的环节；公关评估则是对公共关系工作的检察和总结。

通过本章的学习与练习，让同学们明确公关活动的内容与程序，了解公关活动每个步骤的工作内容，掌握“公关四步法”并会运用，能够根据组织需要有效地开展公共关系活动。

学习目标

1. 掌握公共关系调查的重要性、内容、方法和基本程序。
2. 掌握公共关系策划的意义、内容、方法和基本程序。
3. 掌握公共关系实施的特点、原则和障碍。
4. 掌握公共关系效果评估的重要性、基本程序和评估标准。
5. 能撰写公共关系调查报告。
6. 能把握公共关系策划要素，撰写策划方案。
7. 能设计公共关系实施方案。
8. 能撰写公共关系评估报告。

开篇案例

百事“把乐带回家 2013”

执行时间：2012 年 11 月至 2013 年 2 月

企业名称：百事中国

品牌名称：百事（中国）

获奖情况：2013 最具公众影响力十大公共关系事件

（一）项目背景

百事公司是全球最大的食品和饮料公司之一，自从进入中国市场后，几十年来始终致力于植根中国文化，将百事精神源源不断融入中国消费者的生活中。2012 年春节之际，百事集团就曾斥巨资打造以“春节回家”为主题的贺岁微电影《把乐带回家》，从契合中国百姓“春节回家团圆”愿望的角度入手，充分利用百事明星资源，借明星之口讲述“回家过年”的亲情故事，通过温暖人心的故事呼唤全天下的儿女能够在春节来临之际“把乐带回家”，与父母共享天伦。明星的强大号召力，加上富于感染力的亲情故事，引发消费者共鸣，广受各界认同及好评。

2013 年末，百事集团再度联合旗下四大品牌倾力打造百事《把乐带回家 2013》微电影，不仅将明星阵容再度升级，更在 2012 版“春节回家”主题上进一步挖掘，将家人之间的亲情之爱升华为陌生人之间互帮互助，传递“有爱的地方便是家”的大爱温暖主题。作为《把乐带回家》项目整体公关宣传计划制定者的乐智公关，又将如何把控全国媒体舆论导向，传播“有爱的地方便是家”的大爱温暖主题，再现 2012 版《把乐带回家》的辉煌？

（二）项目调研

“春节回家”几乎是所有中国人最关心的话题，轰轰烈烈的春运总能占据最多的媒体版面，成为几乎所有人议论的焦点。关于买票难、挤车难、没钱回家难、没男（女）友回家难、加班回家难、天气问题回家难等，各种各样的“回家难”故事引发无数人共鸣。“回家”是全社会的话题，而“回家难”则成为牵动所有人心情的话题。

人都有猎奇心理，老百姓原本就对明星的隐私生活充满好奇，而当这些平日里衣着光鲜亮丽的明星们也同样遭遇“回家难”的问题时，他们的应变能力和处理方式，也将成为吸引目光的焦点。

（三）项目策划

1. 公关目标

百事集团决定从“想回家”“回家难”这个全社会共同关注的话题中寻找突破，用打动人心的正能量来激励、鼓舞所有具有“回家”梦想的人。将百事的企业责任、社会责任通过“把乐带回家 2013”项目全盘展现给所有中国消费者。百事希望与消费者产生更深刻的互动与情感联系，用百事精神鼓舞更多的人，也希望有更多社会正能量来诠释、丰富百事“把乐带回家”的内涵。

2. 公关策略

百事公司联合旗下百事可乐等四大品牌，携手掀起一场有关“信、望、爱”的风潮，引发全社会大爱接力，将“把乐带回家”的精神持续传递。百事在2012《把乐带回家》微电影的基础上全面升级开拍《把乐带回家 2013》微电影，用明星效应、娱乐话题、新颖手法来大力传播正能量。同时，百事联合中国扶贫基金会和天猫商城，发起“蓝色心愿——2013 温暖回家“公益项目，帮助千名难以回家的普通人温暖回家。另外，百事也不遗余力资助中国妇女联合基金会旗下的“母亲邮包”公益项目。在春节之际，以实际行动实践品牌所提倡的小家变大家，全社会守望相助的精神。

3. 目标公众

所有渴望“回家”的中国人。

4. 主要信息

“小家成就大家，有爱的地方便是家，把乐带回家”。直击“回家”话题，由明星讲述“回家过年”的亲情故事，引发消费者共鸣，打造“把乐带回家”风潮。充分利用明星效应和娱乐话题。

5. 传播策略

以《把乐带回家 2013》微电影为核心宣传，结合明星资源、娱乐话题、雪灾事件，通过前期预热埋线、微电影拍摄花絮炒作、明星亲身故事与微电影故事交织宣传、网络娱乐热议、主题曲先期炒作、微电影首映发布、微电影全媒体平台传播等手段进行整合推广。

6. 媒介选择

先期配合品牌“把乐带回家”的大爱主题，针对目标消费群习惯，在主流平面和电视媒体、网络媒体、视频媒体等展开宣传。后期再由中国好声音学员为《把乐带回家 2013》全新演绎经典曲目《相亲相爱 2013》，通过网络、电视、电台等进行打榜宣传，通过音乐类电波媒体这一特定媒体在网络上进行全程覆盖，打造一个360度全方位的公关宣传平台。

（四）项目执行

第一阶段：百事延续2012年“回家”主题，众星加盟“把乐带回家 2013”，项目全面升级。

第二阶段：全民关注明星坎坷“回家”络，引爆“把乐带回家 2013”火热期待。

第三阶段：好声音学员“相亲相爱”唱响“把乐带回家 2013”，温暖心声。

第四阶段：《把乐带回家 2013》首映发布，百事携手明星倾情呈现大爱精神。

第五阶段：快乐大本营秀“把乐带回家”手势，持续传递大爱真情。

（五）项目评估

1. 效果综述

百事“把乐带回家 2013”项目，可谓是一次“接地气”的公关宣传行动。不仅收获了百事忠实消费者的关注，更引起全社会更广泛的关注，引起所有具有“回家”渴望的人们的共鸣，更传递一种守望相助的社会正能量，成功彰显百事公司的企业文化和社会责任感。

2. 现场效果

2013年1月21日下午，百事《把乐带回家 2013》微电影新闻发布会在北京万达影院隆重举行。当天，接待全国媒体57家，邀请并接待驻京媒体52家，其中包括通讯社2家，平面媒体25家，网络媒体13家，电视媒体17家；异地邀请主流平面媒体5家；到场媒体总人数共计约 92 人，媒体到场率 98.3%。

3. 受众反应

百事微电影《把乐带回家 2013》网络视频点击量超过 3 亿，百度搜索结果已高达 171 万个，谷歌搜索结果也超过 11 500 万个。

4. 市场反应

《把乐带回家 2013》热映后引起极大关注，其公益活动受到广泛关注，百事集团还得到了“2012 年度社会公益创新奖”。

5. 媒体统计

2012 年 12 月至 2013 年，相关百事“把乐带回家 2013”的报道总计 1 218 篇，媒体总价值超过 8 000 万元，媒体转载率高达 438%。

（案例来源：《2013 最具公众影响力公共关系案例集》，中国公共关系网（17PR）编委会编著，企业管理出版社，2014 年 5 月第一版，第 19-27 页，有删减）

入门问题

1. 公关活动四步法是指哪四个活动步骤？
2. 您认为公关四步法中，哪个工作程序是最难的？
3. 您能按要求撰写公共关系调查报告吗？
4. 您知道公共关系活动策划包括哪些基本要素吗？会撰写策划方案吗？
5. 您能按要求设计公共关系实施方案吗？
6. 您能按要求撰写公共关系评估报告吗？

请您先不要急着往下看，试着回答以上问题。

公共关系活动（Public Relations Activities）：是指一个组织为了创造良好的社会环境，争取公众舆论支持而开展的活动。为确保公共关系活动有序开展，并达到预期效果，必须遵循一定的工作程序。目前，最为常见的是“四步工作法”（或称 RACE 工作法）。即调研（Research）、策划（Planning）、实施（Implementation）和评估（Evaluation）。

5.1 公共关系调查

公共关系调查，是组织运用科学的方法和手段，有目的、有意识、有步骤地收集有关公众和社会环境等方面的资料，综合分析相关因素及其相互关系，以掌握组织的公共关系状态，解决组织面临的公共关系问题的一种实践活动。公共关系调查作为公共关系工作程序的基础步骤和首要环节，它在整个公共关系活动中由举足轻重的作用。

5.1.1 公关调查的意义

公关调查，是公关活动的起始点，能够了解公众对组织的看法，分析组织所处的环境，从而为公共关系目标的确立和公共关系计划的制定提供基本依据，也为公共关系方案的实施提供根本保证。具体体现在以下四方面。

1. 使组织形象准确定位

组织形象定位，是指组织在公众中的具体描述。公关调查能够通过了解组织形象定位，测量出组织的自我定位与其公众中实际形象的差距，能够增强策划的目的性与科学性。

2. 使组织及时把握公众舆论

积极的公众舆论会帮助组织塑造良好形象，而消极的公众舆论则对组织形象造成损害，甚至会导致组织的形象危机。公关调查，可以使组织及时地利用和扩大积极舆论，控制和缩小消极舆论。

3. 提高公共关系活动的成功率

通过对外部环境及自身条件的调研，可以使组织对开展公共关系活动的主客观条件有一个全面的认识，有利于公关策划和实施。

4. 为组织决策提供科学依据

公关调查能够了解公众的需求和愿望，及时为组织提供决策依据，并能有效地检测决策的正确性。

公关调查的目的是掌握真实信息，确定问题，确定公众，为决策提供依据。需要说明的是，公关人员要学会“通过现象看本质”，只有这样，才能全面地、历史地、发展地观察问题和分析问题，设计科学的公关工作战略与战术。

5.1.2 公关调查的内容

公共关系调查的内容是多方面的，主要包括组织基本情况调查、组织形象调查、组织环境调查、公众调查等。

> **课堂互动**
>
> 讨论：公关调查的内容有哪些？知名度和美誉度之间有什么联系和区别？

1. 组织基本情况调查

组织的基本情况是公众评价的首要对象，也是公共关系工作人员进行调查的重要内容之一。关于组织基本情况调查，主要是组织的经营发展情况调查和组织成员的基本情况调查两方面。

其中，针对组织的经营发展情况的调查，主要包括组织创建的时间、组织经营发展的各阶段目标；组织发展过程的重大事件及相关舆论；组织对社会的贡献；企业组织的市场分析、市场占有情况以及市场竞争状况；企业组织的产品、服务及价格特点；组织的管理特点；企业组织的外观、厂名及商标特点等。

针对组织成员的基本情况的调查，包括组织成员的精神面貌、一般状况（年龄、文化程度、专业特长、兴趣爱好、家庭生活等）、对组织发展做出过重大贡献的成员状况（成就和经历）和组织领导者的总体情况等内容。

2. 组织形象调查

一般来说，知名度和美誉度是评价组织形象最基本的两个指标。组织形象调查则是对这两个指标进行的调查。

知名度，是指有多少公众了解该组织，以及他们了解的程度，包括组织名称、标识、经营内容、历史、规模、产品、服务等，这些要素往往被用来评价组织的名气大小。知名度调查，可以是对上述诸多因素的综合考察，也可以是对其中的单项因素进行调查。通过知名度调查，可以详细了解组织的诸多构成因素对其知名度形成的贡献情况，也能为其他项目的调查提供基础资料。

知名度 = 知晓人数/调查人数 × 100%

表 5-1　知名度调查问卷设计

项　目	1 不知道	2 好像知道	3 知道	4 有些了解	5 了解	6 非常了解	汇总
组织名称							
标志							
历史							
规模							
经营内容							
产品 A							
产品 B							
服务							

注：请被调查者对准项目在空格中写“√”，根据总分及各项得分，综合评价机构知名度。表中 1~6 由低到高，表示公众对组织各项要素的了解程度，分别是：不知道、好像知道、知道、有些了解、了解、非常了解。

美誉度，是指有多少公众信任和赞赏该组织，以及他们信任和赞赏的程度，包括对组织名称、标识、经营方式、产品或服务等内容的喜欢和信任程度，往往被用来评价组织社会影响的好坏程度。美誉度调查，一般是在知名度调查的基础上进行的更深层次的调查。通过美誉度调查，在一定程度上能为组织指明努力的方向。如果调查结果显示，一个组织的知名度高，而美誉度较低，那么组织需要及时查找原因，努力修正不良影响，重建良好的组织形象。

美誉度 = 赞美人数/知晓人数 × 100%

表 5-2 美誉度调查问卷设计

项 目	1 非常怀疑	2 怀疑	3 一般	4 比较信任	5 信任	6 非常信任	汇总
产品 A							
产品 B							
售前服务							
售中服务							
售后服务							
总体印象							

注：请被调查者对准项目在空格中写“√”，根据总分及各项得分，综合评价机构美誉度。表中 1~6 由低到高，表示公众对组织各项要素的信任程度，分别是：非常怀疑、怀疑、一般、比较信任、信任、非常信任。

3. 组织环境调查

组织环境，一般是指组织赖以生存和发展的外部环境。主要包括国家或地区法律法规和政策环境，如一些国家最新出台的政策指令等；行业环境，如行业发展动态、竞争对手情况等；社会环境，如组织所在区域的风俗习惯、人文地理、文化形态、重大事件等。只有对组织所处的环境进行准确的调查，才能了解环境特性，勾画出环境的基本状况，找出发展的方向和机会。

4. 公众调查

掌握公众信息是进行公关活动的基础。公众调查，旨在了解公众的构成和一般状况，评估公众的意见和公共关系活动的效果，了解社会公众对组织相关行为的具体反应和建议。具体状况如下。

第一，有关背景资料的调查。即了解公众的年龄、性别、文化程度、家庭状况、经济收入等背景情况，使公关工作具有较强的针对性。

第二，相关度资料调查。即了解公众对社会组织基本职能、产品服务、经营理念等方面知晓的情况。

第三，公众态度资料调查。即了解公众对组织的产品、服务、理念、行为持何种态度，对产品的质量、性能、技术、价格、包装如何评价，对组织的服务是否满意，对组织的理念和行为是否支持。

第四，行为资料调查。需求产生动机，动机引发行为。获取公众行为资料首先要了解公众的需求类型和变化趋势，了解影响需求的因素，掌握公众的消费时尚、消费心理、消费模式及其变化周期，进而了解公众对组织的产品、服务、理念、行为已经或准备采取什么样的行动。

第五，公众意见调查。要了解公众对组织的产品、服务、价格、管理、人员素质等方面的意见，以及意见的形成原因。该项调查既可以对相关公众进行广泛调查，也可以有针对性地聘请一些熟悉业务、具有经验和综合分析能力的专家，请他们对组织面临的问题进行诊断并提出建议。

5.1.3 公关调查的一般程序

公关调查的系统性较强，一般程序包括：调查准备、调查实施、整理分析、总结。

1. 调查准备

这一环节是公关调查的开始阶段，要明确调查的问题、目的，制定合适的调查方案，组织调查人员，并进行初步培训。

2. 调查实施

在调查方案和工作计划呈送相关部门并获得批准之后，即可进入实施阶段。该环节的主要任务是系统地搜集相关资料和数据。具体方法会在后文详述。

3. 整理分析

在该阶段要对调查所获得的资料进行整理分析、归纳总结，以便得出调查结论，确定组织的公共关系现状和问题。一般应对以下问题进行总结：组织与公众之间是否存在问题？具体表现如何？原因是什么？这个问题主要涉及哪些人？他们是如何涉及这个问题的？

4. 总结和撰写调查报告

该一环节是公关调查的收尾阶段，一方面要总结该次调查，另一方面需要根据调查研究得出的结果，诊断出本组织在公共关系方面的症结所在，客观地撰写调查报告，为组织的决策者和其他相关部门提供参考，为进行公关策划打下扎实的基础。

5.1.4 公关调查的方法

常用的公共关系调查方法有文献法、访谈法、问卷调查法、民意测验法等，具体情况如下。

1. 文献法

文献法是一种收集、保存、检索、分析资料的方法。通过搜集和分析研究各种现存的文献资料，从中选取信息，以达到目的。

第一步是收集资料。通过各种媒介收集和本组织有关的统计公报、统计年鉴、行业协会的信息公报、有关本组织的报道和文件；搜集相关的各种博览会、交易会等营销性会议的资料、搜集有关市场的政策法规等。

第二步是建立文献分类检索系统。按资料的性质并根据一定的规则，将收集的资料进行分类，以便查找。

第三步是资料贮存。使用计算机和相关的软件进行分类、存储。

第四步是资料分析。分析组织所处的环境、优势、劣势，公众状况等所需要的信息。

文献法的优点是可靠、翔实、说服力强、成本低等，缺点则是速度慢、耗时多，时效性不强。

使用文献法，应该在广泛收集、积累资料的基础上，深入分析和探索，获取有价值的信息和结论。

2. 访谈法

访谈法，也叫作访问调查法，是通过口头交谈的方式向公众了解情况的方法。

访谈法可分为结构式和无结构式两类。

结构式访谈使用统一的问卷和表格，按统一的标准和方法选择调查对象，被访者只能在指定的范围内回答，结果便于量化，但难于对问题进行全面深入的探讨。

无结构式访谈则对提问的问题及方式、回答的记录方式等均无统一要求。访谈人员根据调查题目或粗线条的提纲，由访谈者和被访谈者就此题目自由交谈，被访者可以畅所欲言。无结构式访谈弹性大，可对问题做深入广泛研究，但结果难以量化。

总的来说，访谈法的优点是灵活、获得的资料丰富、应用范围广，可以对较高层次的公众进行深入访谈，也可以向普通公众了解情况，但需要人力较多，难以核对。

使用访谈法，应根据调查的目的、内容、调查对象的特点，选择合适的方法，可以选择个人访谈法、集体访谈法、来信来电法等不同的访谈方法，在访谈过程中应掌握一定的技巧，如访谈者在接近被访者时，首先要说明自己的身份、来访目的，请求支持与合作，在访谈时，访谈人员要始终保持中立态度，认真倾听，做好记录，事后及时整理和总结。

3. 问卷调查法

问卷是一份精心设计的问题表格，目前被广泛运用于各行各业的调查中。在公共关系调查中，经常被用来测量公众的多种行为、态度和社会特征。

问卷调查法的一般程序是：设计调查问卷—选择调查对象—分发问卷—回收和审查问卷；然后，再对问卷调查结果进行统计分析和理论研究。

其中，问卷设计是一项技术性的细致工作，必须注意提问方式对调查的影响。问题的语言要通俗，不可抽象；陈述要尽可能简短；语言要准确；问题必须中立，不要带有倾向性（如“大多数人都喜欢某某产品，你是否也喜欢”就容易诱导被调查者做出“喜欢”的回答）；不要直接询问敏感性问题；问卷的长度要适中，通常以回答者在 20 分钟以内完成为宜，不要超过 30 分钟。此外，可将简单易答、被调查者熟悉、容易产生兴趣的问题放在前面，将生疏、不易作答、容易产生顾虑的问题放在后面；了解基本情况的问题宜放在前面，而关于态度、意见、看法的问题宜放在后面；开放式问题应放在问卷的最后。

问卷法的优点在于节省时间、经费和人力，匿名性强，所得的资料便于定量处理和分析，可以避免主观偏见，减少人为的误差。缺点是问卷调查法只能获得书面的社会信息，而不能了解生动、具体的社会情况，调查资料的真实性及调查质量常常得不到保证，回收率有时难以保证。

使用问卷调查法，要注意选择能够书面填答的调查对象，要进行科学的抽样，要有一定的调查规模，并使用统计类的软件进行数据分析。

4. 民意测验法

民意测验法是一种特殊类型的问卷调查，也是公共关系调查中广泛应用的方法之一。民意测验，又称舆论测验，是测量特定人群在某一问题上所持意见的分布情况的一种工具。具体来说，对公众进行问卷调查，集中了解公众对组织的看法和态度，通过它可以了解公众中持某种意见的强度及其产生的原因，从而测出公众在此问题上的态度和行为倾向，能比较准确地分析和估计社会舆论。

民意测验问题的形式一般有自由回答和选择回答两种。前者让被测者对问题自由陈述意见；后者要求被测者对从准备好的答案中挑选其中一个答案来回答。一般民意测验同时使用这两种问题形式。

民意测验法的优点在于能直接获取大众化的民意反映，民意调查结果往往起到引导社会舆论的作用，也是公众了解组织的重要渠道之一，缺点在于由于调查的问题有限，而问题的答案又只简化为“是”“否”两类，被调查者文化水平和对问题的关心程度不相同，因此问题深度往往是有限的。

使用民意测验法，要注意问卷的规范设计，积极使用现代通信工具和大众传播工具，如互联网等进行调查，若是较大规模的现场填答，要注意主持测验者的选择与培训。

【案例 5-1】

美国民航乘客满意度调查出炉　西南航空夺冠

美国消费者专业杂志《消费者报告》2011 年 5 月公布了 10 家美国航空公司乘客满意度排行榜。乘客整体满意度名列榜首的是廉航巨头美国西南航空公司（Southwest Airlines Co.），同属廉航的美国捷蓝航空公司（Jet Blue Airways Corporation）排在第二位。

该杂志对 1.5 万名在 2010 年 1 月至 2011 年 1 月期间乘坐航班的乘客进行了航空公司评价调查，上述旅客总计有 2.972 万次乘坐航班的经历。

按类别统计，座席的舒适和机上的娱乐方面，捷蓝航空排在首位。登机简便和空乘人员的服务方面，西南航空排名第一。此外，随身行李的处理和机舱清洁度等都纳入了评分范围。

西南航空近期相继发生了数架飞机出现机身裂缝的险情，引起了人们的关注。不过，该项调查是在此前进行的，因此没有影响到排名。

乘客整体满意度最低的是全美航空公司，这一结果与 2007 年的调查相同，满分 100 分只得了 61 分。按该杂志的标准，60 分以上表示“还算满意”。全美航空公司新闻发言人一方面对调查方法表示质疑，同时表示乘客对公司有关随身行李处理的评价比上次提高了 70%。

此次调查突出的一点是，受访者表示乘坐飞机出行的次数有所减少，作为其主要理由，约 40%的人表示受到手续费等附加费的影响，而其中西南航空公司 93%的乘客则表示并未支付额外费用。

（案例来源：http：//news.carnoc.com/list/190/190854.html 有删减）

小　结

本节公共关系调查主要学习了四个方面的内容：进行公关调查的意义、公关调查的内容、公关调查的一般程序、公关调查的方法。公共关系调查是公共关系工作程序的基础步骤和首要环节，公共关系调查的内容包括组织基本情况调查、组织形象调查，组织环境调查、公众调查等。公关调查的一般程序包括：调查准备、调查实施、整理分析、总结。常用的公共关系调查方法有文献法、访谈法、问卷调查法、民意测验法等，需要根据实际情况选择使用。

思考题

1. 我们为什么要进行公共关系调查？
2. 公关调查的内容有哪些？
3. 什么是知名度，什么是美誉度？
4. 公关调查的一般程序是什么？
5. 公关调查的主要方法有哪些？优缺点分别是什么？

5.2 公共关系策划

公共关系策划，指的是公关人员为达成组织目标，在调查研究的基础上，对总体的公关战略和具体的公关活动所进行的设计和谋划。

5.2.1 公关策划的意义

西方管理学理论认为，策划是一种程序，是针对未来要发生的事情做当前的决策：决定做什么、何时做、如何做、谁来做等。公关策划在公共关系活动中处于重要的地位，起着承上启下的作用，对于塑造和强化组织形象具有重要意义，具体表现为如下几个方面。

1. 使组织的公关活动计划性增强

公关策划需要兼顾组织的近期形象目标和远期形象目标，对不同时空、不同类型的公关活动，在各方面做出详细安排，使组织的计划得到跨部门的完善和协调。

2. 使组织的效率提高

公关策划是在调查、分析组织实际情况的基础上进行的谋划，是一个方案不断优化的过程，能保证各部门有机结合，从而提高组织的工作效率。

3. 增强公共关系活动的目的性，强化组织形象目标

公关策划强调要有明确的目标意识，能把组织形象的完善和形象地位的提高具体化、数量化，发挥组织的特长，促进组织目标的实现。

5.2.2 公关策划的原则

公关策划的原则包括合法原则、遵守社会公德原则、公众至上原则、尊重事实原则、灵活机动原则、连续与创新原则、可行性原则等。

1. 合法原则

公关策划必须遵守国家的法律法规。

2. 遵守社会公德原则

公关策划的内容必须遵守社会公德，否则势必引起人们的非议，遭到社会舆论的谴责，对组织形象和产品口碑造成负面影响。

3. 公众至上原则

公关人员应该把公众利益放在首位，正确把握公众心理，按公众的心理活动规律因势利导。将公众利益放在首位，为公众利益着想，才能得到社会舆论的好评，才能获得更大、更长远的利益。

4. 尊重事实原则

公众有权力知晓与其正当利益相关的组织信息。公关策划必须尊重事实，不能隐瞒事实真相，更不能弄虚作假，欺骗公众。

5. 灵活机动原则

在进行公关策划时，既要制定明确的活动流程，又要充分考虑各种变化的可能，给计划留出一定的机动空间，以备适时调整。

6. 连续与创新原则

一次公关活动即使很成功，影响也往往是有限的，所以一项完善的公关策划，不仅要考虑一次活动的前因后果，还要关注该次活动在组织整体发展中的衔接问题，把公关活动的阶段性和连续性有机地统一起来。同时，公关活动要取得预期的效果，必须根据内外条件的变化，在内容和形式上不断创新，使公关活动生动有趣，从而给公众留下深刻而美好的印象。

7. 可行性原则

公关策划不能脱离现实条件，策划时需充分考虑操作中可能会遇到的种种困难，制定好相应的应对措施。

5.2.3 公关策划的程序

按目前国内通行的做法，公共关系策划的一般程序有分析形象、明确目标、确定公众、设计主题、选择时机、选择媒介、编制预算、审定方案以及撰写策划书等 9 个环节。

> **课堂互动**
>
> 讨论：公关策划的程序是什么？一个好的策划应该如何设计主题？

1. 分析形象

公关人员对前期的调查材料进行整理和汇总分析，针对组织形象现状及原因，寻找其实际形象与应有形象、期望形象之间的差距和相关问题，将问题按轻重缓急排队，理出头绪，为公关目标的确立做好准备。

2. 明确目标

公共关系的目标可以从不同的角度进行分类：从内容上可分为总目标和分目标；从时间上可分为长期目标、中期目标和短期目标；从规模上可分为战略目标和战术目标；从目的上可分为传播信息目标、联络感情目标、改变公众态度目标、引起行为目标等；从作用形式上可分为进攻型目标、防守型目标；从性质上可分为一般目标和特殊目标等。

明确目标就是选择其中的一个或多个目标。要注意的是，公关活动的目标应与组织整体目标相一致，公关目标应按重要程度和执行的先后顺序排列，公关目标在保持相对稳定的前提下，也要有一定的灵活性，公关目标实现的难易程度要适中，公关目标要具体明确。

3. 确定公众

任何一个组织都有其特定的公众，确定与组织有关的公众对象是公关策划的首要任务。只有确立了公众，才能选定需要的公关人才、公关媒介及公关模式，才能将有限的资金和资源科学地分配使用，减少浪费，取得最大的效益。

确定公众，需要先鉴别公众的权利要求，然后对公众对象的各种权利要求进行概括和分析，找出哪些是公众的共性要求，哪些是公众的特殊要求，哪些与组织信念和发展目标相符，哪些相悖，以便分出轻重缓急，区别对待，谋求组织与公众利益的共同发展。

4. 设计主题

公共关系活动的主题对整个活动起着指导作用，是统率整个活动的核心，是联结所有项目的纽带，是对公共关系内容的高度概括，它提纲挈领，也是公共关系宣传的重点。因此，主题设计是否恰当和精彩，对公共关系活动的成效影响很大。

主题的表现方式多种多样，可以是一个简洁明了的陈述，也可以是一个醒目简短的口号。

设计公关主题需要注意的地方很多。在目标上，主题要与公关目标保持一致，并能充分表现目标；在内容上，主题应该独特新颖，有感召力，要符合公众心理的需要，既要有激情有活力，也要让人感觉亲切；在形式上，主题应该清楚明白，语句简短精练，便于记忆和传播，同时，要结合组织的实际情况进行设计，不能堆砌辞藻，华而不实。

5. 选择时机

公关策划如果能够抓住时机，往往会取得事半功倍的效果。

一般来说，组织可预先选定利用的时机主要有这样几种——组织创办或开业之时；组织更名或与其他组织合作、兼并、资产重组之时；组织内部改组、转型、品牌延伸之时；组织迁址之时；组织推出新产品、新技术、新服务之时；组织周年庆典或周期性纪念活动之时；组织新股票上市之时；国际国内各种节日和纪念日之时。

而社会上有很多时机，是预想不到，突然发生的，组织若能捕捉时机，并妥善处理（回避或者利用），也能够取得良好的公关效果。如重大事件出现之时，组织形象出现危机之时，突发性灾害爆发之时，政府新政策出台之时；公众观念和需求发生转变之时；组织经营出现困难之时；国际国内政治经济大环境大气候转变之时；组织内部资源条件发生变化之时，等等。

公关策划，应该选择那些能引起目标公众关注，又具有新闻“由头”的时机，这样，能够引起公众的广泛注意，达到良好的宣传和树立形象的目的。

6. 选择媒介

公共关系活动的目标、公众、主题等事项确定后，就需要选择传播媒介，进行传播与沟通。

传播媒介多种多样，各有所长，恰当选择媒介才能事半功倍，最有效地达到目标。一般来说，选择的媒介应该与组织经济条件相符合，争取以最小的支出取得最好的效果。媒介应该与组织活动目标相适应，媒介与公关传播内容相一致。作为公关人员，要了解传媒的特点和适用范围，进行妥善选择。选择传播媒介，还应该考虑到公众对象的情况，根据公众的职业、年龄、受教育程度、生活方式以及常用接收信息的习惯，使用不同的媒介，使信息有效地传递给目标公众。

7. 编制预算

编制预算是将时间、人员、资金等因素，按一定的方式合理配置，以保证公共关系活动顺利开展。编制预算实际上就是将一个公关计划具体化的过程。

编制公关预算的方法通常有人员预算和经费预算两个方面。

人员预算是指对实施公关活动策划所需的人员多少的预算。通过对公关人员工作量的测算与评估，可以较为准确地确定组织公关工作人员的数量。

经费是确保公关活动开展的物质条件，一般包括行政管理费、劳动报酬、传播媒介费、场地费、器材设施费、调研费、咨询费、广告费用、招待费、赞助费和机动费用、应急费用，等等。公共关系活动经费的开支要贯彻量力而行、量入为出的原则，少花钱、多办事，注重公共关系活动的经济效益和社会效益的统一。编制公关经费预算的方法通常有两种：一种是“固定比率法”，即按组织过去（或将来）的总收入经费额，抽取一定百分比的经费用于公关开支。另一种是“目标作业法”，即针对某一项公关活动进行的预算，按照事先制订的公关目标和工作计划，将完成公关任务所需经费详细列出，再核定公关预算，请主管部门批准执行。

通过编制预算，可以了解人员和经费情况，论证公关策划的可行性，也可以使策划获得组织人力资源和财务部门的支持，还可以作为活动效果评估指标和公关人员业绩考核指标。

8. 审定方案

在公关策划中，如果同时设计若干种方案，那么应该对其详细地比较鉴别，选择最优方案；如果只设计一套方案，则必须进行完善和优化。

一般来说，对公关方案评估，一是看方案是否切实可行，二是看方案能否保证策划目标的实现。

优化方案的主要方法是，提高方案的可行性，增强方案的目的性，降低经费开支。常见的方案优化法是综合法，就是将决策出的各种方案加以全面评估，分析其优缺点，然后将各方案的优点移植到被选中的方案中，使被选中的方案锦上添花。

9. 撰写策划书

公关策划方案被审定之后，需要形成书面的策划书。公关策划书，是书面的文字活动方案，是公关活动具体化的行动指南。

不同的公关活动，策划书的重点会有所不同，一般来说，一份完整的公共关系策划书应包括以下方面内容。

（1）封面。注明策划名称、策划形式、策划的主体（组织或部门）、策划日期、文件编号等。

（2）摘要。简要说明策划背景，概括提炼策划书的要点。

（3）目录。提纲挈领地列出策划内容。

（4）形象分析或背景介绍。介绍公关调查的结论或本次活动的背景。

（5）目标战略。介绍公共关系或本次活动的目标设想（总目标、阶段目标、具体宣传目标）、战略方法、阶段性任务、目标公众定位、整体形象设计、市场营销建议等。

（6）创意说明。介绍主题、口号、正文等创意思路。

（7）媒体策略。介绍宣传媒体的分配规划、组合方式、次数、日期、注意事项等。

（8）预算。按方案目标，系统列出开支细目，计算所需经费。

（9）策划进度表。即策划活动实施过程的时间安排表，标明各时间段的实施内容，使活动进展清楚明朗。

（10）责任分配表。为避免责任不清、权力交叉造成混乱，相关人员的责、权、利应明确，每项目标、任务应由专人负责，并根据目标管理原则，细列成表。

（11）策划所需物资及活动场地安排。计划好何时何地提供何种物资，场地布置的规格必须事先周密安排，并逐项落实。

（12）附件。指与策划相关的资料，一般包括有关的背景材料，前期调查结果、类似项目及竞争对手情况等，为策划的参与者和审查者提供决策参考。

5.2.4 公关策划可供借鉴的活动模式

公关活动模式不同，其功能也各不相同。常见的可供借鉴的公关模式包括宣传型公关、交际型公关、服务型公关、社会型公关、征询型公关等。

1. 宣传型公关

运用各种传播媒介向外传播，以求最迅速地将组织信息传输出去，形成有利于己的社会舆论。

具体形式有发新闻稿，登公关广告，召开记者招待会，印发宣传材料，发表演讲，制作视听材料，举办展览、技术交流会、新产品发布会，等等。

宣传型公关特别适用于一般公众。

宣传型公关的优点是，主导性强，时效性强，范围广，能迅速实现组织与公众的沟通，获得比较大的社会反响。局限性主要表现为传播层次浅，信息反馈少，传播效果一般停留在认知层面。

2. 交际型公关

以人际交往为主，目的是通过人与人的直接接触，建立起社会关系网络，创造良好的发展环境。

具体形式有各种招待会、座谈会、宴会、茶会、慰问、专访、接待、个人信函、电话，等等。

交际型公关特别适用于少数重点公众。

交际型公关的优点是，灵活、富有人情味，能够使公关效果达到情感层次。局限性主要表现为活动范围小，费用高，不适用于大规模人群。

3. 服务型公关

以提供各种服务工作为媒介，目的是以实际行动获得社会公众的好评，树立组织的良好形象。

服务型公关适用范围广泛。具体形式有售后服务、便民服务、义务咨询、免费保修、各种有关消费的教育、培训和指导，等等。

服务型公关的优点是，能够有效地使人际沟通达到行动层次，实实在在，易于被大众接受和给予好评。

4. 社会型公关

以各种社会性、赞助性、公益性的活动为主，目标是提高企业的知名度和美誉度。

具体形式有开业庆典，周年纪念，主办传统节日，主办电视晚会，各种赞助活动、公益慈善事业，等等。

社会型公关适用范围广泛。

社会型公关的优点是，公益性强，影响力大。局限性主要表现为成本较高。

5. 征询型公关

以采集信息、调查舆论、收集民意为主，目的是掌握信息和舆论，为组织的管理和决策提供参考，服务公众。

具体形式有进行民意调查、建立热线电话、收集报刊资料、进行有奖测验、开展各种咨询业务，等等。

征询型公关适用范围广泛。

征询型公关的优点是，能逐渐形成良好的信息网络。局限性主要表现为需要时间较长。

【案例 5-2】

空中客车中国公司 1996—2008 年社会公益活动一览表

1996 年，空中客车帮助位于天津的中国民航学院建立了一座技术资料馆。

2001 年 5 月，空中客车公司首席执行官诺尔·弗加德（Noel Forgeard）访问中国时，空中客车中国公司向北京航空航天大学捐款设立“空中客车奖学金”，旨在帮助中国培养优秀航空人才，支持中国教育事业发展。

2002 年，“六一”国际儿童节前夕，空中客车公司向北京市儿童福利院捐款 5 万元，以表示对中国儿童的一份爱心和对儿童福利事业的支持。这笔款项用于帮助残疾孤儿进行手术治疗。时任空中客车中国公司总裁马乐德还向孩子们赠送了 A380 飞机模型。空中客车公司员工也纷纷解囊，为残疾孤儿捐款一万多元。

2002 年 9 月 10 日，在教师节和中秋节来临之际，空中客车中国公司公关部总经理米晓春代表空中客车全体人员，前往北京光华路二小，向全体老师致以节日的问候并赠送月饼。此次活动是空中客车中国公司对该校的一次定期访问。

2002 年 11 月，为了支持西藏登山事业的发展、培训登山运动员、改进西藏登山学校的管理，空中客车中国公司向西藏登山学校捐款 5 000 美元。

2003 年 6 月 2 日，为了帮助中国抗击“非典”，中国航空器材进出口集团公司和空中客车中国公司在北京向中国民用航空总局捐赠了 500 部非接触式测温仪，折合人民币总值 30 多万元。中国民航局把这些从国外进口的测温仪分发给航空公司、机场和其他民航企事业单位，提高了检测“非典”疑似病人的效率。时任空中客车中国公司总裁马乐德表示：“空中客车致力于在中国的长期发展，愿意与中国人民一道共同抗击‘非典’，并将与合作伙伴一起为民航业的早日复苏和中国航空业的发展做出努力。”

2003 年 6 月 6 日，空中客车中国公司向北京市天竺空港工业区捐赠了价值 10 万元的抗“非典”物资。

2003 年 10 月 15 日，空中客车中国公司向西藏登山学校捐款 42 万元人民币，同时，与该校签署了合作协议，支持和促进西藏登山事业的发展，培养更多具有国际水准的登山专业人士。空中客车的这笔捐款被用于修建攀岩壁。

2003 年年底，空中客车中国公司与中国航空器材进出口总公司的合资企业——华欧航空培训中心，荣获北京市地方税务局颁发的“纳税信誉 A 级企业”证书。纳税信誉 A 级是北京市地税局组织的企业纳税信誉等级评定中的最高级别。

2003 年 12 月 15 日，空中客车中国公司向北京星星雨教育研究所捐赠 3 万元，支持该私人教育机构帮助孤独症患儿接受教育和治疗。同时，还送去一批二手电脑设备和办公家具，以帮助研究所改进装备。

2004 年 3 月 24 日，空中客车参与支持的中国第一期“航空安全管理”硕士研究生班首批毕业生 46 人，经过两年多的学习，在天津获得毕业证书。空中客车积极致力于中国航空教育事业的发展。近年来，空中客车与中国民航学院签署了合作备忘录，并开展了有效合作。空中客车公司增加并更新了 1996 年在中国民航学院建立的空客资料馆的资料，并改善了资料馆的电脑、打印机等硬件设施。空中客车在资料馆内大量增加了光盘技术资料。

2004 年 4 月 15 日，空中客车中国公司宣布设立 20 万元的空中客车助学金，资助云南省贫困地区的 200 名小学生和 100 名初中生一年的学习费用。空中客车已连续 4 年资助云南省贫困地区中小学生，总捐赠额达到 80 万元。

2005 年 4 月 28 日，空中客车公司与中国民航飞行学院签署了关于捐赠价值数百万元的 A320 飞行/导航程序练习器的协议。这是空中客车公司致力于提高中国民航飞行安全水准的一个重要举措。

2005 年 3 月 23 日，华欧航空培训中心向北京金钥匙视障教育研究中心和居住在北京郊区的 21 名生活贫困孤儿捐助义卖款 1 870 欧元。金钥匙视障教育研究中心主要是帮助视力上有障碍的儿童，倡导回归主流教育，参加工作，融入社会。

2005 年 9 月 7 日，为庆祝“中法文化年”顺利闭幕，由空中客车公司支持的“云”主题展览，在北京大山子著名的“798 艺术工厂”开幕。作为“中法文化年”组委会成员之一，空中客车公司为此次展览提供了 2.5 万欧元的资金支持。空中客车公司鼓励中法艺术家们在环境保护方面进行艺术创造，希望更多的人了解空中客车公司在航空工业领域一直大力倡导的环保理念，即通过不断的技术创新，减少环境污染，保护人类共同的蓝天。

2006 年 3 月 24 日上午，由空中客车公司提供资金和技术支持、中国民航学院、法国国立民航大学和法国航空工程大学联合举办的“航空安全管理”硕士研究生班在天津举行了第二期毕业典礼。共有 48 名学员获得了由法国国立民航大学和法国航空工程大学联合授予的硕士学位。中法双方合作开展“航空安全管理”硕士学位教育始于 1998 年 10 月。由空中客车公司提供资金和技术支持，中国民航学院、法国国立民航大学和法国航空工程大学联合举办的“航空安全管理”硕士研究生班第一期 46 名学员，第二期共有 48 名学员顺利通过考试，获得学位证书。

2006 年 7 月 20 日，由华欧航空培训及支援中心出资捐建的华欧启航-太阳村心理辅导室在北京顺义区太阳村儿童教育咨询中心院内落成。恰逢瑞典王后来华访问，太阳村特意邀请了王后陛下为落成仪式剪彩。

2006 年 9 月 27 日，空中客车公司在北京向民航博物馆正式捐赠了一架刚刚退役的空中客车 A310-200 宽体飞机。

2006 年 10 月 30 日，空中客车与中国民航大学在珠海航展上签署了一份合作谅解备忘录。空中客车与中国民航大学将启动一项为期三年的合作计划，空中客车将帮助中国民航大学依据空中客车最先进技术，培训教员和建设维修培训设施，创造培养中国年轻维修工程师所需的条件。同时，空中客车将继续赞助中国民航大学与法国大学集团合作的硕士研究生项目。

2006 年 10 月 31 日，空中客车中国公司于四所中国著名大学——清华大学、北京航空航天大学、南京航空航天大学和西北工业大学签署了研究和技术框架协议，双方间在许多领域开展合作。

2007 年 5 月 23 日，由空中客车公司提供资金和技术支持，中国民航大学、法国国立民航大学和法国航空工业大学联合举办的“中欧航空安全管理”硕士研究生班在天津举行第三期毕业典礼。

2008 年 1 月，空中客车中国公司通过 GRILA 慈善机构捐款 5.5 万元人民币帮助 10 名中国贫困眼疾儿童进行眼部手术与治疗。

2008 年 3 月，空中客车中国公司通过慈福行动和中华慈善总会向“改变孤儿生命”项目捐款 125 000 元人民币，用于帮助中国的孤儿们。

2008 年 3 月，作为空中客车中国公司爱心助学活动的一个组成部分，空中客车中国公司为南开大学和天津大学学生订阅了一年的《中国日报》。

案例思考：

根据本案例分析，空中客车中国公司是如何多次策划公共关系活动，如何运用公共关系活动，为组织提高知名度和美誉度，塑造良好形象的？这个案例对我们有什么启示？

（案例来源：民航资源网，2008-03-27 报道 http：//news.carnoc.com/list/100/100315.html）

小 结

本节公共关系策划主要学习了四个方面的内容：进行公关策划的意义、公关策划的原则、公关策划的程序、公关策划可供借鉴的活动模式。

公关策划在公共关系活动中处于重要的地位，对于塑造和强化组织形象具有重要意义。公关策划的原则包括合法原则、遵守社会公德原则、公众至上原则、尊重事实原则、灵活机动原则、连续与创新原则、可行性原则等。

按目前国内通行的做法，公共关系策划的一般程序有分析形象、明确目标、确定公众、设计主题、选择时机、选择媒介、编制预算、审定方案、撰写策划书等 9 个环节。

思考题

1. 公共关系策划的意义是什么？
2. 公共关系策划的原则有哪些？
3. 公共关系策划的一般程序是什么？
4. 如何撰写一份完整的公关策划书？
5. 常见的公关活动模式有哪些，适用情况如何？
6. 组织一次旨在提高本专业在学院知名度和美誉度的大型公关活动。

5.3 公共关系实施

公共关系实施，是公共关系策划方案确定之后，由组织的相关成员将方案所确定内容付诸实践的具体过程，是整个公共关系活动的中心环节。

5.3.1 公共关系实施的原则

为确保公关方案实施的高效性，公共关系实施者应遵循的原则主要是充分准备原则、目标导向原则、整体推进原则、进度控制原则、反馈调整原则等。

1. 充分准备原则

准备充分是公共关系成功实施的基础和前提条件。在正式实施方案之前，必须做好前期准备工作。准备越充分，公共关系实施就越顺利，失误就越小。要有足够的时间来做准备，并且把各项工作落实到具体的个人，由具体个人负责到底。

2. 目标导向原则

在公共关系方案实施过程中，要以目标为导向，对实施过程进行引导和制约，保证公共关系的活动不偏离公共关系目标。

3. 整体推进原则

在方案实施的过程中，工作所涉及的各个方面需达到和谐、合理、配合、互补、统一的状态。它强调的是各个环节、部门之间及实施主体与其公众之间相互配合，不发生矛盾或少发生矛盾。

4. 进度控制原则

根据整个公共关系计划和目标的需要，按照一定的程序，掌握工作的进展速度，力争使方案中各项工作同步进行，使各项工作能够按照计划协调和平衡发展。

5. 反馈调整原则

根据公共关系方案与实施的具体情况，不断调整公关方案，以利于更好地实施。反馈调整是公共关系方案实施过程中必不可少的环节。只有在不断的反馈和调整中，公关实施才能切合实际情况，使公关效果达到最佳。

5.3.2 公共关系实施的程序和需要注意的问题

1. 准备工作以及注意事项

要按照活动方案要求准备好文件，包括请柬、介绍材料等有关资料，以备现场发放。需要注意的是，给媒体公众准备的材料要详细，并用文件袋装好，而给一般客人的材料可以相对简单一些。

检查活动的场地和器材是否准备就绪，可以先调试一下设备，准备好备用的机器和电池，以保证活动现场的使用；设想一些紧急情况应该怎样应对；最后，实施公关活动前的动员和部署，鼓足士气。

2. 具体实施工作以及注意事项

组织人员应该提前到位，关注并协调各方面的情况，处理突发问题。

接待人员注意礼仪，热情、高效地进行接待。接待礼仪详见本书第 10 章。可以请专业的礼仪人员和专业的主持人，以更好地展示形象，调动气氛。

按照预定程序和时间，活动开始。需要注意的是，必须安排专门的人员密切注意活动的发展情况，进行协调和全面负责，直至活动结束，并做好宾客的送别工作，善始善终。

需要注意的是，在活动实施的过程中，一般不能随便改变或放弃目标，也不能轻易变动基本步骤，要严格控制工作进度，保证整个实施能按计划规定的基本步骤进行，避免陷入被动局面。

5.3.3 影响公共关系实施的因素及其排除

影响公共关系实施的因素很多，一般来说，主要有目标障碍、组织障碍、沟通障碍、突发事件等几个方面。

> **课堂互动**
>
> 讨论：有哪些因素会阻碍公共关系活动的实施？应该如何克服这些不利因素？

1. 目标障碍

如果公共关系的目标拟定得不明确、不具体或者存在失误，那么就会给实施带来种种困难。

为排除目标障碍，我们应该从这几个方面入手，进行检查。一是检查目标是否切合实际；二是检查目标是否可以量化考核；三是检查目标是否可控；四是检查目标是否和组织的目标保持一致；五是看目标的完成期限是否明确，六是检查计划目标是否是在实施者职权范围内能够完成的。

2. 组织障碍

指由于组织的机构，或者人员配备存在缺陷，而给公关方案实施带来的种种困难。

排除组织障碍的方法是对症下药，根据实际情况，健全组织结构，合理配置中间环节，提高人员素质等。

3. 沟通障碍

公共关系活动的实施目的是组织和公众的双向沟通，在沟通过程中，由于语言、习俗、观念等的差异会造成沟通障碍。

排除沟通障碍的主要方式是进行沟通之前，要深入了解目标公众的情况，根据实际制定方案，选择合适的公关人员。

4. 突发事件

虽然公共关系策划方案会经过反复论证，但由于牵涉的因素众多，难免会遇到意料之外的突发事件。这些事件可能对组织产生负面影响，造成公关活动实施中的障碍。

排除该类障碍的方法是，保持清醒的头脑，注意选择时机，客观陈述事件真相，并派专人联络媒介公众，确保对外宣传渠道畅通。

> **资料卡**
>
> **有效沟通的七个要素（7C 原则）**
>
> 1. 可信赖性（Credibility）
>
> 沟通应该从彼此信任的气氛中开始。沟通者应该创造让人信任的气氛，被沟通者应该

相信沟通者传递的信息，并相信沟通者在解决他们共同关心的问题上有足够的能力。

2. 一致性（Context）

沟通计划必须与组织的环境要求一致，必须建立在对环境充分调查研究的基础上。

3. 内容（Content）

信息的内容必须对受众具有意义，必须与受众原有价值观念具有同质性，必须与受众所处的环境相关。

4. 明确性（Clarity）

信息必须用简明的语言表述，明确、简化、无歧义。一个组织对公众讲话的口径要保持一致，不能多种口径。

5. 持续性与连贯性（Continuity and Consistency）

必须对信息进行重复，同时在重复中不断补充新的内容，保持连贯。

6. 渠道（Channels）

有针对性地选用不同渠道，充分利用现实社会生活中已经存在的信息传送渠道。

7. 被沟通者的接受能力（Capability of Audience）

沟通必须考虑被沟通者的接受能力。沟通信息量容易为被沟通者接受时，沟通成功的可能性越大。被沟通者的接受能力，主要包括接收信息的习惯、阅读能力与知识水平。

小　结

本节公共关系实施主要学习三个方面的内容：公共关系实施的原则、公共关系实施的程序和需要注意的问题、影响公共关系实施的因素及其排除。

为确保公关方案实施的高效性，公共关系实施者应遵循充分准备原则、目标导向原则、整体推进原则、进度控制原则、反馈调整原则等。在实施的过程中，要准备充分，严格控制工作进度，保证整个实施能按计划规定的基本步骤进行。

影响公共关系实施的因素很多，一般来说，主要有目标障碍、组织障碍、沟通障碍、突发事件等几个方面，需要我们根据客观规律，灵活机动地克服困难。

思考题

1. 公共关系实施的原则有哪些？
2. 公共关系实施的一般程序是什么？
3. 公共关系实施过程中，需要注意哪些方面的问题？
4. 影响公共关系实施的主要因素是什么，应该如何克服？

5.4 公共关系评估

公共关系评估，是根据特定的标准和方法，对公共关系调查、策划、实施及效果进行衡量、检查和评价的一种活动。公关评估是公共关系四步工作法的最后一步，是公关活动必不可少的环节，有着重要的意义。

5.4.1 公共关系评估的意义

公共关系活动应当设计周密，首尾呼应。但公关评估作为其最后一步，却常常受到忽视，使公关活动大打折扣。那么，为什么一定要进行评估呢？具体说来，公关评估有下面四点重要意义。

1. 公关评估能够帮助组织改进公共关系工作

市场千变万化，公众的情况也是动态而复杂的，任何一次公关活动，都不可能一劳永逸。而从公关的连续性来看，新的公关策划总是以原来的活动及效果为背景。

对于公关活动的策划人员来说，评估能够提供关于该策划整体效益的信息；对于公关活动的实施人员来说，公关评估能够提供资料，使得相关人员能够就成本、策略、方法等问题进行分析。

总的来说，公关评估，能够对一项公关工作从调查、策划到实施进行系统评估分析，从而总结经验，吸取教训，进行修正，为新的公关活动提供参考信息。

> **课堂互动**
>
> 讨论：公关评估是公关活动必不可少的环节吗？为什么？

2. 公关评估能够为组织的管理提供参考信息

公关评估不仅能够反映出公共关系活动的成绩和不足，为新的公共关系决策提供依据，而且也是组织管理工作的一面镜子，能够很好地反映组织管理工作的得失，为提高组织的管理水平提供宝贵的参考信息。

3. 公关评估能够鼓舞和激励员工

公关策划实施之后，通过评估，将该次公关活动的目标、措施、实施的过程和效果向内部员工进行解释和说明，能够使内部公众看到组织的业绩，提升自信心，将组织目标与自己的工作联系在一起。

4. 公关评估能够凸显公关工作的重要意义

通过评估，可以使组织的领导者看到公关活动的明显效果，充分认识到公共关系活动对塑造组织的形象、提高组织的经济效益和社会效益所发挥的作用，从而使他们更加重视公关工作，积极地支持组织的各项公关活动，为组织创造良好的公关条件。

5.4.2 公共关系评估的内容

根据公关四步法具体内容，可以将公关活动评估具体划分为公共关系调查过程评估、策划过程评估、实施过程评估，以及总体的影响效果评估四大部分。

一般来说，公共关系评估的内容有如下七点。

1. 调查过程评估

主要包括：公共关系调查的设计是否合理，能否通过此次调查收集到有用的公共关系信息，调查方法的选择是否恰当，调查工作的组织实施是否科学合理，调查的结论分析是否科学，等等。

2. 策划过程评估

主要包括：公共关系策划的目标是否科学；总体策划是否可行、合理；安排构想是否周密、科学；目标公众的选择是否科学，有没有重大遗漏；媒介选择和媒介策略是否得当；经费预算是否合理，等等。

3. 实施过程评估

主要包括：各项准备工作是否充分、沟通协调工作是否到位；实施过程安排是否合理、周到、细致、灵活、有创新；信息制作的内容是否准确；传播效果是否明显；实施过程的安排是否得当；实施效果是否达到目标要求，等等。

4. 总体影响效果评估

公关评估的意义之一就在于控制和协调公关活动过程，使它朝着实现既定目标的方向发展。总体影响效果评估不但在本次公关活动实施过程中发挥着重要作用，而且还可以作为下一个方案的基础。由于每一次公关活动，甚至其中每一个项目的目标都可能各不相同，所以，我们应该结合具体的公关目标进行评估。

5.4.3 公共关系效果的评估标准与方法

一般来说，我们通过评估“了解信息内容的公众数量”、评估“改变观点、态度的公众数量”、评估“发生期望行为的公众数量”、评估“重复期望行为的公众数量”、评估活动是否达到预期目标、评估对社会和文化的发展产生的影响以及新闻报道的情况等对公关活动进行整体评估。具体情况如下。

1. 评估“了解信息内容的公众数量”

一般来说，了解信息内容的公众数量越多，公共关系的效果越好。公关人员还应该注意，了解信息内容的公众是否是组织或者本次公关活动的目标公众。

2. 评估“改变观点、态度的公众数量”

需要注意的是，“态度”所涉及的范围广，内容丰富，而且不容易在短时间内发生变化。评价一个人的态度，要依据一段时期内一个人在所有相关问题上的立场和观点，而不能仅凭一时一事判定一个人的态度是否发生变化。

3. 评估“发生期望行为的公众数量”

人们行为的改变受到多种因素的影响，行为发生变化的人们在行为改变以前，肯定接受了某些信息或在某些方面被说服了。评估公关活动对公众行为产生的影响，可以主要利用三种方法，即自我报告法、直接观察法和间接观察法。

自我报告法，是被调查者自己说明行为变化的方法。这种方法有时可能产生不真实的测量结果，尤其是向被调查者提出一些较为敏感的问题时，更是这样。直接观察法，主要是研究人员在各种会议和较大事件发生期间，对人们的行为进行观察。这种方法需要较长的调查时间，并要求研究人员具有较高的调研技术和分析能力。

间接观察法，是利用各有关部门的记录，通过人们行为的副产品，来进行观察。

公众行为的测定需要综合运用多种调研技术，并要灵活巧妙地取得各种对测定有价值的材料，还要注意不要影响被测定人。

4. 评估“重复期望行为的公众数量”

“增加或保持期望行为的公众数量”，是许多组织举行公关活动的重要目的之一，对某一活动的影响效果评估，可能需要根据活动开展以后相当长一段时间的持续观察数据来评估。

5. 评估活动是否达到预期目标

评估公关活动的效果是否和组织目标、此次公关活动的目标一致，活动的实施是否达到预期目标。

6. 评估对社会和文化的发展产生的影响

评估从长远来看，为社会和文化的发展注入正能量，引导公众舆论，增加相互信任，促进发展，是组织开展公共关系活动的终极目标。所以，对公共关系活动的效果进行评估，还要注意其对社会和文化发展的影响问题。

7. 通过新闻报道来评估公关效果

这是近年来被广泛运用的重要方法。通过观察新闻媒体对企业的报道情况，可以分析企业形象，评估公关活动效果。

第一，关于新闻报道“量”的分析。这包括报道总次数，包括见报次数和上镜次数；统计报道篇幅（以字数计算）；广播、电视对本组织的报道的时数（以分钟、秒钟计算）；参与报道媒介种类、数量；统计新闻报道的涵盖面，参与报道的媒介的发行量和涉及的区域等。大众传播媒介报道的次数越多，篇幅越长，出现频率越高，说明引起公众注意和兴趣的程度就越高。

第二，关于新闻报道“质”的分析。这包括分析参与报道的媒介的层次性、重要性，报刊的级别、影响力、权威性、读者层、读者面；分析新闻媒介对组织新闻资料的使用方法（正面、反面、侧面；全面、摘要；重点、一般；主要版面、次要版面）；分析各方面对有关本组织报道的舆论反响程度（编辑部的反应、读者反应、政府和其他方面的反应、其他海内外媒介的反应）等。一般来说，大众传播媒介对企业公关工作的成就、经验、发展情况报道越多，效果越好，越有利于塑造组织的良好形象。同时，发行量大、覆盖面广、权威性强的新闻传播媒介，其影响力亦大，能提高公关活动效果。但公关主管在重视新闻媒介的发行量、覆盖面、权威性的同时，还应当重视是否面向目标公众。

第三，关于新闻报道“时机”的分析。新闻界报道的时机是否及时、适时，是否能配合企业的实际发展，也会影响企业公关活动的效果。关于新闻报道“时机”的分析，包括分析报道及时性、适应性，能否恰好配合组织的实际发展；分析有关本组织的报道与当时新闻舆论主题的关系，如能否成为当时舆论注意的中心，能否成为被报道的主角等问题。

上述各种评估方法都有其各自的特点，在公共关系评估中，可以根据实际情况选择、应用这些评估方法，可以用其中一种，也可以综合运用，相互比较，从而得到一个客观、全面、准确的评估结论。

5.4.4　公共关系活动评估报告的撰写

公共关系评估报告，是公关人员根据一定的目的和标准，遵循一定的原则，运用科学的方法，对公共关系活动的调查、策划、实施情况进行总体评价的书面文件。

1. 公共关系评估报告的特点

第一，评估目的明确。公关评估的根本目的就是通过对公关工作的检查和评估，发现问题，判断优劣，找出差距，为修订或制订新的公关计划提供依据，从而实现公关管理的目标。

第二，评估内容专业。必须围绕活动主题、参与范围、时间、地点、社会效果和经济效益等方面展开，涉及公关管理的各项业务，评估内容和手段都具有很强的专业性。

第三，评估方法科学。公关评估不同于一般的公关工作总结，它必须运用一系列科学的方法对各项指标进行分析和评价，才能保证公关评估结果的科学性。

第四，评估材料客观。公关评估的正确性是建立在材料全面、客观的基础上的。公关评估必须以公关调查为前提，以客观真实、全面系统的材料为依据。

2. 公共关系评估报告的结构

第一部分：标题。

一般由评估项目和“评估报告”组成，如《××公司××活动评估报告》。

第二部分：署名。

评估报告可以由组织内部的公关人员撰写，也可委托专业评估机构编制。署名一般置于标题之下。

第三部分：正文。

正文的开头有两种方法：一种是介绍评估的目的、背景、过程与方法。另一种是简要介绍评估项目的基本情况。

正文的主体部分具体表述评估报告的各项指标和结果。表述方法既可对应各项评估标准，列出评估结果的各项数据，也可以采用各种形式的图表，辅以文字说明，将预期数、实际数和以往的数据加以对比。要求做到数据准确，材料与观点统一，语言简练。

正文的结尾部分，要用简洁明晰的语言做出结论，提出建议。比如，要阐明评估结果说明了什么问题，有何实际意义。建议必须针对评估结论，提出可以采取哪些措施以获得更好的效果。

第四部分：附件。

如果在评估报告中，将说明性图表或资料作为附件，那么，必须在正文下方标注附件的名称。

第五部分：日期。

在正文右下方写明提交的具体日期。

一个完整的公共关系活动评估报告，通常应具备以下内容：公关企划活动的主题及背景分析；调查设计、调查结果分析及存在的问题；解决问题的策略和方法；公关活动的流程安排；公关活动的经费预算和效果评价；其他事项。

资料卡

公关策划效果评估的方法

1. 个人观察反馈法

负责人亲自参加公关活动，现场了解进展情况和效果，并同公关目标比较，提出评估和改进意见。优点是评估反馈迅速，改进意见具体，易于落实。缺点：很难测出公关传播活动的长期效果。

2. 舆论调查法

一是比较调查法，即在一次公关活动前后分别进行一次舆论调查，比较前后两次调查的结果，从而分析公关传播活动的效果；二是终结调查法，就是在活动结束时进行一次调查，这种舆论调查的主要目的是确认公关活动对公众的知识、态度、观念等所产生的可度量的效果。

3. 内部及外部检查法

前者是由内部人员对公共关系活动进行评价。后者是聘请企业外部的专家对公共关系活动进行较为客观的衡量和评价，并就未来活动提出建议和咨询。

4. 民意测验

用于了解公众对公司的态度，并在以后的调查中检验这些态度由于公共关系活动而发生了怎样的改变。

5. 公众代表座谈会

座谈会的组织者应审时度势，善于引导，善于提问。重要的会议应予以录像或录音，以便会后研究。

6. 深度访问

为了了解公众做出某一反映的深层心理和情感原因，公共关系人员可以选择一些对象进行深度访问。

7. 自我评价法（实施人员评价法）

即公共关系人员自己对所在企业的公共关系活动的评价。自我评估不但可以产生与众不同的评估效果，而且有助于公关策划人员本身思想及业务素质的提高。

小　结

本节公共关系评估主要学习了四个方面的内容：公共关系评估的意义、公共关系评估的内容、公共关系效果的评估标准与方法、公共关系活动评估报告的撰写。

公关活动评估能够使组织掌握公关活动情况，进行改进，能够激励员工，增加组织凝聚力。评估的内容包括调查过程评估、策划过程评估、实施过程评估，以及总体的影响效果评估四大部分。一般来说，我们通过评估“了解信息内容的公众数量”“改变观点、态度的公众数量”“发生期望行为的公众数量”“重复期望行为的公众数量”、活动是否达到预期目标、对社会和文化的发展产生的影响、新闻报道的情况等对公关活动进行整体评估。

一个完整的公共关系活动评估报告，通常应具备公关企划活动的主题及背景分析；调查设计、调查结果分析及存在的问题；解决问题的策略和方法；公关活动的流程安排；公关活动的经费预算和效果评价以及其他事项等。

思考题

1. 公共关系评估的意义是什么？
2. 公共关系评估包括哪些内容？
3. 公共关系效果的评估标准是什么？
4. 如何从新闻报道的情况评估公关活动？
5. 如何撰写公共关系活动评估报告？

第 6 章　公关工作

一个人，能干不肯干，做不出事情来；肯干但是不能干，也做不出事情来；只有既肯干又能干，才会做出事情来。

——崔秀芝

我们这个行业，卖文卖字卖青春，用殷勤笑脸对客户和媒体，献方案与创意。动辄三易其稿，推倒重来，仍被呼来唤去。做好了，感恩戴德谢媒体，做砸了，诚惶诚恐面客户。比新闻人更累，比民工还惨。终归零落成泥，随风散去。客户总有新宠，不复念旧人。看在曾带给些许支持，能否值回些人间温暖？

—— 高晓松

➔ 本章导入

公关工作包括公关日常工作和公关专题活动两个方面。公关日常工作主要有：公关接待、内部刊物编写与内部网站的建设与维护、公关宣传与公关广告等。公关专题活动主要有：新闻发布会（记者招待会）、庆典仪式活动、展览展销活动、赞助活动、联谊活动与开放参观活动等。

通过本章的学习让同学们了解公关日常工作与专题活动的具体内容。能规范地进行公关接待，能结合组织实际情况编写内部报刊或建设与维护内部网站，适时进行公关宣传。掌握几类常见公关专题活动——新闻发布会（记者招待会）、庆典仪式活动、展览展销活动、赞助活动、联谊活动与开放参观活动的操作流程与注意事项。在公关活动实践中，能独立承办或协助举办这些类型的公关专题活动。

学习目标

1. 明确公关工作的主要内容。
2. 能规范地完成来访与电话接待任务。
3. 能规范地完成内部刊物编写、内部网站建设与维护工作。
4. 能规范地完成一些较简单的公关宣传与公关广告工作。
5. 掌握新闻发布会、庆典仪式活动、展览会、赞助活动等的操作流程与注意事项；能独立承办或协助举办此类专题活动。

开篇案例

IBM公司的“金环庆典”活动

美国IBM公司每年都要举行一次隆重的庆功会，对那些在一年中做出过突出贡献的销售人员进行表彰，这个活动被称为“金环庆典”。在庆典中，IBM公司的最高层管理人员始终在场，并主持盛大、庄重的颁奖酒宴，然后放映由公司自己制作的表现那些做出了突出贡献的销售人员的工作情况、家庭生活，以及兴趣爱好的影片。在被邀请参加庆典的人中，不仅有股东代表、工人代表、社会名流，还有那些做出了突出贡献的销售人员的家属和亲友。整个庆典活动的过程被录制成电视（或电影）片，然后拿到IBM公司的每一个单位去放映。

IBM公司每年一度的“金环庆典”活动，一方面是为了表彰有功人员，另一方面也是企业职工联络感情、增进友谊的一种手段。在这种庆典活动中，公司的主管同那些常年忙碌、难得一见的销售人员聚集在一起，彼此毫无拘束地谈天说地，在交流中加深了心灵的沟通，尤其是公司主管表示关心的话语，常常能使那些在第一线工作的销售人员“受宠若惊”。在这个过程中，销售人员更增强了对企业的“亲密感”和责任感。

入门问题

1. 你以前做过哪些公关工作？
2. 公关日常工作包括哪些工作内容？
3. 结合以前所学的接待礼仪和电话礼仪，请你谈谈来访接待与电话接待的基本流程与注意事项。
4. 新闻发布会的基本流程与注意事项。
5. 庆典仪式活动的基本流程与注意事项。
6. 结合车展、糖酒会等谈谈展览展销活动的基本流程与注意事项。
7. 你知道哪些类型的赞助活动？

请你先不要急着往下看，试着回答以上问题。

6.1 公关日常工作

公关人员的日常工作有：来访接待与电话接待、内部报刊编写（内部网站的建设与维护）、公关宣传与公关广告以及公关日常管理工作等几个方面。

6.1.1 来访接待

接待即对客人的迎接招待。在公共关系工作中，它属于日常性然而又必须重视的工作。

公共关系人员经常在办公室接待各种来访者，倾听他们的意见，回答他们的问题，协调与他们的关系，或商量、讨论某种共同关心的事宜。下面我们从来访接待工作的基本任务、一般程序和注意事项三个方面来加以介绍。

1. 来访接待工作的基本任务

来访接待工作因接待对象和要求不同，具体安排上就不尽相同；但从内容上看，主要任务大体都有以下三项。

1）安排好来宾的有关工作

有贵宾或重要的客人如约而来，公关人员首先要做好如下事项：

根据实际情况，拟定接待方案和日程安排；安排领导会见来宾；安排双方座谈、洽谈、研讨等会议；安排考察、参观等活动；安排好文件、材料；做好安全和保密工作；确有必要时，根据实际情况安排好礼品、纪念品的准备工作。

2）安排好生活接待工作

生活安排主要有：住宿安排；用餐安排；来宾用车的安排；接、送站的安排以及提前做好返程车、船、机票的预定工作。

3）安排业余活动并做好服务

安排、组织好游览活动；安排好文化娱乐活动；协助、配合安排好来宾的私人拜会活动；视条件做好体育运动的安排工作。

2. 来访接待工作的一般程序

得知别的公司将派人到本公司考察、联系工作、参观等信息后：

（1）首先了解清楚来宾的基本情况，包括所在单位、姓名、性别、职务、级别、人数、有关工作的内容，以及到达的日期和地点。

（2）填报请示报告卡片，将来宾情况和意图向上级领导报告，并根据对方意图和实际情况，拟出接待方案和日程安排的初步意见，一并报请上级领导批示。

（3）根据来宾的身份和其他实际情况，安排好其住宿。

（4）根据实际工作需要，安排好来宾用车和接待用车。

（5）周到地安排好来宾的宴请工作。

（6）根据来宾的工作内容，分别做好以下相关工作安排：

如是客户之间的合作往来，包括经济技术协作、贸易展销活动等，应事先安排准备好协作意向、协议、有关仪式的讲话或演讲、背景材料等文稿，并通知有关部门按活动内容和规模准备好有关场所，如会场、展厅、集会或仪式场地等。

如来宾要进行参观，则应根据对方的要求，事先安排好参观点，并通知有关部门准备汇报材料，组织好有关情况介绍、现场操作或表演、产品或样品陈列等各项准备工作。

根据对方的工作内容，事先拟订出各个接待人员的名单，报请领导批准后，即通知有关人员做好准备。

如来宾系重要客户，则应通知上级领导会客、陪同。

（7）具体接待工作。

① 根据来宾的身份和来到的日期、地点，安排有关人员到车站、机场、码头迎接；② 来

宾抵达并住下后，双方商定具体的活动日程，尽快将日程安排通知有关领导和部门；③ 根据领导指示或来宾要求，做好游览风景区和名胜古迹的安排；④ 为因工作而耽误就餐的陪同人员安排工作餐；⑤ 在必要条件下，为来宾安排一些必要的文化娱乐活动，如电影、地方戏剧、晚会、书画活动、参观展览等；⑥ 根据来宾要求，安排好体育活动，并安排陪同人员；⑦ 如来宾身份重要，或活动具有重要意义，则应联系有关新闻单位进行采访、报道，负责介绍情况，并受领导委托对稿件进行把关，以扩大企业知名度，宣传企业形象；⑧ 事先征询来宾意见，预订返程车船或飞机票；⑨ 来宾离去时，亲自或安排有关人员到住地或去车站、码头、机场为客人送行。

3. 来访接待工作的注意事项

接待工作头绪多，涉及面广，稍有不慎则会贻误工作时机或损害公司声誉。公关人员应该极度重视。那么，怎样才能做好接待工作，它有哪些基本要求和注意事项呢？

1）热情相迎，确定情况

对于来访者，无论是何人，首先应以微笑之礼貌表示欢迎，热情招呼来访者坐下，然后委婉而迅速地了解清楚来访者的身份、目的和具体要求，以便决定接待来访者的规格、程序和方式。

2）身份对等，专业对口

客人中如果有一定地位的来访者，公关人员应按照客人的身份安排对等的接待者。当然，由组织的公关负责人出面也是可以的，因为，他们通常被授权代表组织，甚至代表最高负责人出面接待，可适用于各种级别或层次的客人。

> **课堂互动**
>
> 讨论：来访接待有哪些注意事项？公关人员在从事接待工作时是否应根据来访者的身份、地位以及对公司的重要程度有区别进行接待？

来访的客人如果专业性较强，公关人员应立即与相关的专业技术部门联系，积极引荐有关方面的权威人士，并协助做好一切安排。

3）积极热情，慎重表态

如果来访者在社会舆论界有特别重要的地位，比如是新闻记者，应特别谨慎和热情、周到。先要采取合作的态度了解清楚对方的意图，但自己表态要慎重。不轻易表示赞成或反对，对重要问题的回答应向组织最高领导或有关部门请示。

如果来访者属于一般的公众，也应耐心地倾听他们意见，热情地回答他们的咨询，尽可能解决他们的实际问题，让他们乘兴而来，满意而去。

如果来访者属于社会团体或赞助团体，在认真考虑他们的要求后，应根据组织的赞助条例或有关规定，结合组织利益分别对待。无论是接受、商榷还是拒绝，都应不失礼节。

4）有闻必录，以备查询

接待来访者，还要认真听和记，因为公众来访是送上门来的信息。必要的情况下还要请来访者填写来访登记，然后再耐心听和记录来访者的意见，并恰当处理来访者的意见。重要的情况应及时反馈给领导或有关部门，协助解决来访者的实际问题；对暂时不能处理的要做出合理的解释，保持联络，待处理后再回复。

总之，有的放矢地做好接待，为组织广交朋友，消除敌意，是公关人员一项既琐碎又重要的日常工作。另外，组织亦应为公关接待工作创造一个较好的条件。比如相对独立、安静、舒适的接待环境；基本的服务设备和用具；供来访者了解情况用的各种宣传性画册、刊物和资料；送给来访者作留念的小纪念品等。这本身就表达了对客人的敬意。

课堂演练

来访接待情景模拟

某服饰有限公司是一家合资企业，其主打产品"××牌"休闲服因其款式新、面料好、做工考究、价格实惠，一直受到消费者的青睐，企业不仅规模越做越大，而且效益也越来越好。

企业发展了，来的人也就多起来了。该公司目前几乎每天都有大批客人来访，公司为此专门设立了一个接待科，配备了两间办公室、一间接待室、一部轿车和4位工作人员，负责接待各地各类来访者。高职民航专业毕业的小王因待客热情、业务熟悉，又有一定的接待经验，被提拔为接待科科长。小王上任第一天，就遇上了8批来访的客人。

第一批客人是小王刚上班、正在办公室打扫卫生的时候到的。据来访的两位客人介绍，他们是前一晚看到省电视台播出的该公司时装发布会后，连夜乘火车赶来的，目的是想与总经理商洽在他们地区独家代理"××牌"系列休闲服。由于是看完电视后的临时决定，没有与公司或领导事先预约。

第二批到的是纺织染料厂的一位厂长，报上姓名后，小王记得该厂长是事先预约好的。因为小王昨天下班前专门查阅了来访预约单，还用内线电话提醒过总经理。但这位厂长比预约的时间提前了一个小时。

接下来的是总经理的一位大学同学，他把总经理的名片不知弄哪去了，加上有好多年没有见面，今天正巧来本市出差，顺便看看老同学。不用问，又是一位没有预约的来访者。

接近中午快下班的时候，一位自称与总经理非常熟悉的挂历推销商来到公司要求见总经理。

下午上班，小王按计划准备拟订下月初新加坡客商来公司洽谈合作的接待计划，还未动笔，一位报社的记者如约来到公司进行采访。小王先是给记者泡了一杯茶，请记者稍候，然后马上到总经理办公室，准备引见。

刚把报社记者引领到总经理处，又来了位市电视台的记者。小王问明来意，原来这位记者是市电视台专题部的，已经策划了一档大型公益活动节目，准备与公司领导商议联合举办活动事宜。这是今天第六批来访客人，当然是没有事先预约的。

第七批到访的客人是一位相貌出众的小姐，时间是下午三点半。还未等小王开口，来者就自报家门："我叫李××，曾在某省时装表演公司担任时装模特3年，现合同已到期，我想加盟贵公司。"原来这是一位应聘者，虽然目前公司没有公开招聘时装模特，这位小姐也没有事先预约，但小王还是非常热情地接待了她。

最后一批来访者是在下午下班前15分钟。交换名片后，小王知道这是一位房地产开发公司的老总，昨天约好是下午4点与公司总经理商谈的，由于他有急事，比预约的时间晚了1个多小时。

拟设职业情景，分小组模拟演示接待科长小王与其他接待员接待8批来访客人的情景。

要求与标准：

1. 演示必须是整个过程，即从来访客人进入办公室、秘书接待处理开始，直至秘书送别来访客人、记录来访情况。

2. 要求既要符合接待的程序，又要具备接待礼仪，还要体现出接待人员的应变能力与口才。

6.1.2 电话接待

组织在与外界交往中，常常事先以电话联系，电话是当今最重要的交往工具之一，一个好的电话形象会使人心情舒畅，精神焕发。如果公众在与组织联系时，听到的是一个生硬的声音，则会感到不愉快，乃至产生反感心理。

为了给对方留下良好的印象，塑造良好的个人与组织形象，公关人员在进行电话接待时应注意以下五个方面：

1. 接电话应快捷、顺当

不少企业都有这样的规定，电话铃响三下仍不接就是当班者的失职，即所谓“铃响不过三”的原则。日本人际关系学专家铃木健二所著的《人际关系趣谈》指出：“如果电话铃响了五、六次都没有人去接的企业，肯定不会有大作为，这肯定没有错。因为这至少说明这个公司毫无一点时间的价值观念。”如果因特殊情况而延误接电话，公关人员应表示一定的歉意，比如：“让您久等了。”它也反映了电话接待的基本修养。

> 课堂互动
>
> 讨论：联系自身生活实际，结合以前所学的服务礼仪，请您谈谈电话礼仪的相关内容。

2. 电话用语要热情、简洁

拿起电话，公关人员首先应该说：“您好，我是×××单位。”重要的是加上个“您好！”说“您好”的时间虽然只有零点二秒，但在这零点二秒内，打电话的人能够做好听的精神准备。反之，若拿起电话听筒突然自报家门，对方一时会反应不过来。这样一来对方就得再重新询问一遍，弄不好，一开始就会使双方处在一种不愉快的气氛之中。切不可说：“喂、哪里呀？”如果这样，对方基本上就可判断出其教养的水准。

如果是拨号的一方，在电话接通后，也应先说：“您好”，然后才说：“请问……”，这样会使对方感到心情舒畅，留下美好的印象。

3. 主动配合，切忌深究

如果对方的电话是找自己的，应该说：“我就是，请讲吧。”如果对方电话是找别人，而被找的人又在场，就不应问对方是谁，以免使人觉得是在干涉他的事情，或者使打电话的人认为他所要找的人是有选择地接电话。如果对方所要找的人不在，应如实告诉对方。然后再问：“请问你需要转告他什么事吗？”或者“请问你是哪里打来的？”等。注意不能把这个顺序搞颠倒了，通话时更要注意，千万不要生硬地说一声“不在”，就把电话给挂了，这是很不礼貌的，会影响和同事的关系。因为对方有可能在事后把打电话的经过告诉同事。

电话交谈中，对方不愿深谈的话题，切忌深究，以免被认为是在干涉他的隐私。此外出于对社会公众的礼貌，也不要用电话来聊天。如果有人正等着用电话，他却在进行马拉松式的谈话，就会使等待者有意见。拨号前也应想想，如果对方不在怎么办，是约好时间再打，还是把事情托人转告，免得届时无言以对。

通话时应专注，不要一边谈话，一边又和旁边的人聊上几句或干些别的事，这样看似抓紧时间，但结果没有听清对方讲话，不得不又让人重讲，对方就会觉得你不尊重他。

4. 注意挂话礼仪

电话内容谈毕应该由尊者优先挂掉电话。即由地位高的、职务高的、辈分长的、年纪大的、同等情况下的女士等优先挂掉电话。与客户或服务对象通话，一般由客户或服务对象优先挂掉电话。

5. 重要的电话应做记录

准备电话记录簿。电话记录应注意下面几点：

（1）不要忘了是给谁打电话。如果是组织间的业务电话，公关部门能处理的就当即处理，不能处理的则要记录清楚，再交给组织的负责人处理。如果是同事的话，要写上“××的电话”。

（2）要注明谁来的电话，并要写清楚简要内容，诸如：“回来后请给××公司××打电话”等。

（3）别忘了写上日期时间和接电话人的名字。日期时间是帮助当时不在场的同事考虑怎么办为妥的判断材料，而写上接电话人的姓名，则是为不在场的同事可能提出的疑问或是道谢指明方向。

资料卡

公关接待岗位职责

岗位职责：

1. 负责公司客户信息采集、开发客户及维护。

2. 负责公司对外重要活动的接待及公关工作。在商务会谈场合能有效地推广公司的品牌形象。

3. 负责公司产品的讲解及介绍。

4. 建立和维护公共关系、公关文档。

任职要求：

1. 专科及以上学历，公关、新闻传播学、市场营销等相关专业优先。

2. 熟练运用 Office 办公软件，有 2 年以上市场营销或公关公司工作经验。

3. 思维敏捷、善于沟通，亲和力强，形象气质佳，具有良好的职业素养。

4. 能适应偶尔出差，身高 165 cm 以上。

（资料来源：http：//www.zhaopin.com/zhiwei/ggjd/）

6.1.3 内部报刊编写与内部网站建设与维护

1. 内部报刊的编写

1）内部报刊形式

内部报刊主要有报纸、刊物和黑板报三种形式。

2）内部报刊编写注意事项

（1）明确报刊编辑方针。编辑方针是根据办报刊方针以及实际情况对报纸、刊物和黑板报的内容和形式所做的总体设计，是编辑工作所应遵循的基本准则。它规定了报刊的读者对象、传播内容、报纸水准与风格特色。

（2）合理安排报刊内容。对于组织领导、领导机构的近期工作情况，组织内各部门的新闻，员工的思想、情感、要求、建议等都需要合理安排。

（3）动员全体员工关心、支持自己的报刊。采取各种切实可行、卓有成效的措施，鼓励员工积极投稿，反映自己周围的好人好事、新人新事。必要的话，可评选“优秀通讯员”，聘请“特邀记者”。

（4）处理好一系列技术问题。保证报刊的连续性、固定性；确定报刊的印刷方式；做好相关经费预算。

2. 内部网站的建设与维护工作

1）内部网站建设的流程

建设网站通常包括这些基本工作流程：申请域名；申请空间；定位网站；分析网站功能（网站策划）；网站风格设计；网站代码制作；测试网站；FTP 上传网站；完善资料；网站推广维护。如图 1。

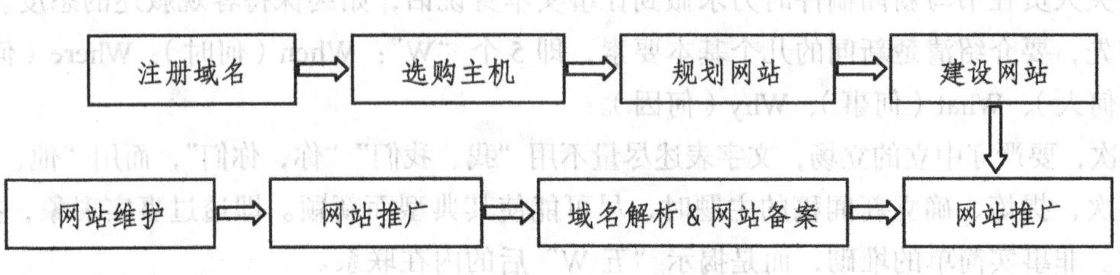

图 1　建设网站的一般流程

2）网站维护内容

（1）服务器及相关软硬件维护，对可能出现的问题进行评估，制定相应方案。

（2）数据库维护，有效地利用数据库是网站维护的重要内容，因此数据库的维护要受到重视。

（3）网站内容的及时发布、更新与调整等。

（4）制定相关网站维护的规定，将网站维护制度化、规范化。

（5）做好网络安全管理，防范黑客入侵网站，检查网站各个功能、连接是否有错。

6.1.4 公关宣传

1. 公关新闻宣传

公关新闻宣传工作，既可在组织内部进行，亦可由新闻界的记者来进行。公共关系的新闻宣传活动主要包括三方面的工作——新闻发现、新闻稿件的组织和写作、新闻联络。

1）新闻发现

新闻发现就是透过组织内部各种纷繁复杂的现象，发现、挖掘其中具有新闻价值的新闻事实及其材料。新闻价值是新闻事实中包含的能够满足社会需要的各种实质的总和。

新闻价值的构成要素有：① 真实性，它是新闻价值的基本条件；② 新鲜性，是指新闻要求有较强的时效性；③ 重要性，是指新闻内容的重要程度、即意义的大小及对公众影响的程度；④ 接近性，是指新闻内容与公众的接近程度，如职业的接近性、年龄的接近性、性别接近性、地理接近性、心理接近性等；⑤ 显著性，是指新闻中的人物、地点、事件、数量等的知名度和显赫性；⑥ 趣味性，是指公众对新闻的兴趣程度。

2）新闻稿件的写作

（1）挖掘、采集题材的方法。

直接取材法：具体包括个别访问、开调查会、参观访问和蹲点等方法，多听、多看、多问、多记才能获取更多新闻题材。根据采访目的，有针对性地提问、了解；遇到复杂的事物，要谨慎、耐心，仔细分析，认真思考，抓住本质。

间接取材法：如从各种文件报告、报纸杂志、广播电视、信函和电话、书籍和其他书面资料中选取有参考价值的材料。

（2）新闻稿的书写要求。

公关人员在书写新闻稿件时力求做到让事实本身说话，始终保持客观叙述的态度。

首先，要介绍清楚新闻的几个基本要素，即 5 个“W”：When（何时）、Where（何地）、Who（何人）、What（何事）、Why（何因）。

其次，要严守中立的立场，文字表述尽量不用“我、我们”“你，你们”，而用“他、他们”。

再次，提炼、确立新闻稿的主题时，尽可能使其典型而新颖。即透过事实现象，抓住事实本质。非事实简单的堆砌，而是揭示“五 W”后的内在联系。

最后，运用准确、简明的新闻语言进行报道，注意具体、明快与简洁。所谓具体就是要做到少用形容词、副词、多用名词、动词、数量词。所谓明快就是要求整个新闻稿件结构简单、通俗易懂、少用长句。所谓简洁，就是在书写新闻稿件时可有可无的词句一定删掉。

（3）新闻稿的写作方法。

A. 消息

构思一个好的导语 ——

导语放在消息的第一段，一般由最主要、最引人注目的事实提炼而成，开门见山地告诉人们主要事实，鲜明地揭示全篇的主题。

如：“鲜花与彩旗共舞，欢迎四海宾朋莅临西藏”的巨幅标语四处可见，浓郁的节日气氛把拉萨装扮得分外妖娆。9 月 1 日，世界屋脊迎来了盛大的节日——西藏自治区成立 40 周年纪念日。

合理安排结构 ——

标题：引题、正题、副题。

导语：简要介绍主要内容。

主体：以充足、典型的材料，对内容进行阐述。

背景：历史、环境、原因等。

结尾：可有可无，若有，宜简明扼要。

B. 通讯

通讯与消息一样，最大的特点就是真实性。相较于消息，通讯在内容上以写人为主，写作方法上更多用描写、议论、抒情等，时效性不太强。

书写方法：首先要注意选择和提炼主题；其次要有严密巧妙的结构，注意详略、层次、过渡、首尾；最后要掌握常用的表现方法：描写、议论、抒情。

C. 新闻联络

新闻联络常用的方法有：举行记者招待会、组织记者参观、及时向记者提供新闻素材、组织各种类型的联谊活动。这部分内容我们将在后面的公关专题活动中详细讲解。

2. 宣传资料的制作

宣传资料是组织的“名片”，下面介绍宣传资料的内容与形式。

1）宣传资料的内容

组织领导人的致辞：一般安排在首页或最前面，目的是体现权威性；态度应真诚、亲切；词语、标点要细加斟酌，避免出错。

组织的历史和现状概括介绍：目的是便于公众对组织的来龙去脉有个提纲挈领的认识。语气既要谦虚诚恳，又要积极肯定。

对本组织特色的说明：为强化公众的印象，引起公众的兴趣，有必要对组织的长处加以集中说明。

联系方法、联系人、地址。

2）宣传资料的形式与制作要求

常见的宣传资料有小册子、示意图和视频短片三种形式。在制作小册子、示意图时都要求做到印刷精美；除文字外，应配有适当的图片、照片。制作企业宣传视频短片，首先应根据宣传目的确定好宣传视频的类型，有的放矢地进行针对性策划；其次要准备好供参考的影像资料，拟写清楚需要重点宣传的文字内容；然后按要求进行拍摄（要求高的可以请专业影视公司拍摄）；最后做好宣传视频后期剪辑工作。

资料卡

《南方航空》

派发点：南航所有本土及国际航班和机场贵宾室

出版日期：每月1号

每期发行量：320 000

读者人数：每月约6 800 000

媒体介绍：南航拥有491架飞机，是全国民航业中规模最大的机队，拥有国内航线561条、港澳航线28条，国际航线77条。航线量为中国各航空公司之冠，航线覆盖全中国75%区域。2007年南航客运量近6 628万人次，占全国民航总客运量的35%。

航线网络：以客运量计算，南方航空全国排名第一，国际排名第三。南方航空航线包括北京、上海、天津、深圳、武汉、长沙、郑州、厦门及成都等64个国内城市。除华南地区外，整个东北地区也是南航的优势覆盖区域，南航在东北地区有60多架飞机，航班数量排名第一。

派发渠道：《南方航空》在南航集团公司所有航班客舱以及国内各大机场候机室、贵宾室、高级餐厅等均可取阅。

读者：南航乘客平均年龄是25~55岁，多为高学历、高收入及高消费力的中上阶层，包括专业人士、商界领袖、企业及政府机关的中高层主管。

6.1.5 公关广告

在现代生活中，广告无处不在，它已经成为人们生活中不可缺少的一部分。虽然人们大多时候是被动地接受广告，但也正是这种接受，使广告有了特殊的作用。它既能为组织获得社会效益和经济效益创造条件，还能引导消费者的购买意向和购买行为。对广告主而言，"商品不做广告，就像姑娘在暗处向小伙子暗送秋波，脉脉之情只有她自己知道"（美国经济学家布里特语）；对消费者而言，广告是引导消费的指南。

1. 公关广告的含义

所谓公关广告，是为扩大组织的知名度、提高美誉度、树立良好组织形象，以求得社会公众对组织的理解与支持而进行的广告宣传活动。它既属于公共关系活动的一部分，又属于广告的范畴，它集公共关系的特点与广告的特点于一身，形成了一种特殊的广告。运用公关广告，可以起到塑造、强化品牌形象，宣传组织宗旨，引导公众观念等作用。

> **课堂互动**
>
> 讨论：你有印象深刻的公关广告吗？公关广告与商业广告有什么不同？

2. 公关广告和商业广告的区别

作为信息传播的重要形式，现代广告可以分为商业广告和公共关系广告（简称"公关广告"），商业广告是为赢利而做的广告，而公关广告具有广告的特征，但并不限于商业活动，不以推销产品或营利为目的，而是推销组织自身形象的一种特殊手段。公关广告和商业广告的区别主要体现在以下几个方面：

1）宣传目的不同

公关广告的目的在于宣传组织形象，以唤起公众对组织的关注，赢取公众的认同和依赖；商业广告的目的在于直接宣传产品或性能，以诱发消费者的购买动机，促进产品或服务的销售为主。当然从长远的角度看，公关广告因营造了良好的组织形象，组织的产品或服务更容易得到公众的认知和赞誉。所以有学者形象地说：商业广告是要公众买我，公关广告是要公众爱我。

2）宣传内容不同

公共关系广告的内容较广泛，主要是介绍企业的整体性特点，是“卖企业”，目的是使公众了解、信任到帮衬企业；商业广告的内容主要是介绍企业产品和服务的特点，目的地是使公众从了解、喜欢到购买某商品。

3）表达方式不同

公共关系广告语言表达较为含蓄，商业味淡，注重组织和公众的感情联络，注重吸引公众关注组织，引导公众进一步了解组织，强调和谐，公众色彩和社会色彩较浓；商业广告语言表达较为直接了当，商业味浓，总显露出催促公众去购买某种商品的意思。

4）诉求重点不同

公共关系广告的主题是传播企业的观念、实力、善意、经济贡献、员工关系、公共服务项目、声誉和整体形象，注重建立与公众之间的长期的、和谐的合作关系；商业广告的主题侧重宣传或推销产品及服务，考虑近期的市场效果，希望在最短时间内以最快的速度向受众宣传商品或服务信息。

5）传播周期不同

公共关系广告的传播周期相对来说是长期的。公共关系广告的主要任务是树立企业的良好形象，而树立良好形象并非一朝一夕之事，是项永久性的任务，只是不同时期内，诉求的内容和重点有所不同罢了；商业广告的传播周期是短暂的，往往一个时期集中宣传某一种产品或服务，有较明显的季节性、阶段性。

6）广告效果不同

公共关系广告的效果主要体现在通过广告提高组织知名度、美誉度，扩大组织的影响力，为组织的发展创造良好的人气氛围；商业广告的效果主要反应在经济效益上，通过产品和服务的宣传，引导消费者的购买行为，提高销售额。

3. 公关广告的类型

现代公关广告的类型很多，我们认为凡是以塑造组织形象与品牌声誉为出发点的非促销性广告，均在公关广告类型之内，现将其主要形式介绍如下：

1）企业广告

企业广告向公众展示其全貌，包括企业的历史沿革、人员素质、生产流程、管理水平、经营方针以及所履行的社会责任等，使公众对它产生深刻的印象。这类广告多体现为企业宣传片。

【案例 6-1】

《梦想，从心出发》

中国南方航空公司 2014 年年末推出这个投资 200 万元的形象片《梦想，从心出发》，微电影形象宣传片给人耳目一新的感觉。该片由台湾金马奖导演执导，改编自一个真实的故事。故事讲述的是新疆和田墨玉县喀瓦克乡的一群“自学成才”的小学足球队员，酷爱足球，却从未离开家乡参加过正式的球赛。由南航提供的免费机票，让这些边远乡村的孩子有机会走进大城市，在乌鲁木齐与当地小学足球队进行友谊赛。作为南航的第一部品牌微电影，南航选择以公益主题为切入点，在微电影中并没有过多地植入南航元素，而是较完美地用纯粹的故事来唤起观众的情感共鸣，展示了公司的产品、服务给人们的生活带来的积极影响和组织形象。

2）信誉广告

信誉广告是社会组织对其优质产品、优质服务的良好信誉以及在国内外评优获奖情况进行宣传的广告。此类权威机构的认定、消费者的认可和客观评价，对公众来说有着较高的可信度，也可以是社会组织直接向消费者征求意见的方式，表现其服务至上、信誉第一的宗旨。信誉广告有助于培养受众对组织的好感和忠诚度。这类广告中，往往提出企业的观念口号，以表达企业对卓越工作、卓越产品、卓越服务的信念和追求。如“海尔，真诚到永远”“美丽川航，时尚川航”等。

3）倡议广告

倡议广告是指以社会组织名义率先发起一项对社会有重要意义和影响的活动，或倡议一种新观念，其目的是彰显其强烈的社会责任感、伦理道德观、创新精神等；同时也显示其良好的社会风范，率先开拓、领导潮流、敢为天下先的胆识。这类广告因传达了美好的思想、感情和追求，易为公众所瞩目，获得公众的赞扬。如一国际大酒店在其施工工地树一广告牌，上书“建立卫生城市，争做文明市民”；某一牙膏厂在电视广告上宣传一天应刷三次牙的科学护牙习惯。

4）观念广告

观念广告是通过提倡或灌输某种观念和意见，试图引导或转变公众的看法，影响公众的态度和行为的一种广告。观念广告可以是宣传组织的宗旨、信念、价值观、管理哲学、文化或者是推出与其品牌有关的新概念，也可以是传播社会潮流的某个倾向或热点，以获得公众的理解，赢得公众的广泛认可。

【案例 6-2】

“学琴的孩子不会变坏”

台湾山叶钢琴的一句广告语“学琴的孩子不会变坏”成为我国台湾地区最有名的广告语，它抓住父母的心态，采用攻心策略，不讲钢琴的优点，而是向父母们灌输一种学钢琴有利于孩子身心成长的观念，吸引孩子父母，让父母们愿意为了孩子的成长而购买钢琴。

5）声势广告

声势广告是以宣传组织的大型活动为内容，强调规模、声势以及传播的强度、密度、覆盖度等，以创造气势、营造氛围、吸引公众和扩大影响为目的。如 2007 年元旦前夜，上海电视台现场直播了“全球最大的化妆品公司欧莱雅在上海设立总部十周年文艺晚会”，这实际上就是一则声势广告。

【案例 6-3】

南航 A380 飞翔从此大不同

空客 A380 是目前世界上载客量最大、最先进的客机，南航是国内首家拥有 A380 的航空公司，南航想通过这一热点事件，宣传企业形象。在一系列的策划活动中，他们率先通过向凤凰网投放广告的方式突出南航 A380 的空间大不同 、视野大不同、形象大不同。

广告具体的创意实现形式：飞机从富媒体视窗飞出，进入浮层画面的云层中，在浮层上飞过后，出现在对联广告、通栏广告的地球之上，喻示着南航 A380 即将从遥远的地方来到中国，飞机飞过出现“首占先机”的活动信息，凸显活动利益点，最终飞机再一次出现在浮层回放，并推出本次活动传播口号“南航 A380 飞翔从此大不同”。四个广告位置联动，使得飞机翱翔于整个页面这一极具视觉冲击力的创意得以实现。让凤凰网成为南航 A380 亮相仪式的“天空”，并吸引用户产生期待，参与“首占先机”活动赢取机票。

（资料来源：网赢天下网）

6）致歉广告

社会组织在其运作过程中因其自身工作不足或过错，主动向公众致歉，承认事实真相，表现出积极解决问题的诚意，并提出改正措施，以求得公众的谅解。

【案例 6-4】

腾讯就《如懿传》广告事件致歉

2018 年 8 月 20 日晚，腾讯视频就《如懿传》广告引争议一事致歉，称“亲爱的《如懿传》和腾讯视频用户，我们非常抱歉，因为广告投放系统 bug，给您带来不好的观看体验。我们正在排查并逐步恢复正常观看 ”，随后表示“已经恢复正常”。据悉，不少观看《如懿传》的网友表示视频网站的广告全程去不掉，引发热议。

（资料来源：网易娱乐）

7）公益广告

公益广告不以营利为目的，而是对社会良好风气、公众良好言行进行支持和倡导，对社会陈规陋习、公众错误言行进行规劝，以合乎社会公益的准则去规范自己的行为的广告。公益广告表达了组织对社会公益的热心，间接宣传了一个具有社会责任感的组织形象。

【案例 6-5】

公益广告：《Family——爱的表达式》

《Family——爱的表达式》文案：

“小时候，爸爸是家里的顶梁柱，高大魁梧的他为我们遮风挡雨；妈妈是典型的贤妻良母，相夫教子。长大后，少不更事的我总想挣脱爸爸的束缚，屡次顶撞唠叨的妈妈。岁月荏苒，光阴似箭，有一天突然发现爸爸的背已经驼了，妈妈的身体已经臃肿塌陷。我想，是时候尽一份子女的责任了，悉心呵护起这个家：给父亲一个依靠的臂膀，做他贴身的拐杖；为母亲撑起一把庇护伞，遮蔽盛夏的骄阳。朋友，快对你的爸爸妈妈说一句吧：爸爸妈妈我爱你！

Father and mother, I love you! 家，有爱就有责任。

小 结

本节公关日常工作主要学习了六个方面的内容：来访接待、电话接待、内部报刊编写、内部网站的建设与维护、公关宣传与公关广告。

学习了来访接待工作的基本任务，来访接待工作的一般程序，来访接待工作的注意事项；学习了电话接待的注意事项；学习了内部报刊形式和内部报刊编写的注意事项；学习了内部网站建设的流程与网站维护的主要内容；学习了公关新闻宣传与宣传资料的制作；学习了公关广告的含义、公关广告和商业广告的区别以及几类常见的公关广告。

思考题

1. 来访接待工作有哪些注意事项？
2. 内部报刊编写有哪些注意事项？请举例说明。
3. 内部网站的建设与维护都有哪些具体工作？
4. 结合学校最近开展的一次具体活动，规范地书写一份新闻稿件。
5. 请为本班级或本专业制作一份班级（专业）宣传资料。
6. 收集 3 份及以上有创意的公关广告。

6.2 公关专题活动

> **课堂互动**
>
> 讨论：社会组织为什么要开展公关专题活动？请谈谈一次让你印象深刻的公关专题活动。

公共关系专题活动又称公共关系特殊事件，它有别于一般日常的公关活动，但是涉及范围也很广泛。诸如新闻发布会、各类庆典仪式、展览会、社会赞助、联谊活动、开放参观、危机事件的处理等皆属于此列。它们的共同特点：一是每次活动都有明确的主题并以此为中心而展开特殊的活动方式；二是它们都需要综合地运用各种传播沟通方式以强化传播效果；三是它们一般能产生广泛的社会影响，能有效地吸引社会舆论、增进与相关公众的沟通、理解。

6.2.1 新闻发布会

新闻发布会又称记者招待会，是组织为公布重大新闻或解释重要方针政策而邀请新闻记者参加的一种特殊会议。作为一种公关专题活动，它是组织传播信息以及与新闻界建立、保持联系的一种较正规的形式。

1. 新闻发布会的特点

（1）正规隆重：形式正规，档次较高，地点精心安排，邀请记者、新闻界（媒体）负责人、行业部门主管、各协作单位代表及政府官员参加，发布会容易引起社会的广泛关注。

（2）沟通活跃：双向互动，先发布新闻，后请记者提问回答。信息传递与沟通及时、有效。

（3）方式优越：新闻传播面广，报刊、电视、广播、网站等集中发布（时间集中，人员集中，媒体集中），能迅速扩散到公众。

2. 会前准备工作

1）研究必要性

会前要考虑所发布的信息是否具有重大的新闻价值，能否吸引记者前来采访、报道，时间是否紧迫，是否处于发布的最佳时机，这个信息发布是否一定要召开新闻发布会。

2）确定主题

会议主题围绕组织发生的重大事件或重大决策来确定。一般新闻发布会的主题有三类：说明性主题、解释性主题、宣传性主题。一次发布会的主题应集中、单一，不能同时发布几个不相关的信息。

3）确定邀请记者的范围

根据会议主题以及事件范围确定应邀请的记者。邀请媒体的技巧很重要，既要吸引记者参加，又不能过多透露将要发布的新闻。在媒体邀请的密度上，既不能过多，也不能过少。一般企业应该邀请与自己联系比较紧密的商业领域记者参加，应注意关照平面媒体记者与摄影记者一起前往。

邀请的时间一般以提前3～5天为宜，发布会前一天可做适当的提醒。联系比较多的媒体记者可以采取直接电话邀请的方式。相对不是很熟悉的媒体或发布内容比较严肃、庄重时可以采取书面邀请函的方式。

4）选定时间、地点

时间：新闻发布的时间通常也是决定新闻何时播出或刊发的时间。多数平面媒体刊出新闻的时间是在获得信息的第二天，因此要把发布会的时间尽可能安排在周一、二、三的下午，会议时间保证在1小时左右，这样可以相对保证发布会的现场效果和会后见报效果。

> **课堂互动**
>
> 讨论：新闻发布会的时间为什么要避开重要政治事件和社会事件？所有的新闻发布会都要避开重要政治事件和社会事件吗？为什么？

发布会应该尽量不选择在上午较早或晚。此外，还要避开重要的政治事件和社会事件。

地点：场地可以选择户外（事件发生的现场，便于摄影记者拍照），也可以选择在室内。根据发布会规模的大小，室内发布会可以直接安排在企业的办公场所或者选择酒店。

还应考虑交通是否便利、环境是否安静；会前要实地考察，场地确定后可安排人员布置好桌牌、桌椅、电源、电传、录音等设备。

5）选定会议主持人和新闻发言人

主持人一般由公关机构负责人担任。首先是介绍会议基本情况；其次是掌控会议气氛，控制会议时间。

发言人一般由组织的高层领导担任。因为他不仅全面了解本组织的整体情况，而且其身份也决定了他的发言具有权威性。

要求：主持人和发言人除了具有较高的文化修养和专业水平，还要思维敏捷、口齿伶俐。

6）准备好会议材料

收集有关信息，写出准确生动的有关资料，如主持人的讲话提纲、发言人的发言稿、答记者问的备忘提纲、所发新闻的有关背景材料，以及有关的图片、实物、影像等辅助材料。

7）搞好经费预算

会议费用项目一般有：场租、会场布置、印刷品、茶点、礼品、文书用品、音响器材、邮费、电话费、交通费等。需要用餐时还应加上餐费。

3. 会议程序

1）签到

应安排足够的工作人员，设立签到处，并派专人引导记者前往会场。参加会议的人要在签到簿上签上自己的姓名、单位、职业、联系电话等。

2）发资料

会议工作人员应将写有姓名和新闻机构名称的标牌发给与会记者，并将会前准备的资料，有礼貌地发给到会的每一位。

3）介绍会议内容

会议开始时要由会议主持人说明举办新闻发布会的原因，所要公布的信息或事件发生的简单经过。

4）主持人讲话

主持人要充分发挥组织作用，以庄重的言谈和感染力，活跃整个会场气氛，并引导记者踊跃提问。当记者的提问离会议主题太远时，要巧妙地将话题引向主题；会议出现紧张空气时，能够及时调节缓和，不要随便延长预定会议时间。

5）回答记者提问

要准确、流利自如地回答记者提出的各种问题，不要随便打断记者的提问，也不要以各种动作、表情和语言对记者表示不满。对于保密的东西或不好回答的东西不要回避，而要婉转、幽默地进行反问或回答，以确保所发布的消息准确无误。

6）参观和其他安排

有必要的话，会后还应由专人陪同记者参观考察，给记者创造实地采访、摄影、录像等机会，增加记者对会议主题的感性认识。如果有条件，社会组织还可举行茶会和酒会，以便个别记者能够单独提问，并能融洽和新闻界的关系。

4. 会后工作

应尽快整理出新闻发布会上的记录材料，对会议的组织、布置、主持和回答问题等方面工作的经验和不足做出评价和总结，归档备查。

同时收集到会记者在报刊、电台、电视台上发表的新闻报道，对这些报道的内容及倾向做定性定量的分析，检查是否达到了新闻发布会的预定目标，是否有由于失误而造成的谬误。

如果出现不利于组织的报道，是组织自身行为引起的应虚心检讨并致歉意，是记者方面的问题则应采取行动说明真相，要求媒介更正。对于检查出的问题要分析原因并设法弥补。

【案例 6-6】

某公司在召开新闻发布会后第二天，其公关人员小张及时地向领导递交了一份总结报告，内容只涉及会议记录材料。领导看后很不满意，让他重新整理，同时提醒他有些内容可待一段时间后再总结。

分析提示：

会议结束后，要及时收集有关这次会议的反馈信息，以便检测会议是否达到了预期目的。这可从三个方面进行：一要尽快整理出会议记录材料，从中吸取经验教训；二要收集与会者对会议的反映，以便会后改进；三要统计各位到会记者在报刊上发表的稿件，进行归类分析，找出舆论倾向，同时对各种不利报道，要做良好的应对策略。而小张的总结显然没有经过认真准备，确实应该三思而后行。

6.2.2 庆典活动

庆典是隆重的庆祝典礼，可用于奠基典礼、落成典礼、开幕典礼、节日庆祝、周年纪念、签字仪式、颁奖仪式等。庆典活动可以联络公众、广交朋友、增进友谊、扩大影响，加深公众对组织的好感和记忆。

庆典程序并不复杂，时间也不太长，但要办得隆重热烈，令人难忘，并非易事，计划新颖、安排周到是关键。庆典活动的基本流程与注意事项如下。

1. 拟定出席典礼的宾客名单，发出请柬

宾客一般应包括：政府有关部门负责人、社区负责人、知名人士、同行业代表、新闻记者、员工代表等。请柬的文字应郑重其事，印刷无误，尽可能提前几天寄出或送达，以便对方及早做出安排。

> **课堂互动**
>
> 讨论：请为学院 60 周年庆典活动完成一份策划简案。

2. 为本单位负责人拟写开幕词、答谢词

开幕词要注意言简意赅，避免拖沓冗长；答谢词力求热情庄重。

3. 拟定典礼顺序

（1）签到、领纪念品。
（2）主持人宣布典礼开始，宣读重要来宾名单。
（3）组织负责人致欢迎词。
（4）来宾代表致贺词剪彩。
（5）组织负责人致答谢词。
（6）剪彩：剪彩人员一般由组织负责人和来宾中地位、名望高的人士担任。

4. 安排各项接待事宜

专人负责签到、接待、剪彩、放鞭炮、摄影、录像，以及布置环境、道路、场地、照明、纪念品订制与发放等。

5. 安排一些必要的助兴项目

中国传统的助兴节目有锣鼓、舞狮、礼花鞭炮等，还可以安排一些歌舞表演节目。

6. 典礼结束后的一系列礼节活动

典礼结束后做好送别、感谢致意等工作。

【案例 6-7】

在某高级健身俱乐部周年庆典活动中，主办方把会场选在本市一最新会馆。开会时，每个人面前都有一台电子设施、一个麦克风，上面有很多数字，不同的数字对应了参会人员的代号，但谁也不知怎么使用、不知谁是几号，连会场服务人员也不清楚。最后，除了主持人的麦克风终于响了之外，其他人即使弄清楚自己是几号，按下相应按键，却从意想不到的地方传来了麦克风的声音，使会议反复中断，与会者情绪受到严重干扰，最后会议在参会人员低声的抱怨中不欢而散。

分析提示：

细节决定成败。在庆典活动的组织中，活动安排本身固然重要，但后勤和服务等细节的问题同样不可忽视。

6.2.3 展览会

展览展销，是指组织通过集中的实物展示和示范表演，配之以多种传播媒介的复合传播形式，宣传产品和组织形象的专门性公共关系活动。

1. 展览会的特点

（1）展览是一种直观、形象的传播方式。

它把实物直接展现在公众面前，并有现场操作表演或者有专人讲解操作，给公众以“亲眼目睹”“眼见为实”的直观感受，可增强公众对社会组织及其产品的信赖。

（2）展览实现了组织与公众之间信息的双向沟通。

它不仅可以向公众当面展示组织的产品、展现自身形象，而且还可以通过咨询、洽谈、征询等形式了解公众需要，收集公众的反馈意见。

（3）展览是一种复合性的传播方式。

它通常同时运用多种媒介进行交叉、混合传播。在实物展出的同时，配之以文字、图片宣传资料、录音、录像等媒介，再加上动人的解说、友好的交谈、

> **课堂互动**
>
> 讨论：展览会有哪些优点与不足？举办展览会有哪些注意事项？

优美的音乐、生动的造型艺术，具有很强的吸引力。

（4）展览是一种高效率的沟通方式。

展览活动可以一次展示许多行业的不同产品，也可以集中展示同一行业的多种品牌的产品，为参观者提供更多的机会并节省大量的时间和费用。

（5）展览会是一种新闻性的大型活动。

展览会除本身能进行自我宣传外，往往能够成为新闻媒介追踪的对象，成为新闻报道的题材。通过新闻媒介的报道传扬，展览活动的宣传效应将大大扩展。

2. 展览会的类型

（1）根据性质分为贸易性展览和宣传性展览。

（2）根据内容分为综合性展览和专题性展览。

（3）根据规模分为大型展览、小型展览和微型展览。

（4）根据场地分为室内展览、露天展览和巡回展览。

（5）根据时间可以分为长期展览、定期展览和一次性展览。

3. 展览会的组织

（1）确定主题。每次展览会都有一个明确的主题，由此选择展览会的类型、项目和内容，以加强展览会的目的性和针对性，并以此为依据确定展出的宣传方式。

（2）搞好总体设计与布局。根据展览主题、类型等要求，设计制作总体设计图与各个展区的展品、展板布置的小样，力求布局新颖美观，富有特色，从而增强展品的醒目程度。

（3）成立专门的新闻发布机构。积极为新闻媒介提供具有新闻价值的新闻稿，主动邀请新闻记者进行采访。

（4）选择恰当的时间和地点。

（5）培训展览会的工作人员。

（6）适时地运用展览技巧。

4. 展览会的效果检测

检测展览会效果的方法主要有：

（1）举办有奖测验活动。

组织可根据展览内容，有重点、有选择地确定试题，让参观者当场解答，当场发奖。参观者踊跃应试，不仅能增强、活跃展览会气氛，而且能为测定展览效果提供统计的依据。

（2）设置公众留言簿。

在展厅的出口处可设置公众留言簿，主动征求公众的意见，将其作为日后测定效果的依据。

（3）召开公众座谈会。

组织还可以召开公众座谈会，了解他们对展览会的观后感，讨论一些主要问题，并提出自己的看法。

（4）借助记者采访。

在展览会期间，组织可邀请一些新闻记者参加，让他们对公众进行采访，并做好录音或记录，以备组织测定效果之用。

（5）开展问卷调查。

展览会结束之后，组织可根据签到簿上掌握的公众名单邮寄问卷调查表，或登门访问使其填写问卷调查表，以了解展览的实际效果。

【案例 6-8】

有一家小型玩具厂参加了一个展览会，分到的展览室在六楼的一个偏僻的角落，第一天该展室一直门庭冷落。参展人员仔细研究后想出了对策。第二天一早，参观者一进入展览大厅，就发现有塑料圆牌子撒在地上，捡起来一看，上面写着："请到六楼右角小室去，您会有意外的收获。"好奇的参观者纷纷跑到六楼右角的小室，只见室前有一印制精美的海报，上面写着："感谢您的光临。拾到小牌者，可领取本厂生产的小礼品一件。"旁边有许多漂亮的该厂生产的玩具做小礼物。拾到牌子的人纷纷领到了小礼物，也仔细参观了该厂的玩具展台。而更多的人看到不断有参观者拿着可爱的玩具往楼下走，也纷纷涌上六楼的展台。

分析提示：

展览技巧的应用，会让你收到意想不到的效果。

6.2.4 赞助活动

赞助活动是社会组织无偿提供资金或物质支持某一项社会事业或社会活动，以获得一定形象传播效益的公共关系专题活动 。

1. 赞助项目

1）体育事业赞助

这是组织赞助中最常见的一种形式。体育活动不仅成为人们平时强身健体、休闲生活的一部分，它本身往往也是新闻媒体报道的对象，对公众具有极大的吸引力。因而，体育活动成为不少社会组织赞助的主要对象。

> 课堂互动
>
> 讨论：社会组织应该如何选择赞助项目实施赞助活动？

2）文化事业赞助

赞助文化活动，不仅可以提升组织的文化品位、密切与公众的友好感情，还能通过提高知名度创造社会效益。如 2006 年蒙牛集团赞助"超级女声"，2012 年加多宝赞助"中国好声音"，都极大地提升了自己品牌的知名度。

3）科教事业赞助

赞助教育事业是一种效益长远的活动。它不仅有利于教育事业的发展，有利于全民族素质的提高，也有利于赞助者自身的人才培养和选拔，还可以建立组织良好形象。赞助形式有：设立奖学金、成立基金会、捐赠图书设备、出资修建教学科研楼馆、赞助科研项目等。近几年，不少企业、个人纷纷把赞助目光投向了大学校园，选择大学生作为赞助对象。

【案例 6-9】

2011 年 3 月 19 日，沙特首届公共教育展暨国际教育论坛于利雅得国际会展中心开幕。本届展会暨论坛由沙特教育部主办，由承建沙特教育部 200 所学校项目的中铁十五局集团有限公司作为主赞助商。中铁十五局通过此项赞助，为沙特教育事业发展做出了积极努力，同时也树立了中资承包企业良好形象。

（资料来源：中华人民共和国商务部网站）

分析提示：

赞助教育事业也是组织公关赞助中一项有意义的活动，不仅有益于组织形象，而且有益于社会。

4）慈善和福利事业赞助

这是组织与社区、政府搞好关系，赢得良好社会声誉的重要途径。它能表明组织的社会责任感和高尚品格，容易激起社会公众的好感。常见的做法有：救济残疾人，资助孤寡老人，捐助灾区人民，捐赠儿童福利等。如“非典”期间许多国家和企业都向我国捐赠医药物资和资金。

此外，企业的社会赞助还包括赞助各类出版物、各种展览、各种竞赛、庆典和有关宣传品，如旅游手册、日历、地图、年鉴及各种技术手册等。

2. 赞助活动的基本原则

1）社会效益原则

赞助活动要着眼于社会效益，即赞助项目具有较强的社会意义和社会影响，赞助对象具有良好可靠的社会背景和社会信誉。如社会救灾、希望工程、残疾人福利等。

2）传播效益原则

赞助活动组织直接提供了资金或物质，因此必须讲究传播效果，所赞助的项目和对象应该有利于扩大本组织的知名度和美誉度。这就需要调查、分析社会公众和新闻界是否关注以及关注的程度如何等。

3）合乎实力原则

社会组织无论开展什么形式的赞助活动，都应当量力而行，不要超过自己的承受能力。赞助经费的支出也要留有余地，以备意外之需。

4）合理合法原则

赞助者和赞助对象都应符合法律道德，符合社会公共利益，严格按规定和要求办理，杜绝人情赞助、人情广告等不正之风。

3. 赞助活动的基本步骤

1）明确赞助目的

每次赞助活动都有它的目的。赞助活动的目的一般有以下几种：

（1）追求新闻效应，扩大社会影响。

（2）增强广告效果，提高经济效益。

（3）联络公众感情，改善社会关系。

（4）提高社会效益，树立良好形象。

2）选择赞助对象

社会组织可以主动选择赞助对象，也可以请求决定赞助对象。不论是什么情况，都要依据组织自身的发展战略和公共关系目标来选择和确定。

3）制定计划并具体实施

提供赞助的社会组织要由赞助委员会根据赞助方向和政策，根据组织的经济实力等，提出年度赞助计划，写明赞助对象的范围、经费预算、赞助形式、组织管理办法等，做到有计划、有控制地进行活动。

4）检测赞助效果

赞助活动结束之后，组织应对赞助效果进行调查检测。可以对照计划检测指标完成情况，收集社会公众、新闻媒体和被赞助者的看法，找出差距，评定效果，写出报告，存档备查。

6.2.5 联谊活动

为与某一类特定公众建立或加深感情、互通信息或加强合作，可举行联谊喜庆活动。如同行业联谊会、企业与新闻单位联谊会、军民共建联欢会、职工联欢会、大龄青年联欢会、消费者联欢会，以及诸如招待会、宴会、舞会、大型文艺演出活动等。组织这类活动要注意的问题是：

（1）本着双方互利互助的原则，确定联谊对象。参加联谊的各方都应具有联谊的要求、内容和能力。

（2）要注意根据有关各方面关系层次，确定联谊的层次和要求。有的联谊以感情交往为目的，有的以信息互通为目的，最高的层次，则是以双方的合作为目的。

（3）保证成功率，讲求效益。组织活动过程中，从活动项目的选择、宾客邀请、场地安排，到活动主要负责人的确定、活动程序、会后报道与反馈等环节都应有详尽而周密的安排。

6.2.6 开放参观

社会组织为了让公众更好地了解自己，可组织相关的公众到组织所在地参观和考察。这些公众可以是组织员工的家属、新闻工作者、党政机关要人，也可以是舆论领袖、学校师生以及组织的协作单位等方面的公众。企业可安排上述社会公众参观厂矿设备，学校可安排社会公众考察校园环境、学术环境。通过这种参观考察、组织可借此机会向公众沟通宣传，并得到他们的理解和支持。因此，做好对外开放的接待活动，是组织公共关系的一项重要工作。组织这类的活动要注意四方面问题。

1. 确定沟通主题

任何的对外开放都应有特定的目的并力图在这方面给参观者留下良好的印象。比如：组织的科研生产能力强大，或该组织职工福利好，或该组织重视绿化、关注环境建设等。因此，对外开放不同于任意地参观游览。

2. 确定开放时间和参观线路

时间的确定，一是要尽可能地避开对组织不利的因素，如恶劣的气候，其他对有关公众更有吸引力的社会活动日期等；二是要尽可能争取对组织特别有利的日子，如本组织的喜庆日子，因为这时更能感染公众的心理情绪。

参观线路的安排也要注意两点：一是要与开放的主题相一致；二是要能保护本组织的有关机密和保护公众的安全。

3. 做好传播工作

可以通过必要的传播媒介，告知此次对外开放的有关材料，如日期、告示牌、践线图和方向标志。必要时可印制各种说明书、宣传品及纪念品。这样做，既方便了公众，也有助于增强开放效果。

4. 做好接待工作

应安排训练有素的工作人员负责来宾登记，安排好向导、讲解等方面的工作。准备各种必要的视听设施、样品和模型。对于参观者妥为接待，安排合适的休息场所、必备的茶水饮料，联系车辆以及解决来宾遇到的各种意外问题。

【案例 6-10】

2013 年 4 月 6 日，“伊利工厂开放之旅”活动全面启动。“伊利诚邀消费者走进工厂，接受来自社会各界的审视和监督。作为企业，我们会充分保证消费者的知情权和监督权。”活动相关负责人表示，“在伊利工厂，天天都是开放日，人人都是监督员”。

“伊利工厂开放之旅”有三大亮点，即“全年”“全国”“全民”：

“全年”——从时间上看，参观活动自 4 月 6 日起启动，将持续贯穿 2013 年全年。

“全国”——从地域上看，北至黑龙江肇东，南至广东佛山，西起宁夏吴忠，东到江苏苏州，本次开放的伊利工厂基本实现了全国性覆盖。

“全民”——全国各地的消费者只需上网搜索“参观伊利”，或登录伊利官网按照页面提示，选择距离最近的伊利工厂，简单几步即可完成预约。伊利公司将在工厂所在城市或临近城市，提供免费专车接送，并全程配备专业的讲解员，一一解答消费者对于伊利产品的各种提问。

“伊利工厂开放之旅”首日得到了公众的普遍认可。伊利用诚恳的态度，表达了其“成为世界一流的健康食品集团”的信心。

（资料来源：http//market.brandcn.com/pinpaiyingxiao/130411_346247.html）

分析提示：

伊利工厂开放活动对企业形象的塑造有着直接的帮助，通过开放之旅活动加深公众对企业的认识和了解，拉近了与公众之间的距离。

小　结

本节公共关系专题活动我们主要学习了新闻发布会、庆典活动、展览会、社会赞助、联谊活动以及开放参观这6类常用公关专题活动。

我们学习了新闻发布会的特点、会前准备、会议程序以及会后工作；学习了庆典活动的基本流程与注意事项；学习了展览会的特点、展览会的类型、展览会的组织以及展览会的效果检测；学习了赞助项目、赞助活动的基本原则以及赞助活动的基本步骤；此外，还学习了联谊活动与开放参观的相关注意事项。

思考题

1. 新闻发布会有哪些注意事项？
2. 展览会有什么特点及注意事项？
3. 庆典活动的基本流程与注意事项有哪些？
4. 赞助活动有哪些类型的赞助项目？请说出赞助活动的基本步骤。
5. 策划并组织实施一次以增强内部凝聚力、扩大本专业在学院知名度为目的汇报演出或展览活动。

第7章 公关危机

一个人应养成信赖自己的习惯，即使在最危急的时候，也要相信自己的勇敢与毅力。

——拿破仑

没有危机感，就是你面临着的最大危机。

——理查德·帕斯卡尔

本章导入

公关危机是任何一个组织在生存发展中都可能遇到的风险和挫折。公关危机的发生往往出于各种原因，它给组织造成的影响可能很轻微，也可能是致命的。所以组织在经营活动中应做好防范危机的准备，倘若遇到公关危机，应采取正确的方法去应对。

通过本章的学习与练习让同学们明确公关危机的含义，它产生的原因，了解公关危机的类型，掌握应对公关危机的原则和处理公关危机的方法。尤其是在当今互联网时代，更要重视突如其来的网络公关危机，积极探索应对之策。

学习目标

1. 理解什么是公关危机。
2. 了解公关危机的类型和发生原因。
3. 掌握处理公关危机的原则。
4. 掌握处理公关危机的方法和技巧。
5. 了解网络危机的表现形式的特点。
6. 掌握应对网络公关危机的方法。

开篇案例

美某航空公司暴力驱逐亚裔乘客招致全球网友声讨

2017年4月11日，一则“亚裔医生被打晕赶下飞机”的新闻刷爆了各大社交网络：一名乘客在购买了航空机票，并且已经登机就座的情况下，被航空公司强制要求离开，甚至在他坚持拒绝后，机场安保人员依然动用武力将其拖下飞机。

某航空公司称该航班预计从芝加哥欧海尔国际机场飞往路易斯威尔，但是航空公司超售机票，导致 4 名机组人员无法登机。因无乘客愿意放弃座位，机组人员决定随机用电脑挑选 4 名乘客要求让位。其中，一名自称是医生、与妻子同被抽中的亚裔男子拒绝下机，表示翌日要到路易斯威尔医院见病人。一番争执后，该男子被 3 名机场执法人员殴打。从网上公布的视频和照片来看，男子呈鼻青脸肿、嘴角含血状态。

同机乘客将视频发到网上后，抵制某航空公司的标签也迅速刷爆。随后，某航空公司的首席执行官在一份声明中道歉，表示公司与当局正在合作开展调查，并且在努力联系事件中的亚裔乘客，尝试和他讨论处理解决这件事情。

某航空公司暴力拖拽殴打乘客事件随之引发美股市场的强烈抛盘。在 4 月 11 日的盘前交易中，某航空公司的股价已经重挫近 6%，创 2016 年 8 月以来跌幅之最。

（资料来源：国际在线）

入门问题

1. 你认为什么是公关危机？
2. 你认为公关危机会给组织带来什么影响？
3. 公关危机发生的原因是什么？
4. 你知道如何处理公关危机吗？

请您先不要急着往下看，试着回答以上问题。

公关危机，即公共关系危机，是指组织在生产经营过程中，由于内外因素的影响，导致其在公众心目中的形象和信誉下降或严重受损，对组织的正常生产经营活动产生影响甚至对组织的生存和发展构成严重威胁的事件。

7.1 公关危机的成因

分析组织公共关系危机产生的原因，对于制定正确的预防和处理对策有着十分重要的意义。组织公共关系危机产生的原因很多，一般来说，大致可以分为组织内部环境成因和组织外部环境成因两个方面。

7.1.1 组织内部环境成因

内因是条件，外因是根据。从组织内部角度剖析企业公共关系危机产生的原因，无疑为公共关系危机管理奠定了坚实的基础。引起组织公共关系危机的内部环境原因主要有以下五个方面。

1. 组织自身素质低下

组织自身素质低下不仅可能引发组织公共关系危机，而且在组织公共关系危机出现之后也难以自觉有效地处理危机。组织自身素质低下的根本原因是组织人员素质低下，这又包括领导素质低下和员工素质低下。这两类人员素质低下都有引发组织公共关系危机的可能。如果组织领导者自身素质低下的话，导致组织公共关系危机的可能性更大。现阶段由于我国的企业家正在逐步向职业化过渡，有些组织领导人知识结构还不完善，素质相对低下，水平较差，缺乏威信和感召力，不能激发员工的工作积极性，使组织缺乏凝聚力，同时，对外部公众缺乏平等意识和必要的尊重，有的冷待外部公众，有的甚至谩骂、殴打外部公众。西安香格里拉大酒店丹麦籍总经理在大堂当众殴打一位中国顾客而引发的公共关系危机即属此类。

在组织经营中员工素质也很重要。员工的素质必须与其从事的事业相匹配，组织这个“桶”最低的一块木板必须与其“水平”和容量相称。如若不然，“一条鱼搅得满锅腥”的现象就会出现。如北京的国贸中心康惠超级市场两名员工对顾客强行搜身事件，沈阳商业城店员手操电风扇殴打顾客的电风扇风波，北京花花公子商店领班追打女顾客等事件，充分暴露了组织员工素质低下亟待提高等问题。组织员工素质低成为制约组织发展的“瓶颈”，这个问题不解决，组织随时都有可能与顾客发生纠纷，造成危机，并因而成为舆论的焦点，这是每个组织最不希望看到的。

2. 管理缺乏规范

这里讲的规范主要指组织管理制度和员工行为规范。管理缺乏规范的含义有两个：一是指组织基础工作差，管理的规章制度不健全，以至于工作无定额、技术无标准、计量无规矩、操作无规程，给组织管理带来极大的麻烦，也给公众带来诸多隐患；二是指组织员工的行为无规范，以至于员工工作不讲质量，不讲服务礼节，不讲商务信誉，不讲职业道德，甚至严重损害公众利益，伤害公众感情，这些都是可能引发组织形象危机的祸根。

3. 组织经营决策失误

组织经营决策失误也是造成组织公共关系危机的重要原因之一。在现代社会中，组织的经营决策都应自觉地考虑社会公众、社会环境的利益和要求，不能有损于公众，有损于环境，否则，就属于决策的失误。经营决策失误情况繁多，主要体现为方向的失误、时机的失误、策略的失误等。各种失误都有可能导致组织公共关系危机出现，特别是方向性和决策性失误更是导致组织公共关系危机的关键原因。如背离公众和环境的利益与要求做出决策，或采取有损于公众和环境的策略，都可能严重危及公众和环境，也都有可能引发公众对组织的抵触、排斥和对抗，从而使组织陷入危机状态。

4. 组织法制观念淡薄

组织经营活动的正常开展，除了必须遵循组织基本准则和社会伦理道德之外，还必须守法，严格依法办事。因为现代社会是法治社会，市场经济是法制经济，组织的任何一员都须具有法律意识，知法、守法，将组织的经营活动置于法制监督、保护之下，这对于正常开展经营活动，规范组织管理行为，树立良好的组织形象有十分重要的意义。然而事实上，的确有的组织法律观念极为淡薄，置国家法律于脑后，霸气十足，任意践踏公众的基本权利，最终酿成组织公共关系危机。

5. 组织公共关系行为失策

现代社会的组织形象塑造工作实际上是一种社会信息交流工作。在信息交流的过程中，严格遵循以客观事实为基础的原则，是保证信息交流正常进行，求得组织与公众之间消除隔阂，达到动态平衡的基本要求。如违背这些原则，传播不真实的信息，甚至弄虚作假、严重损害公众利益，那么再多的信息交流也无益于组织与公众间关系的协调，它只能引发公众坚决的反对和抵制，只会使组织与公众之间的关系走向恶化，形成危机。这具体表现在以下方面：

1）策划不当，损害公众利益

以公众利益为出发点，是组织形象策划应遵循的基本原则。南京某房屋开发公司曾向某女电影明星赠送一套别墅，结果并未引起轰动效应，反而伤害公众感情，引起公众“向谁献爱心”的争论，这说明不从公众利益出发的决策必然是失败的。

2）形象公共关系活动缺乏必要的准备

组织要取得以塑造形象为目的的公共关系活动的成功，就得做好公共关系活动的前期准备工作，准备工作做得越充分越扎实，公共关系的成功率就越高，如果组织缺乏必要的准备，或者准备不周，都有可能引发危机，使好事变成坏事。

3）组织忽视与公众的信息交流

通过组织与公众之间的信息交流和思想交流，可以优化组织结构，增进人际关系的和谐，取得公众对组织活动的谅解和支持，所以传播沟通对组织至关重要。但恰恰有些组织犯了无视沟通或传播沟通意识淡薄的毛病，从而酿成组织公共关系危机。疏于传播沟通主要表现在：重视纵向的关系而忽视横向的关系，线条比较单一，缺乏双向传播的主动性，满足于上通下达和组织的自身评价，对外界发展变化缺乏迅速反应和反馈的机制；在工作方法上不愿意向公众宣传自身建设的情况，不愿意在平等的地位上与公众进行协商、交流，习惯于号召式的宣传，懒于做琐碎的沟通工作；组织发布信息不及时、缺乏针对性，使公众不能及时地了解所需要的信息等。可以说，在信息爆炸、多渠道发布、不负责任地发布从而造成误会频起的市场经济社会，“沉默”对组织来说不再是“金”。

4）忽视公共关系调研，损害组织声誉

调研是公共关系运转的四个程序中最重要的一步，是制定公共关系计划，开展形象公共关系活动的基础，这就犹如中医看病必须“望、闻、问、切”一样，缺乏“调研”会贻误公共关系良机，使公共关系出现偏差，使“病症”加剧，给组织带来不必要的麻烦，使之陷入公共关系危机之中。

7.1.2 组织外部环境成因

外因是变化条件。任何组织所处的环境都是异常复杂的，某一方面发生变化，尤其是突如其来的变化，会给组织以重击，使组织陷入困境，处于公共关系危机之中。因此，组织必须保持清醒的头脑，预知“春江水暖”，在危机面前争取主动。以组织为例，公共关系危机产生的外部环境原因包括如下几个方面。

1. 组织恶性竞争

组织恶性竞争即组织不正当竞争，指在市场经济活动中，违反国家政策法令，采取弄虚作假、投机倒把、坑蒙拐骗等手段谋取利益，损害国家、生产经营者和消费者的利益，扰乱社会经济秩序的不良竞争行为。组织受到外部其他组织不正当竞争冲击，使本组织面临严重的经营危机和信用危机，从而引发组织公共关系危机。在现实生活中，一些不正当竞争者或散布谣言肆意损害竞争对手的形象，或盗用竞争对手的名义生产假冒伪劣产品，或进行比较性广告宣传有意贬低竞争对手的能力，或采取恶劣行径严重扰乱竞争对手的经营秩序等，这些恶性竞争行为，都可能导致组织出现严重的公共关系危机。

2. 政策体制因素

国家经济管理体制和经济政策是组织难以控制的外部因素，它对组织的经营和发展产生重大影响和制约作用。一般来讲，任何组织都希望国家经济管理体制和经济政策有利于本组织的生产和发展，但这些希望在某些特定情况下又总是不可能完全达到的。如果政策对组织发展不利，那么组织就可能在经营活动中遭遇很大风险，出现严重问题，甚至陷入一种欲进不能、欲退不忍、欲止不利的困境。在这种情况下，出现暂时的公共关系危机是完全有可能的。特别是由于传统的经济体制约束，传统经营观念的影响以及行业封锁、产品垄断等种种弊端，组织甚至可能被逼向绝境。

3. 社会公众误解

公众对组织的了解并不都是全面的，有的公众会因信息的缺乏或听信一面之词对组织产生误解，尤其是当组织在产品质量、原料配方、生产工艺、营销方式、竞争策略等方面有了新的进步、新的发展、新的探索时，公众可能一时还不能适应，或一时认识跟不上，用老观念、老眼光，主观判断，草率下结论，更容易造成危机事件。公众误解包括几个方面：一是服务对象公众对组织的误解；二是内部员工公众对组织的误解；三是传播媒体公众对组织的误解；四是权威性公众对组织的误解等。无论是哪一类公众对组织的误解，都有可能引发组织公共关系危机。特别是传播媒体公众和权威性公众对组织的误解，更可能使误解范围扩大，程度加深，形成极为不利的舆论环境，给组织带来严重的公共关系危机。

由于组织无法预测未来市场中可能发生的破坏性事件，所以组织唯一的做法就是居安思危，未雨绸缪，精心地经营好每一天。由于危机的不可预测性，建立危机预警系统势在必行。危机预防需策划应变措施，建立危机预警系统，及时捕捉组织危机征兆，以便为各种危机提供切实有利的应对措施。

小　结

本节公关危机的成因主要阐述了两方面的内容：导致危机的内部成因和招致危机的外部影响。内部成因包括：组织自身素质低下、管理不规范、经营决策失误、法制观念淡薄和公关行为失策等。外部原因有：组织之间的恶性竞争、政策体制不利和公众误解等。

思考题

1. 什么是公关危机？
2. 引发组织公关危机的外部原因是什么？
3. 造成组织公关危机的内部因素有哪些？

7.2 公关危机的类型

准确判断和认识公共关系危机的类型，是成功处理公共关系危机必不可少的重要前提。

7.2.1 按公关危机存在的状态分类

> **课堂互动**
>
> 讨论：你认为某航空公司暴力驱逐亚裔乘客这起危机事件属于哪种类型的公关危机？

按公关危机存在的状态分类，有一般性危机和重大危机。

1. 一般性危机

一般性危机主要指常见的公共关系纠纷。对一个社会组织来说，常见的情况有：内部关系纠纷、消费者关系纠纷、同业关系纠纷、政府关系纠纷、社区关系纠纷等。从某种意义上来说，公关纠纷还算不上真正的危机，它只是公关危机的一种暗示、信号或征兆。如果处理及时，做好工作，就不会发展转化为公关危机，以致造成危机局面。

虽然不是所有的公关纠纷都会转变为重大危机，但它带给组织的危害却是不可忽视的：轻则降低企业的声誉，影响产品销售，造成企业形象损失；重则可能危及企业的生存和发展。对于公众来说，内部纠纷不利于团结，会挫伤成员的积极性，降低管理人员的威信，甚至可能导致企业的绩效下降，使内部公众蒙受物质与精神两个方面的损失。与外部的纠纷，可能会损害相关公众的物质利益和身心健康，对于社会来说，一起公关纠纷往往会牵涉社会各界，有时会引起地方以至全国或世界的关注，造成广泛的影响，不利于一个国家或地区良好形象的塑造。

2. 重大危机

重大危机，主要是指企业的重大工伤事故、重大生产失误、火灾造成的严重损失、突发性的商业危机、大的劳资纠纷等。它是公关人员面临的必须及时处理的真正危机，如产品或企业的信誉危机、股票交易中的突发性大规模收购等，对此，公关人员必须马上应付处理，最好在平时就有所准备。

7.2.2 按危机与企业的关联度及归咎对象分类

按危机与企业的关联度及归咎对象分类，有内部危机和外部危机两类。

1. 内部公关危机

内部公关危机即发生在企业内部，责任主要由企业内部人员承担的公关危机。它或者是发生在企业之内，或者是由该企业成员直接造成，责任主要由该企业内部成员承担。

内部公关危机主要有如下特点：

（1）涉及的范围不广，主要影响本企业的利益。

（2）责任的归咎对象是本企业的部分人，因而相对来说容易处理。

（3）引发公关危机的主体主要是本企业的领导和职工。

2. 外部公关危机

外部公关危机是指发生在企业外部，影响多数公众利益的一种公关危机。本企业只是受害者之一。

外部公关危机具有如下特点：

（1）涉及范围相对较广，受害者大多数是具体的社会公众。

（2）责任不在发生危机的某一具体的企业等社会组织及其成员身上。

（3）不可控因素较多，较难处理，需要危机的有关各方密切配合，共同行动。

从这一角度具体划分公关危机的类型时，内部和外部是相对的。因为公关危机的发生，往往内部和外部原因都有，所承担的责任也相差不多。故对某一公关危机的划分与处理必须具体分析，恰当处理。

【案例 7-1】

成都机场受阵雨天气影响，8 000 名旅客滞留机场

7月3日下午15：30至16：40，成都机场突遭阵雨天气，部分航班受影响，造成机场停航关闭1个多小时，有13个进港航班不能正点到达本场，分别备降附近机场。截至17：00，已致40个出港航班延误，有近8 000位出港旅客行程受影响，不能准点飞往目的地。

出现航班延误后，成都机场与驻场各单位启动了联动机制，迅速做好旅客的服务保障工作，通过广播、航显等将天气和航班延误信息告知广大旅客，并积极做好滞留旅客解释工作。

7.2.3 按危机造成企业损失的表现形态分类

按危机造成企业损失的表现形态分类，有有形公关危机和无形公关危机。

1. 有形公关危机

有形公关危机给企业带来的损失直接而明显，凭借肉眼可观测到，如房屋坍塌、爆炸、商品流转中交通事故等造成人员伤亡或财产损失等。近年来，我国发生的因瓦斯爆炸、透水、冒顶等造成的重大矿难就属于有形公关危机。

有形公关危机的特点主要有以下几个方面：

（1）危机的产生与造成的损失大多数是同步的。

（2）危机造成的损失明显，易于评估。

（3）危机造成的损失难以挽回，只能采用其他措施补救。

（4）有形危机的发生常常伴随无形危机的出现。

2. 无形公关危机

无形公关危机即带给企业的损失表现得不明显的危机。任何一个给企业的形象带来损害的危机，皆属于无形公关危机。如果不采取紧急有效的措施阻止，已受损害的企业的形象将使企业蒙受更大的损失。

无形公关危机具有下述特征：

（1）危机始发阶段，损失不明显，很容易被忽视。

（2）危机发生后，若任其发展，损失将会越来越大。

（3）危机造成的损失是慢性的，可采取相应的措施补救。

（4）处理这类危机需要与新闻媒介多打交道，因而必须注意方式方法。

在现实的社会中，有形公关危机与无形公关危机往往交织在一起，因此，在处理时必须同时兼顾，不可顾此失彼、有所偏颇。

7.2.4 按公关危机产生的主客观原因分类

按照公关危机产生的主客观原因分类，可分为人为公关危机和非人为公关危机。

1. 人为公关危机

人为公关危机即由人的某种行为引起的危机。对于一个企业来说，产品设计欠科学、生产工艺设计不合理、配方有问题、原材料不好、有关工作人员离岗或不尽职守、工厂的安全保卫不力、财产管理不善、有人故意破坏等造成的危机，就属此类。人为公关危机会造成人员伤亡或财产的重大损失。

人为公关危机具有两大特点，即可预见性和可控制性。就是说，平时采取相应的有效的措施，有些危机是可以避免或减轻损失的，在一定程度上也是可以控制的。

2. 非人为公关危机

非人为公关危机是指不是由人的直接行为造成的某种危机。对于一个企业来说，引发非人为公关危机的事件主要是指自然灾害，如地震、洪涝灾害、风灾、雹灾等。

非人为公关危机有如下特点：

（1）大部分无法预见。

（2）具有不可控性。

（3）造成的损失通常是有形的。

（4）容易得到社会各界和公众的同情、理解与支持。

7.2.5 按公关危机的外显形态分类

根据公关危机的外显形态分类，可分为显在危机和内隐危机两类。

显在危机是指已经发生的危机，或危机趋势非常明显，爆发只是时间问题。内隐危机是指潜伏危机。与显在危机相比，内隐危机具有更大的危险性。例如，20世纪80年代末期，由于当时我国核桃质量出了问题、交货不及时，英国商人把原发往欧洲市场的中国核桃转卖给埃及，改从美国进口，这意味着西欧这一传统的中国核桃市场将被美国挤掉。表面上看，英国拒绝中国核桃进入欧洲市场并转手处理给埃及，是显在危机，但改用美国核桃长期供应原属中国的传统客户，则是内隐危机，是“核桃事件”的主体危机。

除上述类型以外，还有一些其他的划分方法与类型，如依据危机的性质，可将危机分为灾变性危机、商誉危机、经营危机、信贷危机、素质危机、形象危机、环境危机和政策危机等；按照危机的成因，可将危机划分为组织行为不当引起的危机、突发性灾难事件引起的危机、舆论的负面报道引起的危机、竞争对手或个别敌对公众故意破坏引起的危机等。

学会识别公关危机的类型，掌握不同公关危机的特征，将有助于公关人员进一步认识和理解公关危机处理的意义，把握好公关危机处理的基本原则。

小　结

本节公关危机的类型详细介绍了按照五种不同的标准对公关危机进行的分类：按公关危机存在的状态分类，有一般性危机和重大危机；按危机与企业的关联度及归咎对象分类，有内部危机和外部危机；按危机造成企业损失的表现形态分类，有有形公关危机和无形公关危机；按照公关危机产生的主客观原因分类，可分为人为公关危机和非人为公关危机；根据公关危机的外显形态分类，可分为显在危机和内隐危机。

思考题

1. 按照公关危机产生的主客观原因分类，公关危机分为哪些类型？
2. 举例说明什么是内隐危机。
3. 举例说明哪些危机属于重大公关危机。

7.3　危机处理的基本原则

公关危机发生后，组织必须在第一时间着手处理，同时注意把握危机公关的处理原则。

7.3.1　及时性原则

及时是处理危机的首要原则。信息时代，危机的爆发和传播速度惊人，拖延时间会让公众对组织失去信任，如不及时控制，就有可能失去对全局的把握。所以，组织必须在最短的时间内迅速做出反应，成立危机处理小组，了解危机事件的全貌，与媒体和公众进行沟通。

7.3.2 承担责任原则

发生事故，公众和社会遭受损失，必然会产生强烈的不满情绪。有些组织在发生危机，受到媒体的批评和公众指责时觉得非常委屈，尤其是事件初发阶段，原因尚未查明，社会舆论往往会一边倒。这时候组织应该勇敢地为这个错误道歉，并承担起相应的责任，如果是受害者的过失，也不要急着追究其责任，而应该及时向受害者、消费者表示歉意，以表达组织的诚意，争取公众的谅解，从而赢得舆论的广泛理解和同情，同时也避免在真相查明之前事态进一步恶化。必须知道，公开道歉并不一定是坏事，它反而会获得媒体和公众的理解和欣赏，即使责任不在自己，也可以向公众展示良好的组织形象。

7.3.3 真诚沟通原则

组织在处于危机漩涡中的时候，它的一举一动都会受到公众和媒体的关注，越是隐瞒真相越会引起更大的怀疑。面对危机，应尽快向公众说明情况，并致以歉意，从而体现组织勇于承担责任、对消费者负责的组织文化，赢得消费者的同情和理解，同时，要对公众抱着诚心诚意的态度，要以消费者的利益为重，不仅不回避问题和错误，还要及时向公众说明事件的进展情况，并勇于纠正，这样就可能争取公众的谅解，从而促使他们也采取合作的态度。

7.3.4 一致性原则

危机发生后，组织面对危机所做的任何反应，都必须保证前后所提供的信息一致。如果组织发布的信息前后矛盾，媒体会对组织发布的信息产生疑虑，甚至不信任。最好的办法是指定一个发言人，让组织只有一种声音对外，这样可以避免因多种声音对外而说法不一。对于第一线的工作人员要进行一些专业训练，给他们一定的授权，让他们知道应该怎么做，以最快的速度解决危机中的问题。

7.3.5 未雨绸缪原则

任何组织文化在发展过程中都不可能一帆风顺，各种风险与突发事件会随时袭来。每一种危机不论以何种形式出现，都会对组织构成威胁。任何危机事件的发生总有一个渐进的形成过程，只要增强预测和防范，做好思想准备，便有可能发现潜在因素，将危机消除在萌芽状态。在危机事件发生之前，对有可能出现的潜在危机进行预测和防范，从而制定多种可选择的应变措施，是一切危机管理和危机公关的基本原则。

7.3.6 善始善终原则

危机局势得到基本控制并不意味着危机已经过去，组织还需要针对危机留下的负面影响做出一系列的补救工作。危机过去后留下的是利益的减少、设施的损坏、损害赔偿的支付、人才的耗损、组织声誉和良好形象的恶化等损失，一个危机事件结束后，组织又进入一个新的危机预防的阶段，要把已经发生过的危机事件中所暴露出的不足，以及处理危机过程中的成功经验加以总结，以评估工作、教育员工、加强危机管理意识，提高组织的防危、抗危能力。

资料卡

艾瑞克的十条危机处理原则

总是谈实际情况。

尽可能直率，不要误导和不诚实。

时刻准备好，在危机出现之前要有交流机制。不要在事情变糟时才说："我们该干什么？"

表示你的关心。说明你是有同情心的。

快速移动。不要目瞪口呆地站在那里。

做出快速的决策和调整。根据你的选择尽快行动，而不要在迫于压力时才应付。

从来不说"无可奉告"。如果你不知道实情，就谈点其他的。

对所有来自新闻媒体的访问给予回应。如果你每天不回应一条对你的指责，关于你的不利消息就会呈指数级增长。

不要躲避新闻媒体。积极地寻找机会在镜头前谈你的情况。

在你把事情搞糟以前，请求原谅，说明你正在纠正，然后按你的承诺去做。

（资料来源：[美]艾瑞克 · 亚威包姆：《如何推进公共关系》，赵连荣译，北京：组织管理出版社，2001）

小 结

本节讲述了公关危机处理的六项基本原则：及时性原则、承担责任原则、真诚沟通原则、一致性原则、未雨绸缪原则和善始善终原则。

思考题

1. 处理公关危机的原则有哪些？
2. 举例说明真诚沟通原则。

7.4 危机处理的程序

危机的管理和预防是日益被人们重视的新课题，是组织主动出击战胜危机的有效手段。

7.4.1 危机发生前

1. 危机预测分析

危机管理是对危机的产生、发展、变化实施的有效控制，为此，事先要对可能发生的危机做出预测和分析。预测包括：可能发生哪些危机，危机可能具备的性质及规模，它对各方面可能带来的影响。

公关人员需要根据组织具体情况对危机进行分类，例如按发生可能性分——A 类：很可能发生的危机，如产品质量、媒介关系、环境变化等；B 类：有一定可能但又不是很可能发生的危机，如被盗窃、合作伙伴违约等；C 类：很少发生但不是不可能发生的危机，如产品被投毒、水管爆裂等。

2. 制定应急计划

在危机发生之前应做好准备——制定完善的计划，以便一旦出现危机能即刻做出反应，这是减少危害的有效措施。计划应包括对付各类不同危机的不同方法，安排好危机中、危机后的各个工作环节中负责处理各种问题的适当人选，同时让这些人员事先了解面对不同危机时他们的责任和应该采取的措施。这项工作也涉及其他部门，所以往往是公关部难以单独完成的。

3. 成立危机管理委员会

大中型组织应设立危机管理委员会，这是顺利处理危机的组织保证。危机管理委员会的人员应包括组织领导、人事经理、工程管理人员、保安人员、公关经理、后勤部门领导等。如果组织有分支机构，每个分支机构、子公司、分厂都应向委员会派一位代表，以便发生问题时能迅速在各地协调行动；特别是当分支机构也都生产同样的产品、采用同样的质量标准、同样的购销渠道、具有同一组织形象时更有必要。

危机管理委员会的作用包括：全面、清晰地对危机发展趋势做出准确预测；确定有关处理策略和步骤；安排调配组织现有人、财、物力，明确责任，落实任务；启动信息沟通网络，与传媒及目标公众保持顺畅联络；对危机处理过程中各项工作做指导和咨询。

危机管理委员会应配置的设备与材料包括：足够的通信设备（包括内、外线电话和无线电通信工具）、各类图纸（平面图、建筑施工图、水电线路图、社区方位图等）、员工名册、重要人物的通信地址和联系电话、应急车辆和人员以及各类专用设备等，以保证危机处理能有条不紊地进行。

此外，还可以根据危机内容和可能的发展趋势，确定是否聘请外部专家介入对危机的处理，有些危机出现时，只有靠专业的、经验丰富的公关专家，才能控制灾难。

4. 印制危机管理手册

将危机预测、危机情况和相应的措施以通俗易懂的语言编印成小册子，可以配一些示意图，然后将这些小册子发给全体员工。还可以通过多种形式，如录像、卡通片、幻灯片等向员工全面介绍应付危机的方法，让全体员工对出现危机的可能性及应对办法有足够的了解。

目前，仍有很多组织不注意这方面的工作，员工长时期不了解本组织可能出现的危机，也不了解一旦出现危机应该采取什么样的措施来自救和自我保护，这是非常危险的。

5. 建立处理危机关系网

根据预测的可能发生的危机，与处理危机的有关单位联系，建立合作网络，以便危机到来时能很好地合作。这些单位有医院、消防队、公安部门、邻近的驻军、相关的科研单位、同行业兄弟单位、保险公司、银行等。平时就要互相沟通，使相关单位和部门了解组织的基本情况，以及在危机中组织会向它们寻求哪些帮助等。

6. 搞好内部培训

处理危机是公关工作中的一项重要内容，由于危机并非经常发生，所以大多数工作人员对处理危机都缺乏经验。可组织短期培训班专门对公关人员进行培训，内容包括：模拟危机，让受训学员做出快速的反应，以锻炼他们面对危机时处理问题的能力；向他们提供各种处理危机的案例，让他们从各类事故中吸取经验和教训，帮助他们在心理上做好处理各种危机的准备。危机的发生是很难预测的，因而危机管理应常备不懈，各种方案、计划、培训都不能一劳永逸，应常备常新，万万不可心存侥幸。

7.4.2 危机发生时

1. 第一时间通知政府和社区领袖

组织应将所有已知信息在第一时间通告政府和社区领袖，寻求他们的理解与支持。这类特殊公众一般都处于权威地位，如政府部门权威人士、行业专家、专业机构、消费者协会等，社会组织如能与他们保持良好的沟通与了解，他们就会采取理解、支持的立场（至少不会以反对者身份指责组织）。而且这类公众很可能会在危机中成为第二信息来源，其发出的信息对组织与公众的影响力是不容忽视的，因此，政府和社区领袖意见往往会对危机处理起到决定性的作用。

2. 尽快调查公布真相

危机发生之后，社会组织在迅速抢救受害公众，减轻危机影响程度，并尽快将最新情况告诉公众的同时，还必须尽快查明危机根源。如果是组织自身的原因，就应勇于承担过失责任，向公众道歉；如果是其他因素所致，也应将事实告诉公众，减轻组织自身的压力。

尽量邀请技术权威机构介入对危机事件真相的调查与论证，这样可提高信息的可信度，对于减少谣传、寻求传媒与公众的理解尤有好处。可惜的是，许多组织往往不能正确对待社会活动家、行业专家及专业机构的批评建议，一味强调所谓的合法性、科学性，试图尽快洗刷清白，反而给人一种漠视社会利益、逃脱责任之感，使自己更加被动。

3. 慎重处理有关人员伤亡事宜

人命关天，一旦出现人员伤亡事故，当事组织务必引起足够的重视。导致出现伤亡的危机事件不外乎三种：一种是不可抗力所造成，如地震、战争、自然灾害；另一种是人为因素造成，如投毒、纵火、操作失误；还有一种则是组织决策失误所致。一般说来，受害人员及其家属只会在第一种危机条件下能谅解组织，虽然第二种危机起因的直接责任不在组织本身，但他们还是会认为，如果组织认真负责，此类危机的发生是可以避免的；至于第三种类型，则纯属组织自身原因所致，一旦受难者家属对处理不满，就会迅速转化成敌对公众，对组织形象造成直接打击。

针对此类事件，组织具体处理方法包括：

（1）告诉他们事实真相，不隐瞒、不回避。隐瞒事实真相是一种极其危险的行为，不仅会使人们产生疑惑和焦虑，而且一旦受害者家属发现自己被骗，在愤怒的心情驱动下很可能会冲动地做出报复性举动，令组织在危机中更添危机。

（2）先以恰当的方式通知受害者家属（派专人直接告知要比电话通知的效果好），再让他们到事故现场，使之有一个心理承受过程，避免因为突然性噩耗袭击，给受难者家属造成严重的心理伤害。

（3）让家属见到死难者安详的面容。有些恶性事故往往使死难者面目全非，应请专人给死者化妆、整容，让家属得到心灵上的安慰。

（4）做好死难者家属的接待、安置工作，并给他们一个宣泄的环境（如灵堂布置、专人陪同）。

（5）在受难者家属的愤怒和不满情绪充分宣泄后，再谈赔付事宜。商议赔付时应具有足够的同情心和丰富的经验，多听取他们的意见，出现分歧也应在时间允许范围内耐心商议，直接讨价还价是最不可取的行为。

（6）切忌在法律上与受难者家属较真，除非对方蛮不讲理。争取以弱者的形象寻求舆论和民众的支持。

4. 确定组织发言人

危机突发时，公众的各种议论、舆论的不同报道，确实会造成一定程度的混乱，给人们造成一种心理紧张，甚至恐惧感，此时，应指定一名新闻发言人，代表组织向内外公众介绍危机事件真相和组织正在做的努力，让公众尽快了解事实，杜绝谣传，对事件做出分析判断，然后再采取合适的行动。

发言人是在组织面临危机时，代表组织出面向内外公众介绍事实真相和组织正在做的努力的人员。发言人可以及时地以恰当的方式公布各种信息，阻止谣言传播，使人们了解事实，以便理智地做出分析、判断。采取适当的应付措施，以维护组织的形象。

对发言人要进行培训，确保他们能全面了解组织各方面的情况，并掌握恰当准确的表达方法。发言人要对组织忠诚，发言时能切实传达领导集团的意见，态度诚恳，还应具备口才好、应变能力强等才能。

在危机过程中，组织的各类人员由于对事件的了解程度不一，往往众说纷纭，最易使事实失真。因此，必须统一信息发布口径，由专人向传媒和公众发布权威信息，以减少外部谣传对组织形象的冲击。

【案例 7-2】

马航失联事件

北京时间 2014 年 3 月 8 日凌晨 1 时 20 分，由马来西亚飞往北京的马来西亚航空公司（以下简称“马航”）MH370 航班与地面失去联系，机上 239 人，其中包括 153 名中国乘客。2 时

40分，马来西亚苏邦空中交通管制台证实航班失联。6时30分，失联航班没能按时抵达北京首都国际机场。8时左右，马航发布航班失联官方消息。

8日下午，马航召开发布会，却比预定时间推迟两小时。发布会持续仅5分钟，发布的仍是“失去联系”的消息，也未给记者提问机会。

在失联13个小时后，马来西亚总理纳吉布表示16时将就事故情况召开记者会。但记者会又因故推迟数小时。

8日晚，一些媒体报道，失联客机乘客名单中一名意大利乘客并没有登机，其护照于一年前丢失。意大利外交部证实，这名乘客身在泰国。9日凌晨，奥地利外交部证实，乘客名单中一名奥地利籍乘客也没有登机，其人在奥地利，2012年曾在泰国丢失护照。国际刑警组织当天下午证实，至少两本已在这一机构数据库备案的被偷护照被马航失联客机乘客使用。这一消息引发人们关于航班遭恐怖分子劫持的猜想。

3月12日，马航方面召开与失联乘客家属的沟通会。在会上，马航方面公布了领取特殊慰问金需要签订的说明。随后，特殊慰问金开始发放。

3月15日，马来西亚总理纳吉布出席发布会，并确认失联客机联络系统是被人为关闭的，而客机航线也是被蓄意改变的，卫星与飞机之间的最后一次通信为3月8日8点11分。

北京时间3月24日晚10时，马来西亚总理纳吉布在吉隆坡就有关失联客机MH370的相关进展召开新闻发布会，根据最新的分析结果，MH370客机已坠落在南印度洋，机上无人生还。纳吉布表示，25日早上会开新闻发布会公布更多细节。马航已经向家属通报了相关进展，随后纳吉布的声明结束，未透露更多细节。

媒体称，马总理宣布MH370航班在印度洋中部坠毁的结论，只是根据Inmarsat公司的海事卫星数据分析得出的，尚无残骸、黑匣子的有力佐证。在北京丽都酒店守候了十余天的乘客家属在听到马来西亚官方宣布飞机失事的消息后悲痛欲绝，但鉴于以往马方在调查事件时的反复和滞后表现，一部分家属表示不信任这一说法，只有看到飞机残骸才能确信飞机失事。

25日上午，乘客家属举着自制标语步行前往马来西亚驻华大使馆进行抗议。下午3点半，马来西亚驻华大使在丽都饭店参加家属说明会，家属对头一天马方宣布飞机坠海这一结果向马来西亚驻华大使提出质疑，马大使表示现在无法回答。家属要求大使现场给马总理打电话询问，马大使沉默，只称会转达问题。

（资料来源：根据网络资料整理）

7.4.3 危机后组织形象的重塑

1. 加强宣传，赢得理解

充分运用传媒工具进行连续性、全方位报道，将企业在危机后所采取的一系列修正措施及服务方针告诉公众，公众能真正了解组织及其行为，并能逐步对组织重新产生信任感。

2. 增加组织对社会公益的投入

可以通过倡议发起某种社会道德大讨论、积极支持社区建设、热心社会公益事业、关心社会热点问题等各种形式，通过积极参与社会活动向公众展示组织回报社会、服务社会的良好形象。

3. 密切与政府、权威机构和意见领袖的关系

积极参与地方建设，充分重视权威部门的监督、检查并争创优秀。以讲课、座谈等方式邀请著名人士和意见领袖为组织出谋划策，以充分利用他们的影响力，为组织“正名”。

危机本身是一件令人头疼的事，但同时它也是一个机会，就公共关系而言，是一次让组织决策者理解公关，重视公关的机会；就组织而言，则是一次让组织形象提升到一个新层次的机会，这就是危机管理的目的所在。

小 结

本节公关危机的处理程序主要介绍了危机发生前、危机发生时和危机发生后三个阶段进行的公关工作。危机发生前要进行危机预测分析、制定应急计划、成立危机管理委员会、印制危机管理手册、建立处理危机关系网及搞好内部培训；危机发生时第一时间通知政府和社区领袖、尽快调查公布真相、慎重处理有关人员伤亡事宜并确定组织发言人；危机发生后通过加强宣传，赢得理解，增加组织对社会公益的投入，密切与政府、权威机构和意见领袖的关系，重塑组织形象。

思考题

1. 公关危机的处理程序是怎样的？
2. 若在公关危机中发生了人员伤亡事件，组织应如何应对？

7.5 网络公关危机的应对

在21世纪的今天，网络作为一种大众媒体，其重要性日益得到重视，组织通过网络可以更好地宣传自身及产品，甚至利用网络完成企业经营中的一些重要职能，例如采购、支付、售后服务等。而公众通过网络可以更便捷地了解组织和产品，满足自己的消费需求。但是，正是网络传播的一些特点，为网络危机的产生提供了温床，使得网络成为组织经营的一把双刃剑。全球约有高达 20%的企业曾因为网络攻击而产生企业危机。为此，如何防范和化解网络危机是每个组织都必须重视的新课题。

7.5.1 网络公关危机的表现形式

1. 网络谣言

网络谣言是网络上十分常见的对组织有很强杀伤力的网络危机。造谣者出于娱乐、发泄或商业竞争或政治斗争的需要而散布网络谣言。例如，肯德基曾经深受网络谣言之苦，该谣言声称肯德基是用转基因工程培育的快速成长的无头鸡为原材料的，该谣言在世界各地传播

开来，对肯德基的名誉损害不小。

2. 病毒及黑客攻击

这是使组织网站及相关经营职能陷入停滞的常见原因。例如，黑客攻击等著名电子集团官方网站，导致首页出现许多辱骂言论，该集团只得更换网络域名指向才挽回局面。

3. 一般性事件的升级

一般性事件是指组织生产和经营中发生的个别产品问题或者服务的纠纷。一般性事件可经由网络扩大升级，是一种常常被组织忽视或反应缓慢的网络危机。

【案例 7-3】

"QCS 面膜致人死亡"

2012 年 8 月，福州约 40 岁的金女士，使用 QCS 一款珍珠美白面膜后全身发红，嘴唇发紫，送医院后不治身亡，据称是"因面膜有毒"，于是乎，网上谣言四起。

事发后，QCS 首先立即在官方微博上推出："各位粉丝，相信大家有留意近日 QCS 面膜事件，目前此事件仍在调查当中，小 Q 特作以下声明，并承诺会一如既往提供优质产品，希望大家继续支持小屈。"

接下来，对此次事件做了进一步的处理：

1. 公司立即成立危机公关处理小组，对这次的事件进行调查和处理。

2. 为了将此次事件的负影响降到最低，QCS 在 12 小时内召开一个新闻发布会，将该款面膜的权威认证、合格证书等公示给媒体，并把发布会内容在腾讯、微博、新浪、央视等多媒体上进行宣传。

活动一：家属处理方案

不管最后面膜致死的结果与 QCS 有没有关，QCS 都应该第一时间派人到福州去慰问死者的亲属，安抚他们的情绪，同时可给予适当的帮助。

活动时间：2012 年 08 月 14 日

活动二：消费者处理方案

邀请专家和学者进行访谈，并以现场开通免费拨打电话、短信、QQ、微博的方式让有疑虑的消费者进行现场提问，由专家现场作答。

活动时间：2012 年 08 月 16 日

活动地点：央视直播

（资料来源：根据网络资料整理。）

7.5.2 网络危机的特点

网络危机的特点可以结合网络时代传播的特点理解如下：

1. 传播的即时性

网络传播速度特别快。一则信息可以在很短时间内被全球多个不同网络传播平台予以发布，一分钟前被新浪刊出，一分钟后就可以被搜狐、网易等转载。再过一分钟就有可能在诸如天涯、凯迪、猫扑等社区引发讨论，再过几分钟就有可能在网上被传得铺天盖地，可能几十分钟后，就传遍了世界。

2. 传播内容的不可控性

网络传播内容难以控制。互联网传播不同于传统传播模式，过去是少数传统媒体才有传播机会，一条信息要经过不同编辑层层审核才会发布，而互联网上面有大量论坛、博客、各种类型的网站，这些地方都可以发布信息，互联网上还有各种聊天室、即时通信工具等，也可以瞬时把信息传播出去，这些情况下出现什么样的信息，完全是无法控制的。

3. 话语权相对平等

互联网不同于传统传播模式的非常重要的一点即话语权平等。当然这个平等是相对而言的，在传统媒体环境下，只有媒体才有信息发布权，而在互联网环境下，谁都可以表达看法。网络媒体的开放性、互动性、全民性，使信息传播的权力、舆论的批评权力开始从机构向个人过渡，网络使个体张力无限扩大，一个默默无闻的人可以在网上批评一个著名企业，而他的批评言论还有很大机会被广泛传播，这在传统传播模式下是不可想象的。

4. 信息的长期残留性

在互联网上即使问题得到了解决，负面信息也会遗留在互联网上。而且很容易让网民找出来，这样就会一直影响企业的形象。而传统媒体、广播电视一般是播报过后信息就消失了，对报纸杂志而言，一般的读者也不会经常去找以前的资料。而网络不同，随着搜索引擎的出现和技术的提高，很久以前的信息也很容易被网民找到。

由于互联网是一个新生事物，它具有很多与传统模式不同的特点，同时由于出现时间比较短，很多企业在应对经验和策略上都存在很大不足。因此，在互联网时代，保持企业形象和危机管理变得越来越重要。

7.5.3 网络公关危机的应对

1. 网络公关危机的预防

面对网络环境下传播模式的巨大变革，组织应对危机的传统公共关系策略遇到了空前的挑战甚至颠覆。如何有效地建立并完善应对网络危机的公共关系策略成为摆在组织面前的重要课题。在组织日常运营中，应加入防范网络危机的工作，使得防范网络危机日常化、制度化，力求在机制上减少危机或者快速发现危机。

组织有必要在公共关系部门或者网络部门下设网络安全专员，统筹组织日常的危机防范工作以及危机发生时的公共关系策略安排和资源配置。同时组织还需建立完善网络危机监测体系，把网络危机监测纳入经营活动中，防微杜渐，最大可能地在危机还没有扩散的时候消灭它。危机来临前就建立和健全网络危机处理应急预案，充分考虑网络危机发生时可能出现的状况，提前制定危机发生时将要采取的措施、方法和人员的安排。组织还应定期进行网络安全培训以增强员工的网络危机预防意识，熟悉网络危机应急的步骤和任务，在危机发生时可以更好地配合网络安全专员的工作，形成解决危机的合力。

2. 网络公关危机的处理

1）成立危机管理小组

组织高层领导为组长，网络安全专员牵头，成立由网络技术部门、生产部门、公关部门、服务部门和法律部门等各方组成的网络危机管理小组。

2）发表组织声明或者道歉

在网络危机袭来之时，组织必须发表官方的声明以正视听，以起到拨乱反正、澄清事实的作用。组织发表官方声明和道歉的形式有：召开新闻发布会；在官方网站提供声明网页，并以首页链接或者自动弹出的方式出现；向主流报纸、电视台、专业杂志以及主流网络媒体发送声明新闻稿，并且利用与媒体的关系使声明在相关媒体显著位置出现；在主流讨论区和论坛发表官方声明贴，可能的话使之置顶显示。

3）采取实际行动

对于网络病毒以及黑客攻击，可以采取的行动有：迅速组织技术力量进行维修，力求尽快维护网络和服务；承诺加强网络维护的人员、技术和设备，给消费者和网民以信心；配合公安机关追查攻击来源，必要时运用法律武器维护自己的权益。

对于网络谣言，组织可以说明事实真相，必要时可以提供权威部门的质量检测报告等；指出谣言的不实之处及谬误，揭露谣言的险恶用心。

3. 网络公关危机后的传播

在网络危机解决后，组织要通过各种网络媒体让这些信息分散在互联网上，这样可以让将来网民借助搜索引擎进行搜索相关信息时，不至于搜索到的仅仅是一堆负面信息。

小　结

本节网络公关危机的应对主要介绍了三个方面的内容：第一是网络公关危机的表现形式，主要包括网络谣言、病毒或黑客攻击以及一般事件升级。第二是网络危机的四个特点：传播的及时性、传播内容的不可控性、话语权的相对平等以及信息的长期残留性。最后，应对网络危机要注重在危机前加强防范，及时处理危机，注意危机后的正面信息传播和宣传。

思考题

1. 举出一则新近发生的网络公关危机案例。
2. 网络危机如何预防？
3. 网络危机有何特点？
4. 网络危机怎么应对？

第 8 章　公共关系语言

一言之辩，重于九鼎之宝；三寸之舌，强于百万之师。

——《战国策·东周》

说话周到比雄辩好，措词适当比恭维好。

——弗·培根

➔ 本章导入

公共关系就其本体而言是一种交流、沟通、劝说活动。而交流、沟通、劝说又常常用“传播”两字来涵盖。传播一般离不开语言的运用，通常认为，语言可以分为两类：一类是口头语言——人际传播除书信及电子邮件以外往来的语言,另一类是书面语言——大众传媒和书面语言。

通过本章的学习与练习，同学们掌握公关语言的基础、公关语言的形式与公关语言的运用原则；能熟练地按照规范和习俗，进行恰当的日常语言运用、公关演讲、公关谈判。

学习目标

1. 掌握公共语言的基础和基本要求。
2. 掌握公关语言的形式与运用原则。
3. 掌握公共关系语言的一般方法，谈话中能正确地“说”与“听”。
4. 掌握公关演讲中语言的基本要求，能进行公关演讲。
5. 掌握商务谈判中公关语言的要求，能进行商务谈判。

开篇案例

家乐福某店面对广告歧义的公关态度

1998 年 4 月 17 日下午，在开张仅十天的重庆“家乐福江北金观音店”，一大批顾客突然向饮料货柜拥去，抢购 1.25 升装的百事可乐。但是，当顾客按每 2 瓶 2 元的价格付款时，收银员却不知所措。

事前，商场准备开展为期三天的特价酬宾活动，其中1.25升的百事可乐售价5元，同时赠送一听价值2元的天府可乐。为何顾客以2元买2瓶可乐呢?原来，当天重庆某报上刊登了一则“家乐福”特价酬宾广告，广告说，在数十种商品中，“百事可乐”原价5.00元，现价买一赠一（2.00元）。由于广告有歧义，造成顾客理解与商家原意不符。

就在顾客与收银员为价格僵持不下时，“家乐福”江北店店长，法国人布拉松只说了一句话：“尊重顾客的意愿。”

上百人一会儿就把500件百事可乐购买一空，商场马上调货补充，并调集保安人员维持秩序。最后，为不影响整个商业环境的平衡，商场不得不每人限购两瓶，并在本市报纸上发出启事对原广告修正，才将问题圆满解决。

显然，金观音店卖出的百事可乐大大低于成本价。问及该店损失，布拉松却说：“我不在乎利润的损失，我的宗旨是顾客满意为先。”

入门问题

1. 公关人员需要有较强的语言表达与人际沟通能力吗？为什么？
2. 公关语言的形式（类型）有哪些？请举例说明。
3. 日常生活和工作中，与人交谈时你觉得有哪些注意事项？
4. 如何增强自己说话的魅力与吸引力？
5. 公关演讲与公关谈判的语言要求各自有哪些？

请你先不要急着往下看，试着回答以上问题。

8.1 公共关系语言概述

公共关系语言是指公共关系主体在进行公关传播过程中所使用的一切具有意义的符号。本节我们主要从公关语言艺术的角度加以学习，而公关语言艺术就是指在公共关系实践活动中，活动主体在公共关系基本原则和语言理论的指导下，创造性地使用语言而表现出来的给人以美好感受并能取得良好效果的各种方法和技巧。

8.1.1 公关语言的基础

公关语言基础包括：逻辑基础、心理基础、文化基础。

1. 公关语言的逻辑基础

> **课堂互动**
>
> 讨论：什么是逻辑学？我们为什么要学习逻辑学？

逻辑学是研究正确使用概念、判断、推理等思维形式的科学。人对客观事物的认识分为感性认识和理性认识。感性认识以直接性和具体性为主要特点。理性认识以间接性和概括性为主要特点。概念、判断、推理是思维的基本形式，是理性认识的基本方式。

（1）概念与语词：概念是反映客观对象本质属性的思维形式。概念是思维的基本单位，表达概念的语言形式是语词。概念的主要逻辑方法：定义、划分、限制、概括。

（2）判断与语句：判断是对客观事物的性质或关系有所断定的思维形式。判断的准确性表现在逻辑常项，即量项、联项、连接词的运用问题上。

（3）推理与复句：推理是由一个或几个已知判断推出另一个新判断的思维形式。推理与其语言表达形式有时会出现不对应，主要体现在语言表达形式省略、顺序颠倒和前后联结方面。

按照推理的前提数量可以分为直接推理、间接推理；按照推理的思维进程方向又可以分为演绎推理、归纳推理。常用推理规则有：直言三段论的推理，即每个三段论只能有三个不同的概念，中项在两个前提中至少要周延一次，在前提中不周延的概念到结论中不得周延；假言推理，即两种类型——充分条件的假言推理、必要条件的假言推理；选言推理，即两种类型——相容/不相容关系的选言推理和归纳推理，即从个别性的前提推出一般性结论的推理。

思维规律往往会影响语义表达，我们需要注意以下几个逻辑规律——

同一律：违反同一律，会犯“偷换概念”，或“混淆概念”的错误。

矛盾律：违反矛盾律，出现“自相矛盾”的逻辑错误。

排中律：违反排中律，会犯“模棱两可”的逻辑错误。

充足理由律：违反充足理由律，会出现理由虚假、理由不充分或违反推理规则的逻辑错误。

2. 公关语言的心理基础

1）什么是心理

个体心理是由心理过程、心理状态、心理特征、心理倾向性和心理构成物共同组成的复杂现象。心理过程是就心理现象的过程性和动态性而言的；心理状态是就心理现象的相对静止性和稳定性而言的；心理特征是就心理现象的持久性和重要性而言的；心理倾向性是就心理现象的动力性而言的，主要包括需要、动机、兴趣、理想等；心理构成物是指心理的内容，包括个人的知识、经验、技能、习惯、见解等。

2）公众的心理特征

心理特征由个性心理特征（稳定性和独立性）、角色心理特征（变化性和伸缩性）、群体心理特征（凝聚性和排他性）三部分构成。

> **课堂互动**
>
> 讨论：个性心理特征主要包括哪几个方面？测试并认识自己的气质、性格。

（1）公众的个性心理特征：指表现在公众个体身上的最稳定、最根本的心理特征，主要包括能力、气质和性格。

（2）公众的角色心理特征：性别、年龄、职业、文化程度。

（3）公众的群体心理特征：认同意识、归属意识、整体意识、排外意识。

3）公众的心理倾向

公众进行选择活动时的思考内容与需要、动机、兴趣、价值观等心理倾向密切相关。

4）公众的自我倾向

自我倾向指个体对自身以及自身与外部环境关系的认识、评价、态度等心理倾向。强调自身的主体地位，即“纯粹自我”或“主观的自我”；强调环境的制约作用，即“经验的自我”

或“客观的自我”。

按构成自我的要素分为：生理的、社会的和精神的自我。

5）公众的心理定式

心理定式：心理上的“定向趋势”，它是指在一定社会条件下，人与环境相互作用。其特点表现为：自发性、内隐性、稳定性、能动性、规范性、综合性和变化性。

形态：指其表现形式，主要有模仿、暗示、感染、从众、服从、时尚、舆论、流言和风俗习惯等。

类别：表现在认知、情感、意志和行为方面。有微观与宏观之分，微观心理定式就是指具体事件中表现出来的综合反映当事人心理素质的心理定式；宏观心理定式就是指一定范围内人们群体的、积淀深厚的、作用广阔的心理定式。此外还有流行心理定式，即在内容和指向方面具有较明显的可变性，往往是风靡一时，轰动面广，但很快无影无踪。时尚和流行就是流行心理定式的典型表现。

3. 公关语言的文化基础

1）文化的含义及构成

广义上讲，文化是指人类在社会实践过程中所获得的物质、精神的生产能力和创造的物质、精神财富的总和。狭义上讲，文化是指精神生产能力和精神产品，包括社会意识形态：自然科学、技术科学、社会意识形态等。它是一种社会现象，有历史的连续性（新文化不可能脱离旧文化而产生）和民族特征。我们通常认为它由物质文化、精神文化、行为文化三部分构成。

2）文化与语言密切相关

语言与文化相关的特点表现在：语言是文化的行为工具；语言是文化传播的载体；语言是文化的表现形式；语言本身就是一种文化。

3）文化背景与语言沟通

文化背景与语言沟通主要体现在语言与文化的相互补充和相互差异两方面。语言与文化相互补充，即传播的双方是处于同一文化背景下的成员，这种传播叫作同文化传播。语言与文化的相互差异，即跨文化传播中语言与文化的差异，主要表现在文化差异导致不同语义、语言不对应而出现的心理准备状态。

8.1.2 公关语言的形式

1. 有声语言

有声语言是公关语言的基本形式，指以音和义结合而成，以说和听为传播方式的口头语言。

1）含义

有声语言是指用现代汉民族的共同语表达，适合社会交际的语言环境，语意相对确定的口头语言。

2）特点

有声语言主要有音义结合的相对性，思考表达的同步性，瞬息即逝的短暂性，信息反馈的迅速性，语体风格的简洁性，历史长、应用范围广等特点。

此外，没有口头语就不会有书面语言，体态语言、辅助语言的表意功能也都依赖于有声语言。

3）类型

有声语言分为会话语言和独白语言两类。

会话语言是指在两个或两个以上人员之间进行的交谈语言。特点——依赖语境；随意发挥。

独白语言是指由一个人讲供众多人听的有声语言。特点—— 指向明确；条理清晰；利于引导。

2. 体态语言

体态语言又称态势、动作、行为、形体、身势和无声语言。

1）体态语言的含义与特征

体态语言是公关语言的一种类型，它是与体态意义相结合，以表现与观察为传播方式的语言符号。

体态语言有综合性与交叉性、真切性与直观性、多样性与丰富性、先天性与经验性、民族性与文化性、含蓄性与模糊性等方面特征。

> 课堂互动
>
> 小游戏：让你的身体会说话
>
> 同桌之间，一位同学做表情、动作，一位同学猜；完成后互换。

2）体态语言的功能

体态语言主要有增加语言的表现力、表达的含义更明确、表达情感更真挚、昭示或掩饰内心情绪、传递反馈信息、体现气质风度等方面的功能。

3）体态语言的类型

体态语言可以分为动态体语与静态体语。

动态体语是指人体在某场景中通过动态姿势所表示的无声语言，包括手势语、身势语、表情语、接触语等。

静态体语是指通过无声的静止体态来沟通信息的一种无声语言，包括沟通者的姿势语和沟通中的界域语（空间）。

3. 辅助语言和标识语言

1）辅助语言

伴随性和辅助性是辅助语言的基本特征，它主要包括：

（1）语调：指一句话里能够表达说话人的态度或情感的语音高低轻重的配置。包括高升调、降抑调、平直调、弯曲调等。

（2）语速：语流的速度。语速的快慢与习惯、年龄、感情、节奏等因素相关。

（3）重音：根据表达思想的需要特意把语句中的某个词语说得特别重或特别长。

（4）停顿：讲话过程中的短暂停歇。

（5）笑声：是人类的功能性发声。

2）标识语言

标识语言是指能够通过视觉识别其含义的图形和符号系统。它主要有字体标志、图形标志和组合标志三种类型。

标识语言的构成方法有：

（1）具象表述法：用形象化的图案直接表示意思的方法。
（2）象征会意法：借助某种具体形象或图形来象征所要表现的内容。
（3）抽象表征法：用抽象的图案或造型来表现所指事物。
（4）文字标识法：直接用文字的变形作为企业标志。

资料卡

乘务员客舱服务语言技巧

“欢迎登机 Vs. 欢迎乘机”

这里只有一个字的区别，改变源于一次航班延误。我搭乘同事执行的航班，在登机过程中同事在登机门欢迎客人：“您好，欢迎登机！”已经饱受等待煎熬的客人没好气地回了一句：“登机，登基，做皇帝呀！延误这么久！”紧随其后的我，虽觉这句话很好笑，但也觉得难受。后又一次搭乘其他公司的航班，乘务长说：“您好，欢迎乘机！”一个字的改变，让人顿感新鲜。登机只是一瞬间的过程，乘机却是在航班中的全过程。

“你想要什么 Vs. 您喜欢什么”

在航班中提供餐饮服务时，乘务员会向客人介绍：“我们有红烧牛肉饭、宫保鸡丁饭……您要点什么？”“我要 XX 饭。”这是一次程序化的服务。在客舱里乘务员问外国友人时，我们的用语是“Would you like ……”。“like”是喜欢的意思，把想要点什么，变成喜欢什么，试一下，客人的感受就是不一样。

“请等一下 Vs. 好的，马上来”

餐饮服务后，用餐快的客人希望乘务员马上清理餐桌。可惜乘务员没有三头六臂，在忙碌的同时基本会对客人说“请等一下”。听到这句话的客人会有些失落，等一下，等多久？换一种回答：“好的，马上来。”客人会觉得很好，“她马上就会来。很快就可以解决我的餐桌的问题了！”

“您有事吗 Vs. 我可以帮您做什么”

有一次，航班中客舱里的呼唤铃响起时，乘务员对客人说：“您有事吗？”“没事，好玩的！”双方都不高兴。从服务者的角度，变换一下：“我可以帮您做什么？”如果您是客人，会觉得哪样好呢？

“您小心哟 Vs. 请注意安全”

同样是提醒客人注意安全的话，不同文化背景的客人听起来就会有差异。曾有航班中的港台客人听到这句话后提示我：“在我们听起来，可能会觉得是在受威胁。”在不安全的状态的时段用一句“请注意安全”来提示客人会更加专业。

小小一句话，一个字的变换就会给客人带来不同的感受。

8.1.3 公关语言的应用原则

公关语言应用原则：指公关主体在应用公关语言与公众进行交流沟通的过程中，为了增强传播效果，实现传播目的而应该遵循的基本准则。公关语言应用原则有：言由旨遣、言贵情真、言因客异、言随境迁。

1. 遵循公关的基本原则

（1）以总原则为指导方针：公关必须以公众利益为目标、以公众研究为根据、以客观事实为基础、以科学理论为指导。“公众利益”是公关的核心和出发点。

（2）以实践原则为行为规范，公关的实践原则体现为真实信用、平等互利、统一协调和整体效益原则。

（3）以具体活动原则为准绳。

2. 言由旨遣

言由旨遣是指公关语言的应用必须具有明确目的，公关语言应用目的主要有：

（1）传播信息，这是公关活动的最基本目标。

（2）联系感情，这是公关活动的基础性工作。

（3）改变态度，这是公关活动的主要目标。

（4）引起行为，是指组织通过传播沟通，最终引起公众对组织有利的行动。它是公关活动的最高目标。

言由旨遣原则的应用：传播信息、联络感情、改变态度、引起行为，这些既是公关活动目标，又是公关传播的四个层次。

3. 言贵情真

言贵情真是指为了实现目的，公关语言的应用必须有真情实感，以情动人。坚持言贵情真的原则体现在：尊重公众、体现真诚、自然得体。真诚主要表现为对公众的理解和同理心；而公关语言的自然得体主要体现在交往过程中的称呼与口吻两个方面。

4. 言因客异

言因客异是指公关语言的应用必须区别公众对象，针对不同的公众或公众的不同情况采取不同的表达方式。

1）言因客异的理论基础

公关语言的应用必须考虑如何满足公众利益。公众的性质是分辨公众、确定公众，有针对性地开展公关活动、应用公关语言的重要依据。

2）区别公众的主要标准

（1）按照公众的变化过程可以分为非公众、潜在公众、知晓公众和行动公众。

（2）按照公众对组织的态度可以分为顺意公众、逆意公众和中立公众。

（3）按照公众对组织的重要程度可以分为次要公众、边缘公众和首要公众。

此外，我们还可以按照公众所面临的具体问题和公众的基本需求（物质需求和精神需求）来进行分类。

3）区别公众的主要内容

区别公众主要内容有思想情感、接受能力和特殊公众的心理。特殊公众的心理是指公众的内心动机与语言表述的矛盾状态，主要体现在：

（1）“文过饰非”：用对自己最有利的方式来解释当前的情景，从而进行自我掩饰。

（2）“投射”行为：将自己的动机归因于他人，通过描述别人的心情与需要来表述自我。

（3）“移置”方式：拿他人当出气筒。

（4）“压抑”行为：将动机和欲望深藏在心里。

5. 言随境迁

言随境迁是指公关语言应用须顾及语言环境，语言环境对语言的应用效果有重要影响。

1）语言环境的基本含义

语言环境即言语环境，指语言交际过程中选择语言符号表达时所依赖的前言后语、上文下文及与此相关的各种主客观环境因素。语言环境往往需介绍清楚何故、何事、何人、何地、何时、何如6个要素。

【案例8-1】

唐伯虎祝寿

唐伯虎为一老妇祝寿，其儿女欢天喜地，恭请唐伯虎为之写祝词。伯虎也不推辞，提笔写道：“这个女人不是人”，一言既出，老妇脸现怒色。唐伯虎再写“九天仙女下凡尘”，老妇由怒变喜。“生儿个个都是贼”，儿女皆惊，恨上心头。“偷来蟠桃献至亲”，结语一出，众人欢娱。真是一波三折，充满机变，令人叹为观止。

2）语言环境的特点

语言环境的特点体现在：语言目的的确定性、规范的多变性、场合的复杂性和形式的多样性。

3）语言环境对表达的作用

语言环境对表达的作用体现在：

（1）为索引语句提供指示对象。（注：索引语句是指离开语言环境不能准确理解的语句）

（2）补充省略语句表达的内容。

（3）消除语句本身歧义。

（4）判断语言的表达是否恰当。

（5）帮助理解语言表达的含义。

（6）丰富语言表达的内涵。

4）语言环境对表达的影响

语言环境对表达有着重要的影响，它会影响语言表达者的情绪、效果、表达的内容和方式以及体态语言的应用。

5）言随境迁原则的基本要求

言随境迁表现为对语言环境的选择、利用和控制等方面。

（1）时间背景的选择与利用：包括时序、时况、时段、时代、时机。

（2）空间背景的选择与利用：指地点、场合、区域、氛围等因素。我们通常把场合分为正式与非正式场合，喜庆与悲痛场合，公开和私下场合，本族与异族场合。

（3）关系环境的选择和利用：指语言表达者与接受者及其相关的人物之间的人际关系，

如事缘关系、地位关系、业缘关系与亲疏关系。

（4）狭义语境的选择利用：指交际双方口头语言表达的前言后语、书面语言表达的上下文及表达所涉及的话题背景——前言后语、上文下文、话题背景。

小　结

本节主要学习了三个方面的内容：公关语言的基础、公关语言的形式与公关语言的运用原则。

希望同学们通过本节的学习了解公共关系语言的逻辑基础、心理基础、文化基础；掌握有声语言、体态语言、辅助语言和标识语言等公关语言形式；掌握言由旨遣、言贵情真、言因客异、言随境迁等公关语言的运用原则。

思考题

1. 公关语言的基础包括哪几个方面？
2. 有哪些思维规律会影响语义明确？
3. 什么是心理定式？
4. 辅助语言和标识语言有哪些？
5. 公关语言的运用有哪些原则？

8.2　公共关系语言的一般方法

虽然公关语言有口头语言、书面语言、体态语言、辅助语言和标识语言等多种形式，但口头语言，尤其是面对面的交流和沟通仍然是最常用、最直接和最有效的方式。较强的语言表达与人际沟通技巧是公共关系人员必须具备的基本素质。本节我们主要学习交谈中的说与听两个方面。

8.2.1　谈话中的“说”

谈话包括说与听两个方面，会说也就是人们常说的有口才。对主要与人打交道的公关工作来说，好的口才是必需的。能说会道能够使你的难成之事得以实现，从而让你在社会中处处顺利；在紧要关头化险为夷，从而让你在人际交往中事事如意，在商战中左右逢源；能够使你迅速说服他人，从而赢得与他人宝贵的合作机遇；能够使你受到上司的重视，得到同辈的尊重和赢得下级的拥戴，从而让你的事业锦上添花、一帆风顺。

1. 说清楚

与人谈话最重要的一点是让他人准确无误地听懂自己的发言。因此应做到以下几点：

1）说比较标准的普通话

在公关工作，甚至是日常生活、学习和工作中，我们要养成讲普通话的好习惯，尽量不要讲方言。因为普通话是中国各地人都能听懂的一种语言。如果人人都讲普通话，就可以避免一些误会。尽量做到发音准确，吐字清晰，避免因发音问题影响对方的理解，如果确有吐字或方言等方面的障碍，可以放慢语速，确认对方能够接受。

2）用词要准确

不要用自己不熟悉的词语。比如有人会说："这种诽谤我的话纯粹是空穴来风。"意谓他人对自己的诽谤是没有根据的，但其实，空穴来风这个词出自宋玉《风赋》："臣闻于师：枳句来巢，空穴来风。"意为：有了洞穴才进风。比喻消息和谣言的传播不是完全没有原因的。说话人的理解显然与实际意思完全相反，如此使用，无疑会贻笑大方。

3）含义要明确

说话应当含义明确，不可有歧义或模棱两可，以免产生误会。例如："咱们单位里老张是长寿冠军，您排第二。可上周老张不幸去世了，所以这回该是您了！"这句话原意是说对方已取代老张成为长寿冠军了，可乍一听却以为是在说对方也要步老张后尘赴黄泉路了。可见语言明确是十分必要的。

4）要有逻辑、条理性

说话得遵循一些基本的规律以便于别人理解，比如说什么人什么时候在什么地方干什么。另外说话要遵循从大到小或从小到大，由近及远或由远及近，由弱至强或由强至弱，由轻到重或由重至轻……的逻辑顺序。每一个层面都要说得让人明白。最后，我们在谈话时必须要明确：我要说什么，对谁说，如何说（包括用什么样的态度和语气，先说什么，再说什么，最后说什么等）。

> **课堂互动**
>
> 讨论：一家旅行社准备专门针对在校大学生开辟一条旅游专线，请问您觉得可行还是不可行？为什么？

【案例 8-2】

老太太买水果

一天，一位老太太拎着篮子去楼下的菜市场买水果。她来到第一个小贩的水果摊前问道：这李子怎么样？""我的李子又大又甜，特别好吃。"小贩回答。老太太摇了摇头没有买。

她向另外一个小贩走去问道："你的李子好吃吗？""我这里是李子专卖，各种各样的李子都有。您要什么样的李子？""我要买酸一点儿的。""我这篮李子酸得咬一口就流口水，您要多少？""来一斤吧。"

老太太买完李子继续在市场中逛，又看到一个小贩的摊上也有李子，又大又圆非常抢眼，便问水果摊后的小贩："你的李子多少钱一斤？""您好，您问哪种李子？""我要酸一点儿的。我儿媳妇要生孩子了，想吃酸的。""老太太，您对儿媳妇真体贴，她想吃酸的，说明她一定能给您生个大胖孙子。您要多少？""我再来一斤吧。"老太太被小贩说得很高兴，便又买了一斤。小贩一边称李子一边继续问："您知道孕妇最需要什么营养吗？""不知道。""孕妇特别需要补充维生素。您知道哪种水果含维生素最多吗？""不清楚。""猕猴桃含有多种维生素，特别适合孕妇。您要给您儿媳妇天天吃猕猴桃，她一高兴，说不定能一下给您生出一对双胞胎。”“是吗？好啊，那我就再来一斤猕猴桃。”“您人真好，谁摊上您这样的婆婆，一定有福气。”小贩开始给老太太称猕猴桃，嘴里也不闲着：“我每天都在这儿摆摊，水果都是当天从批发市场找新鲜的批发来的，您媳妇要是吃好了，您再来。”“行。”老太太被小贩说得高兴，提了水果边付账边应承着。

2. 说话要看对象、区分场合

俗话说“见人说人话，见鬼说鬼话”，这充分说明了我们说话必须看对象，根据对象的不同选择、调整我们的谈话内容和形式。另外还有一句俗语说“到什么山就唱什么歌，到了狼群你就得学狼嚎”，这又说明我们说话还必须得看场合，场合不同我们说话时的内容和方式也应该有所不同。

1）说话要看对象

话是说给别人听的，因此我们说话前必须要了解我们的谈话对象。了解他（她）的基本情况：年龄、性别、文化程度、职业职务、文化背景等；个性特征：内向还是外向、随和还是强硬、坦诚直率还是心胸狭窄；心理状态：高兴、悲伤、愉悦、苦闷等。

【案例 8-3】

为什么苹果被咬的部分会变色？

一个5岁的小女孩问：“爸爸，为什么苹果咬一口后过一段时间被咬的部分会变色？”如果爸爸这样问答：“那是因为苹果里含有一种氧化酶，当苹果削去表皮后，空气遇到果肉，在氧气酶的催化下果肉中的有机质被氧化变色，苹果就变成黑褐色了。”这位爸爸的回答没问题，很正确、也很科学。可是这样的回答，5岁小女孩能听懂吗？

> **课堂互动**
>
> 讨论：案例中这样的谈话会有效果吗？为什么？

2）说话要考虑场合

说得漂亮，不如说得恰当得体。任何话语对其语言环境都有一定的依附性，考虑场合就是把握说话的时空，主要包括：选择场合、适合场合和利用场合三个方面。

（1）关于场合。人们的心理和情绪也往往会随着场合而发生变化，从而影响说话者对思想情感的表达以及听话者对话语意义的理解。常见的有庄重、亲密、正式、喜庆等场合。

（2）关于时机。说话的时机有多种情况，如首先发言、休息后重新开始、能引起注意、停顿、征询意见、共同点、诠释新见解等。

【案例 8-4】

港姐竞选精彩回答

在一次香港小姐的选美决赛中，为了测试参赛小姐的口才和风度，主持人向杨小姐提问：“杨小姐，请听着：假如要求你在下面的两个人中必须选择一个人作为你的配偶，你会选择谁呢？这两个人一个是肖邦，一个是希特勒！”

杨小姐回答：“我希望自己能感化希特勒。如果我嫁给希特勒，我会劝说他弃恶从善，这样第二次世界大战也许就不会发生，当然也就不会死那么多人了。”真是出奇有理，别开生面。这种表达又一次说明，语言表达不能只是为了标新立异而标新立异，一个人有思想又有创新意识，说话才会有新意。

3. 说话艺术

常言道：“一句话能把人说笑，一句话也能把人说跳。”说话水平有高低之别，会说话的人说起话来很耐听，不会说话的人说起话来让人怎么听都不舒服。我们先来看下面两句话：

“老张，听说你爸最近病了，挺严重的，你可得多注意些，好好照看，若不小心让他死了，到时后悔可就来不及了。”

“老张，听说令尊最近身体欠安，可得留点心，俗话说家有一老，犹如一宝，照顾好他老人家，以免发生什么意外，后悔可就来不及了。”

同一个意思，不同的表达，听后给人的感觉有什么不一样？

1）内容要有新意

人们往往对“新、奇、特”的东西感兴趣。与众不同、有新意的谈吐会令人难忘，增加沟通的成效性。

【案例 8-5】

一位中学老师向同学讲高考作文注意事项

第一，高考作文是几十万人同题的作文，特别容易撞车。平时写作文，一个班几十个同学撞车，那是田间小路的手扶拖拉机之间的“撞车”，灾难不太大。高考作文的“撞车”，则是高速公路上的集体大“撞车”，灾难特别严重。

第二，高考作文和平时作文相比，要多一点二锅头，少一点碧螺春，高考阅卷者无法慢慢品尝碧螺春。也就是说语言要“冲”一点。

第三，高考阅卷不是在阿尔卑斯山谷的浪漫之旅，而是炎炎烈日下茫茫沙漠中的急行军，这时最需要的是什么？是路标。因此作文的段落层次要十分清晰。

2）要有吸引意识

说话要讲究艺术性和增强吸引力，这是沟通的法宝。

我们从广告的语言来看说话的艺术：

“车到山前必有路，有路必有××车。”

“你只需按下快门，余下的一切由我们来做。”

“请到这里用餐吧！否则你我都要挨饿了。”

“×××奶茶，一年卖出七亿多杯，连起来可绕地球两圈。”

“阁下，驾驶汽车时速不超过 30 千米，您可以饱览本市的美丽景色；超过 60 千米，请到法院做客；超过 80 千米，欢迎您光顾本市设备最新的急救医院；上了 100 千米，祝君安息吧！”

> **课堂互动**
>
> 自选商品，实物或虚拟物品，现场进行产品介绍（注意说话得有新意和吸引意识）。

3）语言要有魅力

（1）养成良好的说话习惯。

要尽量多使用“您好，请，谢谢，对不起”等礼貌用语；要看着对方说，恰当地运用眼神进行交流；要注意自己讲话时的音量、语速、重音、语气语调等；避免讲话时带有一些无关的肢体动作和不必要的口头禅。

（2）简洁精练是说话的基本功。

古希腊哲学家苏格拉底对他的得意门生柏拉图说过，人类传播的最高表现是“思考透彻，用字精确”。

（3）生动形象是语言魅力的基本因素。

钱锺书的《围城》中有一段方鸿渐想起在伦敦上课时哲学老师讲过的话：“天下只有两种人，比如一串葡萄到手，一种人总是挑最好的先吃，另一种人则把最好的留在最后吃。照例第一种人应该乐观，因为他每吃一颗都是吃剩下的葡萄里最好的；第二种人应该悲观，因为他每吃一颗都是吃剩的葡萄里最坏的。不过事实上适得其反，缘故是第二种人还有希望，而第一种人只有回忆。”如此一说，两种不同的人生哲理变得多么简明而生动！

（4）幽默风趣的语言是受欢迎的保障。

幽默，常常不直接面对问题，而采取迂回的方式，所以不会造成太尖锐的感觉。幽默也是一种智慧，在西方社会，幽默感被认为是一种杰出的能力。

（5）表达方式要巧妙。

同样的话语，不同的语序，不同的表达，会产生完全不同的效果，所以沟通一定要讲究表达方式。如清朝大臣曾国藩曾经统帅大军镇压太平天国起义，起初连吃败仗。他手下的文官起草呈报皇上的战报不得不写上“屡战屡败”这句话。曾国藩一看不满意，但也不能谎报军情，他便把顺序改为“屡败屡战”，其意味由连吃败仗变成了浴血奋战的决心和勇气，岂不妙哉？

（6）注重情理结合。

我们常说“晓之以理，动之以情”。在人际沟通时，我们经常需要摆事实、讲道理，以说服对方，达到沟通目的。说理不是一般地传播与交流信息，而是要以正确的道理、良好的意图和真挚的情意来转变对方的思想认识，向沟通目标靠近。

【案例 8-6】

老师和同学都生气了

昨天，班上的××同学生病住院了，很多同班同学放学后去医院看望，结果没完成作业。上课了，老师开始讲解作业中的问题。讲解结束，老师开始发脾气：“就你们班，太差了，30 个学生只有 20 个交了作业，为什么不交作业？在这浪费父母的钱，真没救！”几个未交作业的学生嚷起来：“老师，我们去医院看望××去了，所以……”老师：“行了，别找借口了！去了医院就可以不交作业啊？你们打算什么时候把作业交上来？”

4. 具体的说话技巧

1）善用赞美

赞美是人际关系的润滑剂，每个人都希望得到别人的认同，都有被赞美的需要。当然赞美也需要注意：

> **课堂互动**
>
> 同桌间相互赞美，要求真诚、具体、及时，赞美其值得赞美之处。被赞美者听后感受愉悦并得体回应赞美。

（1）赞美要具体、真诚，称赞对方希望被称赞的事物。人都有优秀的部分以及希望被认定为优秀的部分，我们只需要把它说出来就是了。

（2）偶尔不妨佯装。面对自己不十分赞同，但却为社会所认同的事，应该适当赞美。

（3）背地里称赞他人，更能显示诚意，往往能取得意想不到的效果。

（4）赞美要及时，称赞他人之前无须犹豫。“假如你认为他应该得到赞扬，现在正是时候，因为他去世之后，不能读自己的墓碑。”

（5）学会回应称赞。

2）拒绝的技巧

拒绝是人际交往之中的逆势状态。拒绝总是令人遗憾的，但却又是难以回避的，所以拒绝时必须以得体的方式进行，把对方的不满和不快控制在尽可能小的限度内。生活中我们必须学会说不，具体有以下几种方法：

（1）敷衍推诿法。

敷衍式的拒绝是最常见的一种拒绝方法，敷衍是在不便明言拒绝的情况下，含糊回避的托词。如：好的，以后再说吧；行，我们再考虑考虑；等等。敷衍是一种艺术，运用好了会取得良好的效果。

（2）幽默委婉法。

办事要讲究原则，不符合原则的事情坚决不能办。如果某人向你提出的要求是不符合原则的，你不答应，这就叫作坚持原则。不能为保持一团和气而丧失立场，不论什么样的关系，该拒绝的一定要拒绝。但同时说话的方式要具有灵活性，要根据时间、场合和交往内容的不同采取灵活的策略。

（3）Yes/But法。

又叫先扬后抑法，是指在拒绝之前先表示同情、理解甚至同意，而后再巧妙拒绝，使拒绝之辞委婉而含蓄。比如，有一次马克·吐温向邻居借阅一本书，邻居说：“可以，可以。但我定了一条规则：从我的图书室借的书必须当场阅读。”一个星期后，这位邻居向马克·吐温借割草机用，马克·吐温笑着说：“当然可以，毫无问题。不过我定了一条规则：从我家借的割草机只能在我的草地上使用。”

（4）替代与补偿法。

替代与补偿法就是当自己对别人所托之事不能帮忙时，应在讲明道理之后，帮助想一些办法作为替补。因为一般的人都有一种补偿心理，如果你想的办法不理想，但你已经尽力了，对方的情感便得到了满足。

3）批评的技巧

批评也是一种常用的说话方式，尤其对领导、老师、家长来说。批评的目的是指出错误，而不是指出错者是谁。批评的分寸是既要指出错误，又不能伤人自尊。我们在使用批评时有以下几个原则需要注意：

（1）不怒发冲冠，允许申辩。

批评和发脾气不是一回事；批评也难免有不周详的地方。

（2）实事求是，不要恶语相向。

万一批评有错，补救的办法是放下架子，向他人道歉。

（3）轻重有度，不能一棍子打死。

一般的小过失，轻描淡写地批评就可以；对顽固的人和态度，要响鼓重锤。

（4）讲求方法，不仗势欺人。

斯瓦伯：“孩子们，如果你们到外边去吸这些雪茄，我会很感激。”

（5）刚柔相济，胡萝卜加大棒。

4）说服的技巧

（1）主动承认自己的错误。

“先生，如果你的话不错，我的失误一定不可原谅，我为你画稿这么多年，实在该知道怎么画才对，我觉得很惭愧。”

“是的，你的话没有错，不过毕竟这不是一个严重的错误。只是……”

“任何错误代价可能都很大，叫人不舒服。”

“我应该更小心一点才对。你给我的工作很多，照理应该使你满意，因此我打算重来。”

“不，不，我不想那样麻烦你。”

“一点小错误不会花他公司很多钱；毕竟，这是小节——不值得担心。”

（2）以对方感兴趣的人或事间接打动对方。

（3）先获得对方赞同的反应。

林肯：“我展开并赢得一场议论的方式是先找一个共同的赞同点。”

（4）把你的希望变成对方的。

8.2.2 谈话中的“听”

听是人类的一种基本的内部技能，谈话是听和说的艺术，实际上谈话水平高的人，往往不是滔滔不绝地讲给别人听，而是更多地去听别人。西方有一句谚语：“上帝给我们两只耳朵，却只给了一张嘴巴，其用意是要我们少说多听。”

1. 倾听及其重要性

1）倾听

倾听与听是完全不同的。听只是对声波振动的获得，倾听虽然以听到声音为前提，但更重要的是我们对声音必须有所反应。必须是主动参与的过程，在这个过程中，人必须思考、接收、理解，并做出必要的反馈。同时，倾听的对象不仅仅局限于声音，还包含理解别人的语言、手势和面部表情等。

2）倾听的重要性

认真倾听可以让你获得重要信息，获得友谊和信任，让人感觉你很谦虚，让你了解更多细节，有助于你圆满地解决问题。

缺乏倾听往往会导致：错失良机，产生误解、冲突和拙劣的决策，因问题没有及时发现而导致危机。

美国前哈佛大学校长查·爱略特说过：“生意上的往来，并无所谓的秘诀……最重要的是，要专注眼前同你谈话的人，这是对那人最大的尊重。”

【案例 8-7】

乔·吉拉德的一次失败的销售经历

乔·吉拉德向一位客户销售汽车，交易过程十分顺利。当客户正要掏钱付款时，另一位销售人员跟吉拉德谈起昨天的篮球赛，吉拉德一边跟同伴津津有味地说笑，一边伸手去接车款，不料客户却突然掉头而走。吉拉德苦思冥想，不明白客户为什么对已经挑选好的汽车突然放弃了。他终于忍不住给客户打了个电话，询问客户突然改变主意的理由。客户不高兴地在电话中告诉他："今天下午付款时，我同您谈到了我们的小儿子，他刚考上密西根大学，是我们家的骄傲，可是您一点也没有听见，只顾跟您的同伴谈篮球赛。"吉拉德明白了，这次生意失败的根本原因是因为自己没有认真倾听客户谈论自己最得意的儿子。

2. 听的层次

根据卡内基训练的架构，听的层次由低到高有五层，分别是完全漠视、假装在听、选择性的听、积极同理心的听与专业咨询的听五种。

第一种完全漠视的听，是最糟的听，连耳朵都没打开。第二种，假装在听，耳朵是开了，却没有打开心、脑的耳朵，所以，别人的谈话就从左耳进、右耳出。以上两种状况以自以为知道、对别人不屑一顾成分居多。第三种则是选择性的听，有先入为主的观念，只听自己想听的部分。换言之，这种人对于他人之言有"偏食"的习惯，对他认可的对象或话题，他才会打开全身的收讯器。这类型的听，从一般人到企业家都有可能，而且位越高者，听的层次越有可能局限于此。因为根据过去成功的经验，他认为自己足以判断何人、何事可听，何者不可听。这三种层次的听，都不及格，不是倾听，但约有 70%的人是属于这三类型。

至于第四种积极同理心的听就是倾听，在对方讲话的时候，眼神能看着对方，专注地听，并且抛开成见，站在对方立场想问题。这种倾听就是打开身上所有的收讯器，去感受、去观察，让对方感同身受。这种倾听不但可以听到事实，还可以听到对方的心理。而往往，这种心理层面等非语言透露出来的讯息，远比话语更重要。

课堂互动

你会听别人说话吗？通常是在哪个层次的听？如何提高自己"听"人说话的能力？

至于第五种高阶的专业咨询的听，则需受过专业训练。例如美国心理治疗师经过三千个小时的学习才能拿到执照，这个倾听技巧能在对方不愿表达深层、真实意见时，透过技巧询问使对方讲出来，并且解决问题。

3. 倾听的障碍与克服

1）环境障碍

环境客观上对倾听的影响表现在干扰信息传递过程，消减、歪曲信号；主观上对倾听的影响表现在影响沟通者的心境。

在会议厅征询意见，大家很正式地发言，若在餐桌上，往往就随心所欲，有些自认为不成熟的念头也得以表达。路上碰到上司问你衣服的样式，你会轻松地聊几句，若特地走到你办公桌前发问，你多半会惊恐地猜想这套衣服是否有违公司仪容规范。应创造有利的倾听环境，尽量选择安静、平和的环境，使传递者处于身心放松的状态。

（1）封闭性：注意谈话场所的空间大小、光照强度（暗光给人更强的封闭感）、有无噪音等，封闭性决定信息在传送过程中的损失概率。

（2）氛围：注意环境是温馨还是火药味浓，是轻松还是紧张，是生机勃勃的野外还是死气沉沉的房间，这些都能改变人的情绪。

（3）对应关系：一对一（朋友谈心、下属汇报）、一对多（上课）、多对一（原告、被告都向法官告状、记者向新闻发言人提问）、多对多（讨论会），不同的对应关系会导致不同的心理角色定位、注意力集中度。一对一使听者感到自己角色的重要性，注意力集中；一对多使听课者认为自己在此场合并不重要，容易开小差，多对多也如此；多对一更需全神贯注，不敢懈怠。

2）倾听者障碍

倾听者用心不专、急于发言、排斥异议、心理定式、厌倦、消极的身体语言都会导致倾听障碍。因此在听他人讲话时应做到认真专注，抛开成见，耐心聆听。并能站在对方立场考虑问题。

资料卡

学会给领导送“大礼”

一位男士，在大钊训练班上，坦诚地讲了这样一段他的亲身经历：现如今，我可能是最令同龄人羡慕的男士了。为什么这样说呢？大学毕业后，我顺利地考取了公务员，如愿以偿地进入了某市驻京办事处。刚刚30出头就晋升为办公室主任。达到婚龄时，又适时认识了刚从空姐岗位退下来被外资公司高薪聘请为人力资源部经理的妻子。结婚后，在单位的福利补贴下，在北京东三环南段的潘家园拥有一套150平方米的住房。婚后一年，增添了活泼可爱的儿子，随后又以一次性付款的方式，开回了一辆桑塔纳时代超人。房子、车子、妻子、儿子、票子我全部都拥有了。说到这儿，大家会以为我比别人多长了三头六臂，或者聪明、会来事，甚至怀疑我有什么背景。那我坦率地告诉大家：什么都不是。不过，我有段经历，在这儿与大家分享一下：

记得我刚参加工作时，无意中看了一本有关体态语言方面的书，里面有段话提醒了我。这段话是这样说的：“人在职场，要想尽快让领导发现你、提拔你、重用你，除必要的专业基本功和综合素质外，还要学会送一份‘大礼’。书中说的这份‘大礼’是什么呢？请听好——就是开会专挑前排坐，领导讲话时侧耳细听，目光交流，适当点头，拿笔记录。”当时正逢我参加岗前培训，上上下下的领导轮番给我们训话。我半信半疑地按书中的这些要点去做，果不其然，培训结束，唯我一人分配在办公室工作，以后仕途也是很顺利。

4. 倾听的技巧

听与倾听是完全不同的。听只是对声波振动的获得，而倾听则是弄懂所听到的内容的意义，它要求对声音刺激给予注意、解释和记忆。下面8种行为与有效的倾听技术有关。

1）保持目光接触

听别人说话时应保持目光接触。别人总是通过观察你的眼睛来判断你是否在倾听。

2）展现赞许性的点头和恰当的面部表情

有效的倾听者会对所听到的信息感兴趣，那么，应通过你的动作和表情把你的兴趣表现出来，给予说话人及时的反馈和鼓励。

3）避免分心的举动或手势

在倾听时，应该尽量避免不时地看手表、趁起身离座、心不在焉地翻阅文件、乱写乱画等动作，这样会使你的精力不集中，也会使说话者认为你对他讲的话题不感兴趣。

4）提问

倾听时进行提问，可以使自己更准确地理解内容，还会增强交流者双方的互动。提问有封闭式问法和开放式问法两种方法。所谓封闭式问法就是回答者用“是”或者“不是”就能回答的问题。而开放式问法就是回答者不能简单地以“是”或者“不是”来作答的问题。提问时应两者结合，恰当选用。

5）复述

复述也就是重复听到的内容，尤其是对重要的、不理解的问题。用自己的话重复所听的内容，既可以使自己的注意力集中于交流内容上，也可以检验自己对所听内容理解的准确性。

6）避免打断说话者

在别人说话时尽量耐心听，如有必要需记下重点。等别人说完了自己再说，不要中途接话、插话。

7）不要多说

人都有自我表现欲望，因此大多数人都乐于滔滔不绝地表白自己，而忽略了别人。有效的倾听者应该能够克制自己，多听别人说的，而自己少说。当然在听的同时要思考说话人真正的想法：他说的是什么?它代表什么意思?他说的是一件事实还是一个意见?他为什么要这样说?他说的我能相信吗?他这样说的目的是什么?

8）自觉转换听者与说者的角色

虽然有效的倾听者应该全神贯注于说者所表达的内容，但有效的倾听者不应该只顾着自己的角色，而应该能够使说者到听者再回到说者的角色转换十分流畅。很多时间尽量做到站在对方的立场考虑问题。

小　结

对主要是与人打交道的公关工作来说，好的口才是必须的。有声语言（口头语言)，尤其是面对面的交流和沟通仍然是最常用、最直接和最有效的方式。本节公共关系语言的一般方法主要学习交谈中说与听两个方面。

“说”部分，我们谈到了：把话说清楚，说话要注意对象、区分场合，说话艺术以及具体的说话技巧。

“听”的部分，我们主要谈到了：倾听及其重要性、倾听的层次、倾听的障碍与克服以及倾听的技巧。

思考题

1. 怎么才能把话说清楚，让人能听得明白？
2. 怎样才能让自己说话的内容有新意？
3. 如何增强自己说话的吸引力和魅力？
4. 好的倾听者、差的倾听者各自有哪些特性？
5. 为什么说赞美是人际关系的润滑剂，赞美他人时有哪些需要注意的？
6. 简述听在交谈中的重要作用。

7. 简述倾听的主要障碍与技巧。

8.3 公共关系语言的其他运用

8.3.1 公关演讲

在公共关系活动中，演讲是一种传播和沟通的好形式。它的形式简单，无需繁多的道具，也无需一定规则的场地。现代化的传播手段普及之后，演讲人可以走进广播电台、电视台，使演讲形式变得更简单，人们打开收音机或者电视，就可以听到演讲了。聪明的演讲人会利用这种传播工具缩短自己或所代表的企业组织与公众的距离并赢得好感。

> **课堂互动**
>
> 你有当众演讲过吗？你觉得要做好演讲有哪些注意事项？

1. 公关演讲的特点

1）演讲必须面对听众

演讲不同于个别人之间的交谈，它是在大庭广众之中，面对听众，就某个问题发表见解和主张。演讲要面对听众，就要考虑听众的心理，准确地理解听众，并运用各种手段，控制听众的心理变化，满足听众的心理需要，使听众理解和接受演讲的内容。

2）演讲要有中心、有条理，结构要比较完整

演讲不是漫无目的地闲谈，而是一种有目的的活动。为了达到演讲的目的，必须有一个中心论点，并围绕这个论点，有层次、有条理地展开，使演讲有一个比较完整的结构。

3）演讲是一种富有说服力、鼓动性的说话方式

演讲者面对着众多的听众，要使其接受演讲的内容从而影响人的行为，就必须采用丰富典型的材料，通过严密的逻辑论证，用富有说服力、鼓动性的艺术化口语，打动听众。演讲是一种有声语言和体态语言相结合的语言表达方式。演讲不同于播音，而是运用有声语言和无声语言，声情并茂地感染听众。

2. 公关演讲的方式

1）宣读演讲

宣读演讲是指演讲时按照已准备好的演讲稿宣读。适用于一些比较严肃的重要会议，或宣布某些重要决定等。其优点是事前能做充分准备，但是也有演讲者与听众缺乏情感联系、显得程式化、给人以呆板枯燥的印象等缺陷。

2）背诵演讲

背诵演讲是将已经准备好的演讲稿全都背下，演讲时凭记忆背诵出演讲辞。适用于演讲经验不足的演讲者，可以避免因紧张而出现的心理失控，但有时也会出现“卡壳”现象，难以与听众进行感情交流。

3）提纲式演讲

提纲式演讲是指在充分收集、研究有关资料的基础上，列出演讲提纲，演讲时按照提纲进行。这种方式的优点：其一，易于做到中心突出，层次清楚，详略得当；其二，无须全部背下，易于记忆；其三，易于同听众交流感情。

4）即兴演讲

即兴演讲是指事先无准备，但由于主观上对某事物有所感触、发生兴趣，或者是客观需要而临时进行的演讲。这种演讲方式难度较大，需要演讲者具有丰富的经验和娴熟的技巧。一般来说，人们并不要求演讲者在即兴演讲中发表宏大精辟的演讲主题，只要做到演讲内容得体、有益有趣、言简意赅、恰到好处就可以了。

3. 演讲中语言的基本要求

1）演讲中口语表达的要求

演讲中口语表达的要求分为三级：初级要求——清晰性、规范性；中级要求——流利性、自如性；高级要求——丰富性、多彩性。（注：多彩性即要求注重形象、情感、理性、风格色彩等）

2）演讲中书面语言的基本要求

（1）符合口语特点：如把长句改为短句、把倒装句改成正装句、少用文言词语、单音词换成双音词。

（2）做到通俗易懂：根据受众情况，尽量避免使用过多抽象化的专业术语。

（3）力求生动活泼：用形象化、幽默风趣的语言，发挥语言的音乐性。

（4）必须做到准确朴素。

3）演讲中体态语言的巧妙应用

（1）优化第一印象。

（2）用眼睛与公众有效交流。

（3）发挥体态语的辅助作用；注意——目的明确、确切精炼、自然活泼、坚持自己个性、注意表情。

（4）用笑容与听众建立感情。

4）辅助语言恰当适度

（1）使用声音技巧：注意音量音高，使用真声，有韵有调。

（2）使用停顿技巧：停顿通常有语法停顿、逻辑停顿和心理停顿三种类型，停顿通常有保证语意清楚、突出重点、让听众思考、调节声音等作用。

（3）使用重音技巧：指有意突出强调某些地方或某个词的声音。

【案例 8-8】

第二次世界大战中丘吉尔的政治演讲

即使今天，大部分欧洲和其他古老而闻名的国家已经沦陷或者即将被纳粹令人生恶的武器和盖世太保所攻占，我们也不能升起白旗，我们更不能失败。

我们将坚持直到流尽最后一滴血，我们将在法国重燃战火。

我们将在波涛汹涌的海面上战斗，随着信心和力量的增长。

我们将在空中战斗，无论付出什么样的代价，我们都要坚决保护我们的国家。

我们将在海滩上战斗，

我们将在陆地上战斗，

我们将在乡村的田野和城市的街道间战斗，

我们将在崇山峻岭中战斗。

我们，永不投降！

案例分析：

重复、重复、再重复，演讲中使用这个技巧而形成了不可阻挡的节奏，随之而来的是无比的力量。这非凡的话语带来的非凡的力量改变了整个国家。它让每一个听众内心充满了信心和信念，它使国家抵挡住了邪恶的入侵。它以一种未明的方式融进了英国的灵魂深处，唤醒了每个英国人心中的沉睡的雄狮。

8.3.2 辩说中的公关语言

辩说就是把争执、议论、说理融合在一起，以阐明道理和说服对方为主要目的的、具备口语特点的语言交流活动。

1. 辩说的功能及原则

辩说有交流思想、疏通情感、化解矛盾、摆脱窘境、维护尊严、争取公众等方面的作用；辩说要求做到：有理有据、掌握分寸、生动形象、机动灵活。

2. 辩说的类型及语言要求

> **课堂互动**
>
> 你参加过较正式的辩论比赛吗？你觉得要做好辩论有哪些注意事项？

1）日常交谈中的辩说

日常交谈中的辩说，语言上要求自然平和、委婉有度、轻松幽默；注意避免进行论战，要以礼待人、点到为止。

2）问题争议中的辩说

问题争议中的辩说，语言上强调对概念的把握，因为概念是辩说的前提条件，是自守和进攻的武器；模糊概念也是有效的自守方法。

3）涉外交往中的辩说

涉外交往中的辩说要求注意语境、熟悉习俗、机智幽默、灵活变通、维护尊严。

3. 辩说的性质及语言技巧

辩说具有劝导性、探询性、解惑性、自卫性、反驳性特征。

1）劝导性

劝导性辩说就是用道理说服对方，使其对某种观点表示赞同。常用技巧有：晓之以理、动之以情、感之以诚、诱之以利。

2）探询性

探询性辩说就是通过询问的方法来探求信息的一种辩说形式。常用技巧有：隐语试探、投石探路、欲擒故纵、复杂问语和假设条件。

3）解惑性

解惑性辩说主要是释解疑惑。常用技巧有：借物喻理、委婉含蓄、巧引典据、独创道理、避虚就实和警句应对。

4）自卫性

自卫性辩说是在处理人际关系问题上维护自身利益的有效方法之一。常用技巧有：含蓄威慑、推己及人、借言反击、先退后进、晓以利害以及转移话题。

【案例 8-9】

庄子与惠子游于濠梁之上

庄子与惠子游于濠梁之上。庄子曰："鯈鱼出游从容，是鱼之乐也。"惠子曰："子非鱼，安知鱼之乐？"庄子曰："子非我，安知我不知鱼之乐？"惠子曰："我非子，固不知子矣；子固非鱼也，子之不知鱼之乐全矣！"庄子曰："请循其本。子曰'汝安知鱼乐'云者，既已知吾知之而问我，我知之濠上也。"

（《庄子·秋水》）

8.3.3 商务谈判中的公关语言

1. 商务谈判及语言风格

谈判是出于某种需求，彼此阐述自我意愿，协调相互关系，为了取得一致，实现目标所进行的语言交流活动。商务谈判是当事人之间为实现一定的经济目的，明确相互的权利义务关系而进行协商的行为。

商务谈判的语言风格属于外交语言、法律语言、文学语言与军事语言。成功的商务谈判都是谈判双方出色运用语言艺术的结果。

2. 商务谈判中公关语言的要求

1）针对性强

在商务谈判中，语言的针对性要强，做到有的放矢。模糊、啰唆的语言，会使对方疑惑、反感，降低己方威信，成为谈判的障碍。

针对不同的谈判内容、谈判场合、谈判对手，要有针对性地使用语言。另外，还要充分考虑谈判对手的性格、情绪、习惯、文化以及需求状况的差异。

2）语言婉转

谈判中应当尽量使用委婉语言，这样易于被对方接受。要让对方相信这是他自己的观点。在这种情况下，谈判对手有被尊重的感觉，他就会认为反对这个方案就是反对他自己，因而容易达成一致，获得谈判成功。

3）灵活应变

谈判过程中往往会遇到一些意想不到的尴尬事情，要求谈判者具有灵活的语言应变能力，与应急手段相联系，巧妙地摆脱困境。如：遇到对手逼你立刻做出选择时，你若是说"让我想一想”之类的语言，会被对方认为缺乏主见，从而在心理上处于劣势。此时你可以看看表，然后有礼貌地告诉对方：“真对不起，我得与一个约定的朋友通电话，请稍等五分钟。”于是，你便很得体地赢得了五分钟的时间。

4）巧用无声语言

商务谈判中，谈判者通过姿势、手势、眼神、表情等非发音器官来表达的无声语言，往往能发挥重要的作用。在有些特殊环境里，有时需要沉默，恰到好处的沉默可能取得意想不到的效果。

3. 商务谈判中的发问与应答技巧

1）发问作用

商务谈判中经常会发问，它具有获取信息、传递信息、探测意向、引起注意、鼓动激励与定向引导等作用。

2）发问的类型

谈判中的发问通常有：引导性发问，对答案有强烈的暗示性；坦诚性发问；推心置腹的好友式发问；封闭式发问，特定领域中带出特定答复；证实式发问，针对对方答复进行复述的发问。

3）发问的技巧

发问应做到：因人而异、掌握时机、抓住关键、灵活机敏、速度适中、选择语言。

4）应答技巧

谈判中应答时应做到：保证充分的思考时间；回避不值得、不便回答的问题；不了解真正含义的不随意回答；把握应答范围。常用的方法有：顺应、限定、更换、回避、否定、利用、巧借和偷换前提应答法。

【案例 8-10】

柯泰伦说服挪威商人

柯泰伦曾是苏联派驻挪威的全权代表，她精明强干，可谓女中豪杰，她的才华多次在外交和谈判桌上得以展示。有一次，她就苏联进口挪威鲱鱼的有关事项与挪威商人谈判。挪威商人精于谈判技巧，狮子大开口，出了个大价钱，想迫使买方把出价抬高后再讨价还价。而柯泰伦久经商场，一下识破了对方的用意。她坚持出价要低、让步要慢的原则。买卖双方坚持自己的出价，谈判气氛十分紧张。双方都拿出了极大的耐心，不肯调整己方的出价，都希望削弱对方的信心，迫使对方做出让步，谈判进入了僵持的状态。柯泰伦为了打破僵局，决定运用谈判技巧，迂回逼近。她对挪威商人说：“好吧，我只好同意你们的价格了，但如果我方政府不批准的话，我愿意以自己的工资支付差额，当然还要分期支付，可能还要支付一辈子的。”挪威商人只得调整报价，使谈判达成了双方都比较满意的结果。

案例分析：

在这个案例中，柯泰伦是如何迫使挪威商人让步的呢?柯泰伦表面上是“顺”从他们的意愿，其实是“推”出政府来加以拒绝。她的逻辑思维过程是：如果买方一定要坚持这个不合理的要价，那么只能由她个人以工资来支付差额。如果卖方认为由她个人以工资支付差额是合理的，那么她要分期支付一辈子，因而实际上是不可能实现的。因此，挪威商人不能坚持不合理的要价。

在商务谈判中，一味地硬攻是容易碰壁的，不如顺从对方的意图引导他，以至于把他引至明显错误的甚至荒谬绝伦的地方，然后再集中火力，乘机猛攻，取得谈判胜利。精明的谈判者，往往在语言表达、措辞上都十分谨慎、小心，尤其是遇到讨论双方分歧尖锐的问题时。

资料卡

服务中的公关语言

服务行业，是指为他人提供各种社会性劳务而收取费用的行业。服务语言的共同特征：热情周到，清晰简明，文明礼貌。

1. 导游人员的服务语言

彬彬有礼，真诚恳切；知识面广，文化味浓；生动形象，风趣幽默；即景生情，机动灵活。

2. 宾馆服务人员的语言

热情诚恳，周到具体；语言规范，讲究礼节；举止大方，动作适度。

3. 商业服务人员的语言

文明经商，礼貌待客；热情耐心，实事求是；针对需求，投其所好；释疑解惑，亲切自然。

小　结

本节我们学习了公关演讲、辩说中的公关语言和商务谈判中的公关语言三个方面。

学习了公关演讲的特点、公关演讲的方式与公关演讲中语言的基本要求。学习了辩说的功能及原则与辩说的类型及语言要求。学习了商务谈判中公关语言的要求以及商务谈判中的发问与应答技巧。

思考题

1. 举例说明公关演讲的几种方式。
2. 如何做好公关演讲？
3. 辩说的类型及语言要求有哪些？
4. 商务谈判中的公关语言要求有哪些？
5. 简述商务谈判中的发问与应答技巧。

第9章　公关写作

熟才能生巧。写过一遍，尽管不像样子，也会带来不少好处。不断地写作才会逐渐摸到文艺创作的底。字纸篓子是我的密友，常往它里面扔弃废稿，一定会有成功的那一天。

——老舍

阅读使人充实，会谈使人敏捷，写作与笔记使人精确……史鉴使人明智，诗歌使人巧慧，数学使人精细，博物使人深沉，伦理之学使人庄重，逻辑与修辞使人善辩。

——弗·培根

➔ 本章导入

“内求团结，外求发展”是每一个现代社会组织开展公共关系活动时所追求的目标。那么，如何实现这一目标呢？途径有多种多样，但其中极为重要的、不可缺少的一种就是公共关系文书写作。任何一个公关从业人员要成为这一行业的多面手和优秀人才，就必须系统而全面地掌握公关文书写作的方法与要求。

通过本章的学习与练习让同学们明确为什么要学习公关写作，公关写作的基本特点和一般要求；掌握诸如柬帖、致辞、信函、名片、聘书、讣告等常见公关礼仪类文书的书写要求；掌握诸如计划、总结、通知、会议记录、新闻、消息、简报等常见公关事务类文书的书写要求；掌握诸如调查报告、公关广告、项目/活动策划方案等常见策划类文书的书写要求。

学习目标

1. 明确为什么要学习公关写作。
2. 掌握公关文书的基本特点和写作要求。
3. 能规范书写柬帖、发言稿、书信等常见公关礼仪类文书。
4. 能规范书写计划、总结、新闻稿、简报、会议记录等常见公关事务类文书。
5. 能规范书写调查报告、公关广告、项目/活动策划方案等常见公关策划类文书。

开篇案例

范冰冰致歉信走进校园，中学生借此练习改错

2018年国庆期间，范冰冰“阴阳合同”案有了结果——她被责令按期缴纳税款、滞纳金、罚款8亿余元，并在微博上就此事发布了致歉信。致歉信中，范冰冰表示对自己的所作所为感到羞愧、内疚，并进行了深刻的反思、反省，态度诚恳。可这封500多字的致歉信却让人发现了不少语法和标点错误，竟然还被杭州一位高中语文老师当作改错例题带进了课堂！

下面我们来看看老师和学生们给范冰冰拟的修改稿：

致　歉　信（修改）

最近一段时间，我经历了从未有过的痛苦、煎熬【“经历了”与“痛苦、煎熬”不搭配，应改为“我体会（感受）到了从未有过的痛苦和煎熬”】，进行了深刻的反思、反省，我对自己的所作所为深感羞愧、内疚，在这里我向大家诚恳道歉！

长期以来，由于自己没有摆正国家利益、社会利益和个人利益的关系，在影片《大轰炸》和其他一些合同中【“影片《大轰炸》”不是合同，二者不能并列，应改为“在影片《大轰炸》和其他影片的一些合同中”】出现利用“拆分合同”等逃税问题【“利用”缺宾语，应改为“出现利用拆分合同等方式逃税问题”】，我深感羞愧。这些天在配合税务机关对我及我公司的税务检查中，我一直深刻反省：作为一个公众人物，应该遵纪守法，起到社会和行业的模范带头作用，不应在经济利益面前，丧失自我约束，放松管理，以致违法失守。在此，我诚恳地向社会、向爱护关心我的朋友，以及大众，向国家税务机关道歉【这一句逻辑关系不清，“社会、朋友、大众、国家税务机关”能否并列，如何排序，都有问题，修改需要伤筋动骨，暂且稍改得顺畅一点：我诚恳地向社会、向大众、向关心爱护我的朋友、向国家税务机关道歉】。

对税务机关调查后，依法做出的一系列处罚决定，我完全接受【这句话不简捷，略显西化，不符合汉语习惯，可以改为“我完全接受税务机关依法做出的一系列处罚规定”】，我将按照税务部门的最终处罚决定，尽全力克服一切困难，筹措资金、补缴税款、缴纳罚款【“尽全力”状语位置不当，应放在“筹措”前，“筹措资金”“补缴税款”“缴纳罚款”三个并列的动宾短语之间不用顿号，全句改为“克服一切困难，尽全力筹措资金，补缴税款，缴纳罚款”】。

我从小喜欢艺术，又赶上了影视业蓬勃发展的好时机，在诸多前辈的提携和观众朋友的爱护下，加之自己的不断努力，这才在演艺方面取得了一点成绩。作为一个演员，我常为自己能在世界舞台上展示我国文化而自豪，并不遗余力为此冲锋。可以说，我每一点成绩的取得【应改为“我取得的每一点成绩”】，都离不开国家和人民群众的支持。没有党和国家的好政策，没有人民群众的爱护，就没有范冰冰。

今天，我对自己的过错深感惶恐不安！我辜负了国家对我的培养，辜负了社会对我的信任，也辜负了影迷对我的喜爱！在此，我再次向大家诚恳道歉！请大家原谅！

我相信，经过这次整顿，我会讲规矩、遵秩序、重责任，在把好的作品献给大家的同时，也要监督公司管理，守法经营，诚实守信，争做富有文化内涵的好公司【这句浓缩一下就是“我……争做富有文化内涵的好公司”，主语和宾语不搭配，最后一句应改为“使公司更加富有文化内涵”或者“使公司成为富有文化内涵的好公司”。另外“讲规矩、遵秩序、重责任”三个动宾短语之间，不用顿号，而用逗号。】

再次向社会，向一直支持我的影迷，向关爱我的朋友家人【“朋友家人”容易产生歧义，应改为“朋友和家人”】，真诚的【“的”应为“地”】说一句，对不起！

（资料来源：根据网络资料整理）

入门问题

1. 请您评价自己的写作水平。
2. 为什么要学习公关写作?
3. 公关写作与一般写作之间有什么联系和区别?
4. 公关文书有哪些基本特点?
5. 您能按要求规范书写请柬、祝词、欢迎词、贺信、感谢信吗?
6. 您能规范书写计划、总结、新闻稿、简报、会议记录吗?
7. 您能规范书写调查报告、公关广告、项目（活动）策划方案吗?
8. 您觉得可以从哪些方面来改善和提升我们的公关写作能力?

请你先不要着急往下看，试着回答以上问题。

9.1 公关写作概述

公关文书是组织为了开展公关活动和实现公关目的而制作使用的各种书面材料。公关文书属于典型的应用文书，因此它具有一般应用文书的特点，如实用性、规范性、用语简洁朴实等。但由于公共关系独特的职能，公关文书又具有不同于一般应用文体的独特之处，如广告、新闻、演讲、计划、总结等，一旦纳入公关范畴，也就或多或少具有了新的特征。

9.1.1 为什么要学习公关写作

要成为一名合格的公共关系人员，至少应具备这样六方面条件：① 具有良好的个人形象；② 具有良好的人际交往和协调沟通能力；③ 具备一定的文字功底，能熟练撰写各类文案；④ 掌握一门或几门外语；⑤ 熟悉计算机和办公自动化操作；⑥ 有较敏锐的市场意识和感觉。其中，前两条是人们对公共关系从业人员条件的常规理解，许多青年朋友既有志于公共关系职业，一般均认为自己已具备了这样的条件。第④⑤条虽然要求略高，但对于一些高学历的青年朋友来说亦非难事。所以问题往往出在第③条和第⑥条上。关于市场意识和感觉对于一名公共关系从业人员的重要性，我们暂且从略。这里重点谈谈公共关系从业人员的第三个条件，即公关写作知识和技能的把握。

现代通信技术的飞速发展让当代青年朋友在写作上有了更多捷径，但凡需要写作，他们往往懒得自己动笔，而选择直接去网上做一些简单的复制、粘贴工作。再加之大多数人在思想和认识上也缺乏对应用文书写作的足够重视，这就导致了当代青年朋友们的写作能力普遍较差。此外置身于公共关系行业多年，笔者发现相当一部分公共关系从业人员的写作技能较弱，不少人无法撰写出一份比较符合规范的文案来。这也许和中国公共关系职业的初期发展特点有关，即在众多社会组织乃至一些专业公共关系机构中，早期聘用公关人员时一般更重视其人际交往和沟通协调能力，充其量再加上有关活动的组织和实施能力。对于写作能力，则往往有所忽视。

随着中国公共关系专业化、职业化建设进程的加速，公关写作能力对于一名合格的公共关系从业人员的重要性日益显现。这一点，已为越来越多的公共关系从业人员所认识。无论是在某一社会组织公共关系部任职的专业人员，还是在专业公共关系机构任职的业务人员，其工作的性质，决定了他（或她）必须能够较为熟练地撰写从一般柬帖、会议致辞到新闻稿、专题活动策划书、评估报告，乃至危机管理方案、企业咨询报告等一系列文案，否则就无法有效地开展公共关系工作。对于一些专业公共关系机构而言，能否提供好的文案，有时甚至是生死攸关的大事情。试想：如果一家号称专业公共关系机构的公司，在和客户的交往之中，小则不能拟写文字通顺、条理清晰的柬帖和函件，大则无法提供规范的建议书、管理咨询方案，客户又如何能放心地将事关自身企业或品牌形象的事务委托给这样一家公司代理？所以，在近年来许多专业公共关系机构以及一部分企业公共关系部门所急需招聘的人员中，高级文案人员赫然列在显要位置。

所以，对公共关系从业人员来说，学习公关写作乃是个人在事业上有所发展、有所成就的必不可少的修炼；而对整个中国公共关系事业来说，这也可以在一定程度上推动公关从业队伍整体水平的提升。

9.1.2 公共关系文书的概念及其分类

公共关系文书是社会组织为了开展公关活动，实现自己的公关目标而制作的各种书面文字材料，它是文书在公共关系中的运用。一般来说，公共关系文书写作内容较多，但概括起来，主要分为三个方面：礼仪类公关文书、事务类公关文书和策划类公关文书。

1. 礼仪类公关文书

礼仪类公关文书就是在日常工作中组织与组织，组织与个人之间为达到一定的公关目的，塑造良好组织形象而编制的文书，如柬帖、发言稿、书信等。

2. 事务性公关文书

事务性公关文书就是为了正常开展公关工作而编制的文书，如公关计划、总结、新闻稿、简报、会议记录、公关危机事件处理书等。

3. 策划类公关文书

策划类公关文书就是组织为进行公关活动方案策划、广告文案策划而制作的文书，如公关广告、项目/活动策划方案等。

9.1.3 公关文书的基本特点

公关文书属于典型的应用文书，因此它具备一般应用文书的基本特点。此外由于公共关系独特的职能，使公共关系文书还具有不同于其他应用文体的独特之处，也让它有一些新的特点。大体来讲，公关文书主要具备以下五方面的基本特点。

> **课堂互动**
>
> 讨论：公关文书有哪些基本特点？公关写作与一般写作之间有什么联系和区别？

1. 实用性

公关文书与一般应用文一样，有明确的实用性。它是组织为了达到一定的公关目的，在公众心中树立良好的组织形象而写作的。它不同于我们常见的小说、诗歌和散文，可以虚构、想象，或单纯抒发闲情逸致。实用性是公关文书的一个显著特点。如邀请某人参加某项活动我们就需要书写请柬，表示对某人某单位的祝贺我们就需要书写贺词，再比如做活动/项目策划时我们需要书写策划书，公关危机处理时我们需要书写公关危机事件处理书，等等。

2. 礼节性

公关文书的主要作用是传递信息，联系和融洽与公众的关系。现代人在社交场合十分注意礼节，注意把握交往的度，长幼有序，上下有别，亲疏不同，有礼貌有节度，才利于合作。失礼或施礼不当，往往导致不良后果，因而公关文书的礼节性强。礼仪类公关文书尤其如此。

3. 规范性

公关文书的书写虽然没有行政公文那样严格，但也有其约定俗成的格式和特定的语言文字表达要求。其规范性主要体现在格式的规范性和书写的规范性两个方面。公关文书与一般文书一样在写作上有较固定的格式，即比较固定的结构层次、习惯用语、称谓、签署等，这样便于书写、阅读。如请柬、信函、致辞、广告、会议纪要、活动方案等都有其固定、规范的格式要求。书写时大多数公关文书都要求用钢笔或签字笔，不能用圆珠笔或是铅笔；字体上要求用楷书或行书而不能用草书。

4. 语言简洁朴实

公关文书作为应用文书通常只需要用简洁朴实的语言把何人、何时、何地、何事或者是什么、为什么、做什么等一些基本情况准确地表述清楚就行，一般不用华丽的辞藻和夸张的手法。

5. 很强的针对性

公关文书写作还有一个明显的特征就是针对性，它主要体现在以下三方面：

（1）有明确的涉及范围和对象。一般的文章或文学作品所涉及的读者范围及对象是笼统的，既没有明确的规定性，也没有很强的制约力。但公关文书写作却不然，无论是策划、信息咨询或大众传播文书，还是人际沟通及组织内部公务类文书，读者对象一般都有明确的范围或特定的公众。

（2）针对具体问题而写作。公关文书写作，是针对公共关系活动或组织的存在与发展中的具体问题而进行的，因而写成的文章一般都有高度的针对性。

（3）选择特定的惯用程式。所谓程式，指在长期的实践中总结形成的有关内容要素、行文格式、书写位置以及一些习惯用语等方面的基本要求。

资料卡

公共关系文书的语言要求

1. 用词准确

公关文书的真实性的特点要求写作时要力求用词准确，以达到预期的效果。如在介绍产品的广告中，其性能、规格、特点、专家评价、检测等一定要用准确而严密的语言表述，否则就有虚假不实之嫌。

2. 文字简洁

公关文书要求语言文字简洁，如简报的字数要求千字以内，最多不超过两千字；广告、新闻更明确要求文字精练，篇幅简短有力。此外，为了使语言简洁，在信函中常用“此复”“函告”，在证明中常用“特此证明”等习惯用语。

3. 语言质朴

公关文书是应用文书，因此要求写作内容实事求是，语言平实质朴，做到易看、易读、易懂，但是语言平实质朴也不等于枯燥无味，有些文体，如请柬的语言就要求富有感情色彩，情真意切，大方有礼；致辞、演讲、公关广告则要求运用适当的修辞手法使语言具有感染力，以达到引人注目的效果。所以在运用语言时一定要根据不同的阅读对象和要求，灵活多变，不拘一格。

4. 表现得体

公关文书有一定的阅读对象，因此要注意语言得体。如请柬对语言的要求是文雅、庄重、有礼，还要表现出邀请者的诚意。演讲稿要根据听众和场合的不同，在称谓上有所变化。如曲啸在给一个农场犯人作演讲时，所用的称谓就是经过再三斟酌而定的。他一开始用“犯人们”，觉得不合适，后改为“同志们”，还感觉不当，最后他再三思考，选用了“触犯了法律的年轻朋友们”，这样既符合实际，又很亲切。使当时在场的犯人感动得留下了眼泪。

小　结

本节公关文书的概述主要学习了三个方面的内容：为什么要学习公关写作、公关文书的概念与分类、公关文书的基本特点。学习公关写作，是每一个公关从业人员事业上有所发展、有所成就必不可少的修炼。公共关系文书是社会组织为了开展公关活动，实现自己的公关目标而制作的各种书面文字材料。它主要分为三个方面，即礼仪类公关文书、事务类公关文书和策划类公关文书。公关文书主要具备实用性、礼节性、 规范性、语言简洁朴实、客观性和针对性强几个方面的特点。

思考题

1. 我们为什么要学习公关写作？
2. 什么是公共关系文书？它有几种类型？
3. 公共关系文书有些什么特点？
4. 如何理解公关写作要求精美、得体的原则？

9.2 常见公关文书的写作

前面我们讲到，公共关系文书是社会组织为了开展公关活动，实现自己的公关目标而制作的各种书面文字材料，它是文书在公共关系中的运用。此处我们学习礼仪类公关文书、事务类公关文书和策划类公关文书的写作。

9.2.1 公共关系礼仪类文书的写作

公共关系礼仪类文书就是在日常工作中组织与组织、组织与个人之间为达到一定的公关目的，塑造良好组织形象而编制的文书，如柬帖、发言稿、书信等。

1. 公共关系柬帖

柬帖是公关信件、名片、卷子的统称，公关柬帖是一种简便、亲切、自然的沟通形式和礼貌的传播和交际工具，是组织在公关活动中最常用的文书。作为日常社交和公关活动中经常使用的沟通媒介，它可以向公众迅速、简洁地传递信息、通报事务、表达感情，因而也是一种不可或缺、十分方便的联络工具。

公关柬帖不同于普通信函和通知，它比普通信函更庄重、更正式，对对象也更礼貌、亲切和尊重。一般来说，只有在重大活动或节庆、会议等场合才使用柬帖。公关柬帖常用形式有请柬、邀请函。

1）请柬

请柬，又称“请帖”，是邀请某人或某单位参加某项活动的专用文书。多用于重要的庆典宴请活动，或特别性的集会、聚会。多数使用统一印制、美观大方的现成式样。使用时根据需要填写：被请单位或个人名称或姓名、与会时间、地点、会议内容、安排、敬语、发文单位、日期，用于个人活动的，可以用书信的方式邀请对方，打印或手写均可。请柬不仅交代各项事宜，以便于使对方准时参加活动，还要表示诚意与热情，使对方乐于接受。

一份规范的请柬，无论如何设计，一般总由封面和内页（正文）两部分组成。特制的专门请柬的封面，一般应写明是什么会议（或活动、宴请）的请柬。如社会组织为控制成本，一次印制较多请柬以供几个不同的活动所用，也可只写“请柬”两字，在相应部位，可配上组织的标识。如范例 9-1、9-2。

【同步范例 9-1】

请　　柬
尊敬的×××先生/女士/小姐： 第 15 届中国西博会开幕仪式定于 2014 年 10 月 23 日（星期四）上午 9：30 在成都世纪城新国际会展中心（武侯区世纪城路 198 号附 136 号）举行。诚邀您届时莅临指导。 第 15 届中国西博会组委会 2014 年 10 月 15 日 （敬请持本柬的贵宾于上午 9：00 准时到会展中心贵宾休息室签到）

【同步范例 9-2】

请　　柬
诚邀您出席第 15 届中国西博会开幕仪式 时间：2014 年 10 月 23 日（星期四） 上午 9：30 地点：成都市武侯区世纪城路 198 号附 136 号 世纪城新国际会展中心 第 15 届中国西博会组委会 2014 年 10 月 15 日 （敬请持本柬的贵宾于上午 9：00 准时到会展中心贵宾休息室签到）

这两种撰写方式的区别在于：

第一种方式（范例 9-1）顶格书写被邀请者的姓名和称谓。在被邀请对象不是很多的情况下，采用这种方式，既体现了对被邀请对象的尊重，又便于在活动过程中了解被邀请对象的实际出席人数。但在被邀请人员较多且具体出席对象又不是很确定的情况下，这一方式在操作上难度较大。

第二种方式（范例 9-2）则解决了上述难题，即请柬上仅表示邀请意向，而不书写被邀请者的姓名和称谓，这就具有较大的灵活性。

不管采用哪种方式，请柬正文都必须写明邀请的意向，活动的内容、时间、地点以及提请被邀请者注意的有关事项。应注意以下几点：

（1）活动的时间必须根据各种因素精确设定，撰写时做到准确无误。凡在日期后面加注“星期×”的（这是请柬的规范写法），应特别认真加以核对，保证两者统一。

（2）活动的地点，除必须写明具体场所（如××宾馆×楼的×厅）外，还须注明这一场所所在的建筑物的具体地址（如××路×号）。

（3）在请柬上注明一些需要提请被邀请者注意的事项。这类注意事项包括签到、着装、就座、人数限制和资料（礼品）领取等，可视不同场合、需要而定。

（4）在请柬的结尾，一般写上“敬请光临”之类的礼貌用语，并署上发出邀请的社会组织的全称和发出邀请的时间。

2）邀请函

请柬作为对客人发出邀请的一种专用函件，虽然规格颇高，但因其内页篇幅有限，所以正文部分除写明邀请的意向，活动的内容、时间、地点以及提请被邀请者注意的有关事项外，不可能对活动的内容做进一步的介绍。有些时候由于对活动内容及主办者缺乏了解，许多人可能会不参加。在这种情况下，就需要用到邀请函。

邀请函作为对客人发出邀请的另一种专用函件，一般用 A4 纸印，可套色，也可单色，外观形式上虽不如请柬考究。但邀请函最大的优点是：它有足够的篇幅，可对一次活动的背景情况、具体内容以及规模和形式等方面做较为详尽的介绍和说明，从而引起被邀请者的关注。如范例 9-3。

【同步范例 9-3】

成都第十五届中国西部国际博览会

尊敬的×××先生：

您好！

成都第十五届西博会将分两期举办，第一期展览面积 12 万米^2，设西部合作馆、国际合作馆、高端装备制造馆、电子信息馆、应急产业馆共五大展馆及室外展区，突出航空航天、电子信息、高端制造、新材料、新能源等，主要进行产品展示、技术交流、项目洽谈等专业活动。第二期展览面积 12 万米^2，以消费品为主，设国际精品馆、国内精品馆、农业产业馆、纺织服装馆、家具家居馆共五大展馆及室外展区。

受本届展会组委会委托，特邀请您出席定于 2014 年 10 月 23 日（星期四）上午 9：30 在成都世纪城新国际会展中心（武侯区世纪城路 198 号）举行的第十五届中国西部国际博览会开幕仪式，并参观指导。敬请您准时莅临为盼。

本次活动记者签到时间和地点：2014 年 10 月 23 日上午 9：15—9：30

成都世纪城新国际会展中心东馆正门南侧签到处。

谢谢您的支持和合作。

成都××公共关系有限公司

2014 年 10 月 15 日

如有垂询，敬请与本公司下列人员联系：

×××小姐　　电话：×××××××

×××先生　　电话：×××××××转××分机

2. 公共关系发言稿

公共关系发言稿一般可以分为公关致辞和演说稿。

1）公关致辞

在公共关系活动中，有许多迎来送往的场合，需要有关人员致辞。常见的致词有欢迎词、欢送词、祝贺词和答谢词等。这类致辞的结构，一般由标题、称呼和正文三部分组成。

> **课堂互动**
>
> 针对刚进校的新生或是即将离开学校的毕业生，请你即兴做一则欢迎或欢送词。

（1）标题。标题的写法：一种是只写“欢迎词”“欢送词”“祝贺词”或“答谢词”即可；另一种是在“欢迎词”“欢送词”“祝贺词”或“答谢词”前加上一定的修饰限定词语。如《××在××活动中的欢迎词》《××的答谢词》等。

（2）称呼。标题的下一行顶格写致辞对象的称呼，称呼后加冒号。称呼要用尊称，一般在称呼前加上表示敬意、亲切的修饰语，如“尊敬的”“敬爱的”“亲爱的”等。在被称呼者的姓名后加上职务、职称。

（3）正文。正文包括开头、主体、结尾三部分。开头应首先表明本致辞的主旨。主体部分则是结合活动的特定内容和出席对象的具体情况，围绕致辞的主旨适当进行阐述。

（4）结尾。结尾比较简单，一般是向致辞对象表示祝愿、祝福或希望。

如范例 9-4、9-5、9-6、9-7。

【同步范例 9-4】

欢迎词

欢迎你们，来自五湖四海的莘莘学子！

在这金色秋日来临之际，××××又迎来了一批莘莘学子，我们真诚地道一声：“欢迎你们，新同学。”

当你跨进这所美丽的校园，你就成了××××大家庭的一员，在这个大家庭里，充满着真情，充满着友爱，充满着对一切美好事物的追求，自由的空间任你遨游，广阔的天地任你驰骋。在这个大家庭里，我们能提供给你良好的学习环境和生活空间，你将会在这优美的校园环境中陶冶情操，发挥你的特长，攀登科学的高峰。你也许会遇到各种问题和困难，请及时告诉我们，我们将会竭力帮助你解决这些问题和困难。

我们相信，在几年的耕耘中，你们的聪明才智一定能得到充分展示，在几年的奋斗中，一定会领略到青春的瑰丽、人生的真谛，在几年的磨砺中，你将逐渐成熟，并为自己的大学经历画上人生美好的一页，到那时，在更为激烈的社会竞争中你必能乘风破浪，展现××××学子风采！

【同步范例 9-5】

（祝）贺词

女士们、先生们、朋友们！

上午好！

非常有幸参加今天航空服务专业技能大赛的闭幕仪式，首先我代表××学院航空服务专业全体师生祝贺本次活动圆满结束！

航空服务专业是我们学院一道亮丽的风景线，空乘专业同学不仅有着靓丽的外表，还有过硬的专业技能，深厚的人文底蕴。本次活动历时××，××人次参与，组织井然有序，比赛公平公正，不仅充分展现了我们的专业特色与学生风采，还获得良好的影响，引起了全院师生的广泛关注，提高了专业的知名度和美誉度，十分有助于我们专业向深层次发展。

我们希望这样的活动能更多地开展，以促进我们专业的蓬勃发展，让更多的人了解我们专业，关注我们专业，支持我们发展。

谢谢大家！

【同步范例 9-6】

答谢词

尊敬的××院长，尊敬的老师们、同学们：

晚上好！

非常感谢民航系组织的这次毕业晚宴。在离别前夕，请允许我代表全班同学，向大学三年来给予我们温暖和教诲的民航系表示由衷的感谢。

三年的大学生活是十分难忘的。在民航系，老师们认真负责，和蔼可亲，给我们扶持与鼓励；同学们朝气蓬勃，踏实勤奋，三年的相处让我们结下了深厚的友谊。美好的大学生活即将结束，在离别之际，我们向系部深情道别，并祝愿系部的明天更美好！而我们也会踏上工作岗位，会努力地面对新的每一天，以自己出色的成绩为系部增光添彩。

再一次谢谢大家！

【同步范例 9-7】

欢送词

尊敬的女士们、先生们：

首先，我代表×××，对你们访问的圆满成功表示热烈的祝贺。明天，你们就要离开××了，在即将分别的时刻，我们的心情依依不舍。大家相处的时间是短暂的，但我们之间的友好情谊是长久的。我国有句古语："来日方长，后会有期。"我们欢迎各位女士、先生在方便的时候再次来××做客，相信我们的友好合作会日益加强。

祝大家一路顺风，万事如意！

2）公关演讲

公关演讲，在企业公共关系活动中起着重要的作用。撰写公关演说稿是公关从业人员日常要承担的工作之一。如果说公共关系是传播，是沟通，是信息的交流，那么演讲就是传播、沟通、信息交流的工具或具体方式。演讲人通过语言的表达，把自己的思想、对某一具体事件的看法，同时也把自己的情感，作为强有力的信息传播给公众，使公众对演讲人及其所代表的企业有更深入的了解，使公众在一定程度上接受自己的观点和感情。除即兴演讲外，一般的主题演讲都需要撰写演说稿。撰写演说稿，应注意把握以下几点：

（1）标题。

通常演说稿的标题为"在××场合的演说"，以免和其他演说稿相混，但在实际演说时不必照背照念。

（2）称呼。

演说稿的称呼，一般情况下，可以对这一活动的主持人特别提出加以称呼，而对在座领导则不必如此。即以“尊敬的×××先生（或女士、小姐）”称呼主持人，再以“尊敬的各位领导、女士们、先生们、朋友们”这些泛称涵盖所有在场人员。在某些比较随意的场合，只需简单地称呼“各位朋友”。

（3）正文。

演说稿的正文分为三个部分，即开场白、主体和收尾。

演说稿的开场白事关能否马上吸引听众的注意。在撰写时，一般可采用下列几种方式：一是开门见山，直奔主题。一般用于比较正式的场合。二是先做简单的自我介绍，让人们对自己发生兴趣。三是由某一看似不相干的话题突然切入，激发人们的好奇心理。四是抓住现场情境，即兴发挥。

演说稿的主体部分是整篇演说的最核心部分。主体部分的撰写，根据内容需要和具体场合、听众的不同，可有各种方式，但不管用什么样的方式，有三点是要注意的。一是要突出演说主题，不在次要问题上多做解释和说明。二是逻辑严密，结构紧凑，围绕主题层层推进，具有较强的说服力。三是表述通俗流畅，力求口语化。

（4）收尾。

演说稿的收尾部分，一般有下列几种方式：一是概括演说的主题，加深听众印象。二是提出希望或发出倡议，激发听众的情绪。三是提出一个或几个思考的问题，让人感到意味深长，意犹未尽。这几种方式，可以根据不同情况灵活运用。但都应注意，收尾应尽可能干脆利落，不拖泥带水。

如范例 9-8。

【同步范例 9-8】

演讲公关协会会长竞选演讲稿

尊敬的团委学生社团部干事，亲爱的同学们：

大家晚上好！首先感谢校团委和演讲公关协会给我这次参加竞选的机会。

下面请允许我做一个简单的自我介绍。我是民航系 13 级航空服务专业的××，在同学的印象中，我是一位上进、乐观和爱笑的女生。在同届理事的印象中，则是一位踏实、细心、有责任心的部委。2012 年，初入大学的我凭着坚定的信念，成为演讲公关协会办公室的一员。回首过去一年在演协的工作，我发现自己的内心深处已经有了一份抹不掉的社团情结，也为我能在演讲公关协会工作而感到骄傲与自豪。

在演协这个大家庭里，我有过成功也有过失败。第一次在办公室写邀请函，第一次去买嘉宾的礼物，第一次邀请评委……在演协，我经历了人生中的很多很多第一次。在此，我衷心地说声：谢谢你，演讲公关协会。也正是这一年的工作经历，让我有了更多锻炼的机会，使我接触到了不同协会的理事，并与他们保持融洽的关系，这些也为我今后的工作打下了良好的基础。所以我以这种既在社团内部又在社团身边的角度看待演讲公关协会，更能了解作为会员的你们需要什么，我们应该为大家提供什么。

回顾昨天，我无怨无悔；展望明天，我豪情万丈。假如我能够有幸当选演讲公关协会的会长，我会从以下方面着手：

第一，我会进一步完善自己，提高自己各方面的素质，以饱满的热情和积极的心态去对待每一件事。

第二，我会进一步提高责任心，在工作中积极进取，进一步加强沟通，做到有错就改，有好的建议就采纳，同时坚持自己的原则。

第三，我会用实际行动来服务大家，抓住机会，团结各理事，尽我所有的热情和努力为演协出一份微薄之力，最终把协会活动办好，让协会发展好。

时光荏苒，白驹过隙。我是一个快乐的演协人，我热爱我的工作。在协会的一年里，我不断成长。我要感谢师兄师姐的指导与帮助，这使我不断成长，感恩过去的挫折与困难使我不断强大。当然，谢谢在场各位听我的演讲。没有你们，也就没有今天站在这里的我，再次感谢大家。我想今年我们演协仍然会延续我们去年的光辉成绩，为大家开办各种特色活动，我们将竭尽全力办得有声有色。当然，我们需要在场每一位的支持与参与！

最后我想说的是：我不去想是否能够成功，因为既然选择了远方，便只顾风雨兼程。相信我，相信你们的选择。谢谢大家。

3. 公共关系书信

公共关系书信是在公共关系活动中使用的一种书信体的礼仪类文书。

1）贺信

贺信，是表示祝贺的专用书信。贺信既可以宣读也可以通过邮寄送达对方。

贺信的写作格式与一般书信大致相同，由标题、称谓、正文、结语、落款几部分组成。写作要求内容切合具体的祝贺情境，感情真挚，喜庆色彩浓郁。贺信以书面表达为主，语言力求简练、明快、生动、流畅，恰当地使用对偶、比喻等修辞手法，使贺信优美文雅。如范例 9-9。

【同步范例 9-9】

贺　信

××学院：

欣闻贵院定于 2014 年 5 月 4 日举行隆重的建校 50 周年庆典仪式，我院谨向贵院致以最热烈的祝贺和最诚挚的敬意。

贵院历经了半个世纪的风雨沧桑，秉承“艰苦奋斗、虚心善学、实干创新、勇于攀登”精神，在职业教育领域积累了丰富的办学经验，为社会培养了数以万计的专业人才，收获了累累硕果。相信此次庆典将成为贵院一个新的里程碑，在今后的各项事业中必将取得更快、更大的发展，创造新的辉煌。

祝贵院庆典仪式圆满成功！

××职业技术学院

×年×月×日

2）慰问信

慰问信是向对方表示关怀、慰问的信函。它是有关机关或者个人，以组织或个人的名义在他人处于特殊的情况下（如战争、自然灾害、事故），或在节假日，向对方表示问候、关心的应用文。慰问信包括两种情况：一种是表示同情安慰；另一种是在节日表示问候。信应写得态度诚恳、真切。

慰问信的格式：

（1）标题。可写成“慰问信”或“××致××的慰问信”。

（2）称谓。称谓应表示尊敬。

（3）正文。表示安慰的慰问信，要针对不幸事件的后果，表达同情与痛惜之情。表示问候的慰问信，要述及慰问对象的主要贡献，并表达钦佩与赞扬之意。

（4）署名和日期。

如范例 9-10。

【同步范例 9-10】

2014 年重阳节慰问信

尊敬的离退休同志们：

夕阳无限好，人间重晚晴。值此重阳节来临之际，学院党委、行政谨向全院离退休老领导、老教师和老同志致以亲切的节日问候！向你们为学院改革和发展做出的努力和贡献致以崇高的敬意！

老同志的精神和智慧是学院发展的宝贵财富。在学院建设发展的历史进程中，你们呕心沥血，任劳任怨，艰苦创业，用辛勤的汗水谱写出学校壮丽的创业诗篇。离开工作岗位以后，你们以深厚的爱校之情，时刻关心学院的发展，继续发挥余热，用最美的夕阳红辉映着学院的蓬勃发展。学院的成长壮大蕴含着你们的智慧和劳动，学院的发展腾飞更是凝结着你们的奉献和心血。你们永远是航院人学习的楷模！

“老吾老以及人之老”。尊老敬老是中华民族的传统美德。学院一定会做到对老同志在政治上尊重、思想上关心、生活上关照，真正做到让全院老同志“老有所养、老有所教、老有所医、老有所为、老有所学、老有所乐”，努力把老年老干工作提高到更高的水平。

“莫道桑榆晚，为霞尚满天”。衷心地希望全院离退休同志们晚年生活更加幸福安康；更期盼你们一如继往地关心学院的改革与发展，继续关心和支持学院的进步和发展，继续为学院发展献计献策，共同谱写学院更加美好的明天。

祝全院离退休同志们身体健康、节日快乐！

××学院党委

×年×月×日

3）感谢信

感谢信是一种礼仪文书，用于商务活动的许多非协议的合同中，一方受惠于另一方，应及时地表达谢忱，使对方在付出劳动后得到心理上的收益，它是一种不可少的公关手段。

感谢信在写作时篇幅应短，中文 200 字左右即可；对收信人为自己做的好事了然于胸，不要忘了什么；把对方带来的好处都写清楚，不要含糊其词；表示感谢的话要合乎商家往来习惯，语气不应过于卑屈。如范例 9-11。

【同步范例 9-11】

感谢信
四川××市农科所： 在今年5月我乡玉米发生大面积虫害，严重影响农作物生长的紧急时刻，贵所派出全部农业技术人员来我乡根治病虫害，避免了上千亩玉米绝收。目前作物长势良好，丰收在望。谨向你们表示衷心感谢！ 我们决心在党的十九大精神指引下，继续努力生产，以实际行动答谢你们的帮助和关怀。 此致 敬礼！ ××乡乡党委 2018年7月18日

9.2.2 公共关系事务类文书的写作

公共关系事务类文书是为了正常开展公关工作而编制的文书，如公关工作计划、工作总结、新闻稿、简报、会议记录、公关危机事件处理书等。

1. 公关工作计划

计划是依据本部门的实际情况对未来一定时期内的工作活动的规划和设计。公关工作计划是公关组织为了在公众中树立良好的组织形象，根据本组织公关状态和公关目标要求，对公关活动的行动方案所做的规划和书面文案。公关工作计划是公共关系工作的行动指南，它以树立组织的形象为目标，通过对组织现有条件状态的分析，设计、策划出组织最佳的公关活动方案，保证整个公关活动有层次、有步骤，顺利地进行。同时为组织的公关活动提供了有力的评价依据。因此它在整个公共关系领域中处于指导地位。

1）公关工作计划的类型

公关工作计划可以按不同标准来划分。按活动所用时间可以划分为长远工作计划和短期工作计划；按公关活动的区域可以划分为整体计划和个别计划；按公关活动的功能分类可以分为宣传计划、交际计划、服务计划、社会公益计划以及咨询计划。

2）公关工作计划的结构

与一般工作计划一样，公关工作计划的结构由三部分组成。

（1）标题。标题又叫计划名称，主要表明制定计划的单位、期限和种类，如《××公司20周年庆典活动计划》。标题中也可以不出现单位名称，只在正文结尾处注明即可。

（2）正文。正文是计划的主体，一般包括前言、内容、措施三部分。前言，简要说明公关计划的缘由、目的和意义，介绍组织目前的状况。内容，明确写出公关活动的主要内容、项目，要做到在数量上、质量上、时间上有具体要求。措施，详细说明完成活动的具体措施、行动步骤、时间分配、人力、物力、财力等安排。此外还要说明应注意的问题。

正文部分内容较多，要写得层次清晰，段落分明。在写作方法上可以采取叙述性，也可以采用条文式、表格式或者综合运用各种形式。

（3）结尾。结尾的内容一般包括执行计划应注意的事项或需要说明的问题、提出的要求等。结尾之后是落款，注明制定计划的单位名称和日期，加盖公章。此外与计划相关的材料可在正文后面附文、附表说明。如范例 9-12。

【同步范例 9-12】

2015 年公共关系协会下半年工作计划

整体规划

通过对各方面礼仪的活动安排，让活动有整体感。把活动主题具体分为：餐桌礼仪、求职面试礼仪、舞会礼仪。另外，招新和公关礼仪知识竞赛作为整个下半年工作的开始和收尾活动，需着重注意。

具体分配

实践部负责餐桌礼仪（可以和美食协会进行合作）、公关部负责舞会礼仪（可以和拉丁舞协会合作）、宣传部负责求职面试礼仪（可以和就业创业协会合作）。外联部、秘书部着重协助招新工作，信息部做好公关礼仪知识竞赛的协助工作。

执行时间

1. 规章制度学习。（10 月中旬）
2. 社团联谊。（10 月底至 11 月初）
3. 餐桌礼仪。（11 月中旬）实践部主办。
4. 舞会礼仪。（11 月底至 12 月初）公关部负责。
5. 面试礼仪。（12 月中旬）宣传部负责。
6. 公关礼仪知识竞赛（12 月底至次年 1 月初）

具体策划由各负责部门自己发挥，如有任何困难，可以大家一起商量解决。（PS：与其他社团的合作可以通过社联帮助）

各负责部门做好工作的同时，注意做好汇总和报道工作。同时需要注意的是，各部门除了自己负责的事务外，对其他部门负责的活动也要做好自己的工作。比如说：外联部主要负责招新，但是，仍需协助宣传部做好宣传工作。

最后，各部门如果对自己所负责的活动有任何意见可以相互协商交换，也可以商量更改。

××公关协会

2015 年 9 月 10 日

2. 公关工作总结

1）公关工作总结的含义

当公关工作进行到一定阶段或告一段落时，需要回过头来对所做的工作认真地分析研究，肯定成绩，找出问题，归纳经验教训，以提高认识，明确方向，进一步做好工作。把这些用文字表述出来，就叫作工作总结。公关总结的写作过程，既是对自身公关实践活动的回顾过程，又是思想认识提高的过程。通过总结，可以把零散的、肤浅的感性认识上升为系统、深刻的理性认识，从而得出科学的结论，以便吸取经验教训，改正缺点，使今后的公关工作少走弯路，多出成果。它还可以作为先进经验而被上级推广，为其他单位所汲取、借鉴，从而推动实际工作的顺利开展。

2）公关工作总结的书写内容

书写公关工作总结要用第一人称，即要从本单位、本部门的角度来撰写。表达方式以叙述、议论为主，说明为辅，可以夹叙夹议。总结要写得有理论价值，一方面，要抓主要矛盾，无论谈成绩还是谈存在的问题，都不需要面面俱到。另一方面，要对主要矛盾进行深入细致的分析，如谈成绩要写清怎么做的，为什么这样做，效果如何，经验是什么；谈存在问题，要写清是什么问题，为什么会出现这种问题，其性质是什么，教训是什么。

公关工作总结主要包括以下内容：

（1）基本情况。这是对自身情况和形势背景的简略介绍。自身情况包括单位名称、工作性质、基本建制、人员数量、主要工作任务等；形势背景则包括国内外形势、有关政策、指导思想等。

（2）成绩和做法。工作取得了哪些主要成绩，采取了哪些方法、措施，收到了什么效果等，这些都是工作的主要内容，需要较多事实和数据。

（3）经验和教训。通过对实践过程进行认真的分析，总结经验，吸取教训，发现规律性的东西，使感性认识上升到理性认识。

（4）今后打算。下一步将怎样纠正错误、发扬成绩，准备取得什么样的新成就等，不必像计划那样具体，但也不能省略。见范例 9-13。

【同步范例 9-13】

公关接待工作总结

接待是一项细致而重要的公关工作。一个组织或单位在他人心中第一印象的好坏，往往取决于初次接待工作是否做得细致到位。

准备了四天的××集团接待工作已经结束，由于其中变数太多，加之初次面对如此重要的接待任务，很多方面都考虑不周，缺乏突发事件的应对能力，因此，很有必要对这次活动做一个总结，以便在以后的接待事务中，吸取教训，使我们准备得更周到，做得更好。

第一，我们应该拟定整体接待方案，列出方案的主要几大部分。其中包括：访问目的、来访人员名单、接待人员名单、日程安排、会议及访问参观具体内容、其他相关事宜及联系人联系方式、两地近期天气情况等。

第二，对整体方案各环节的每个细节做详细描述和分工，整理成文发给每位工作人员，使工作人员心中有数，各负其责。每人对于自己管辖和负责的事项从开始准备到最后结束都要全程跟进，不得疏忽。无论是接站时车上预备的应急药品和矿泉水，还是引导入住时的鲜花和欢迎辞，都要从细节上让客人感受到我们的热情和细心。

第三，要做到团队之间相互帮助，与其他相关单位和部门密切合作。没有完美的个人，只有完美的团队。一个人的思想和力量是有限的，团队之间各成员应积极主动互相配合，随时保持联络，出现问题及时想办法解决，不应相互埋怨，推卸责任。同时，还要注意加强跟其他相关单位和部门的联系和沟通，希望得到他们的协助和配合，完善我们的接待工作。

第四，物品的购买和接待宣传材料的设计应先征集大家的意见，确定好样式和内容之后再去购置和制作，同时要注意在保证整体效果的前提下节约成本，减少开支。

第五，接待过程中如果遇到突发事件和紧急情况，不要慌张，尽量不要擅自处理，应及时向领导反映，征求意见，妥善解决。

通过这次接待活动，使我了解了更多的接待礼仪，提高了自身的综合素质，让我充分认识到沟通与合作的重要性，为今后的接待工作积累了宝贵的经验。

××公司公关员××

2015年9月10日

3. 公关新闻稿

社会组织要宣传自己的形象，提高知名度，打出“牌子”，获得更多公众的认识和支持，借助大众传播媒介和舆论导向是非常有效的手段，其中一个很好的办法就是将各种信息通过新闻稿形式，借助新闻传媒迅速传播开来，因此有人将公共关系新闻称为“不花钱的广告”。

新闻稿是组织公关部门（人员）撰写的以目标公众为宣传对象的文字作品，包括提供给媒介的消息和通讯。撰写新闻稿，是公关人员利用大众传播媒介对公众施加影响的重要手段，也是组织与新闻界保持密切联系的纽带和桥梁。

一般新闻稿，也就是人们常说的“消息”。它往往以鲜明的主题、简练的文字，迅速及时地反映现实生活中新近发生的具有特定意义的事件，并因此而成为新闻媒介最经常使用的一种文体。一篇新闻稿通常包含6个基本要素，也称6个W，即Who（何人）、What（何事）、When（何时）、Where（何地）、Why（何因）、How（何果），除了以上6个W外，公共关系从业人员撰写消息稿的目的是供新闻媒介刊发，所以不能仅满足于对6个W的掌握，最好还要加上2个W，即什么主题（What theme）和什么意义（With what meaning）。

1）新闻稿的结构

新闻（消息）一般由标题、导语和主体组成。新闻中也时常介绍一些背景资料，但由于它不是一个单独的组成部分，无固定地位可言，因而不能看作是新闻结构的一个独立的层次。新闻结构组成部分中还有个结尾，但对多数新闻来说，结尾不是非有不可的。

（1）标题。

新闻的标题，可以说是一篇新闻稿的点睛之处。它能迅速地向读者提供简要的信息，同时又能吸引读者的注意，使读者产生阅读这篇新闻的愿望，所以必须精心加以拟定。

新闻稿的标题形式有单行标题（即只有一个主标题）、双行标题（即一个主标题，一个引标题或副标题）、三行标题（即一个引标题，一个主标题，一个副标题）。一般来说，内容比较简单的新闻稿，有一个主标题就可以。内容比较重要而且包含信息较多的新闻稿，则需要添加副标题和引标题，以构成更加完整的标题。见范例9-14、9-15、9-16。

【同步范例9-14】 单行标题

（1）松下中国区域脱胎换骨　家电业务缩减到30%

（2）200多家候选企业将角逐电信供应商百强

（3）红色之旅成春游主力

【同步范例 9-15】 引标题加主标题

> 推进跨境结算 改革外汇管理
> ——国税服务举措助外贸企业“破冰”

【同步范例 9-16】 三行标题

> 亲商 护商 为商
> 成都全方位推进开放型经济
> 实际利用外资超过 80 亿美元，世界 500 强落户 31 家

（2）导语。

导语是新闻的开头，一般来说，它是提炼新闻精髓并提示主题，以吸引读者阅读全文的第一句话或第一段话。在西方的一些新闻中，两个以上的段落也较常见，因此，我们可以概括：导语是以凝练的形式、简洁的文字表述新闻中心内容的、开头的一个单元或部分。

导语的关键是“导”字，它应当起到引导、诱导、前导的作用。也就是说，它应当用简洁的语言，写出最主要、最新鲜、最吸引人的事实，给读者留下深刻的印象。因此，导语写作要求开门见山、中心突出、简明扼要、生动有趣。新闻稿的导语一般有以下几种写法：

◇ 直叙式

这是一般新闻稿最常用的导语写作方式，即把所要传播的信息中最重要的事实，用直叙的方式简明扼要地加以点出，以方便读者把握。如范例 9-17。

【同步范例 9-17】

> 时值年末，小米的业绩和估值再次成为业内关注的焦点。小米今年年初预期的手机 8 000 万~1 亿部的销量目标肯定泡汤，而小米 450 亿美元的估值，无论是雷军的“市梦率”还是现有业务衡量，都存在不小的泡沫。

◇ 提问式

即把新闻稿所要传播的最重要的信息，用提问的方式开头，并做简单回答，以此来构成导语。这种方式容易引起人们的兴趣和注意。如范例 9-18。

【同步范例 9-18】

> 最近一个时期，市场上供应的酱油的质量如何？质检专家告知：经检测，那些品牌酱油，质量均稳定可靠，可放心食用。

◇ 结论式

即在导语中，把新闻稿所要传播的有关事件的最终结论先行点出，然后再在文章的主体中展开具体阐述。这种方式比较适用于一些带有研讨性质的活动（会议）的新闻报道。如范例 9-19。

【同步范例 9-19】

> 21 世纪，中国公关事业必须在全球化这一大背景下加快本土化进程，从而使公关研究、公关教育和公关实践都有一个质的飞跃——这是×月×日在上海兰生大酒店召开的“上海国际公共关系研讨会”上与会人员达成的共识。

◇ 引语式

即用新闻事件中某一重要人物的语言构成导语。通过这一人物的简要表述，点出所要传播的信息中最重要的事实。如范例 9-20。

【同步范例 9-20】

> “亚太地区的经济发展近年来一直保持着旺盛的活力。其中，中国发挥了重要的作用。”这是联合国亚太经济社会委员会秘书长×××××在有 30 个国家和地区参加的第×届亚太国际贸易博览会开幕式上透露的信息。

◇ 描写式

即一开始先对新闻事实发生的现场情景进行简洁、生动的描述，适当渲染气氛，以引起人们阅读的兴趣。这种方式适用于一些描述社会性大场面活动而且篇幅较长的新闻稿。如范例 9-21。

【同步范例 9-21】

> 你的汗水洒在跑道，浇灌着成功的花朵开放；你的欢笑飞扬在赛场，为班争光数你最棒。跑吧，追吧，在这广阔的赛场上，你似骏马似离弦的箭。跑吧，追吧，你比虎猛比豹强。

（3）主体。

主体是新闻的躯干或主干部分，也是新闻的展开部分。好的导语对下文的展开固然十分重要，但是，如果仅有一个出色的提示了新闻主题的导语，而没有在主体部分用新鲜生动的材料来阐明和表现主题，这条新闻仍然不能算是一条好新闻。

一般来说，新闻主体应当具备以下两部分内容：一是对导语提出的主要事实、问题或观点进行具体的阐述或回答，使导语部分的内容借助于一连串丰富的材料而得到进一步的说明和解释，使新闻诸要素更为明确和详尽。二是用附加的次要材料来补充导语中没有涉及的新闻内容，提供新闻背景，说明事件的来龙去脉，使新闻内容充实饱满，主题更加突出。

> **课堂互动**
>
> 讨论：一则完整的新闻稿由哪几部分构成？试就收集的新闻稿进行分析。

主体部分常见的结构形式有以下两种：

◇ 以事件的重要程度为序组织材料

这是常说的倒金字塔结构。这种写作方法，多用于动态新闻。所谓倒金字塔结构，就是大头在上面，小头在下面。具体来说，一篇新闻，往往把最重要、最新鲜的事实放在导语中，主体部分的内容则依照重要性递减的顺序来安排：较重要的材料往前放，较次要的往后放，最次要的放在最后面。这种叙述方式的优点是重点突出，阅读简便，同时便于编辑删节、修改稿件。

◇ **以事件的时间先后为序组织材料**

这种主体结构形式，通常是按事件发生的时间顺序来组织材料，事件的开始是新闻稿的开头，事件的结束为新闻稿的结尾。这种结构方法比较适用于内容较为复杂但线条单一的新闻的写作，如报道节日游行盛况、一些重大事件、一场灾祸、一次球赛等。这种叙述方式的优点是，能够清楚地反映新闻事件的来龙去脉和前因后果，使人们对事件的全过程有一个完整印象，适合一般读者的阅读习惯，在实际写作中也较容易掌握。

2）新闻的类型

以写作特点来区分，新闻（消息）可以分为四类：动态性新闻、经验性新闻、综合性新闻和评述性新闻。

（1）动态性新闻。所谓动态性新闻，是对新近发生或正在发生的事件和活动的报道。它重在揭示事物发展、变化的特征，长于反映社会生活中的新气象、新情况、新问题，是最基本、最常见的一种新闻报道形式。

> **课堂互动**
>
> 讨论：就收集的一则新闻稿分析其属于哪种类型的新闻？

（2）经验性新闻。所谓经验性新闻，是指对一个社会组织或一个行业领域先进经验、成功典型的新闻报道。这类新闻往往偏重于交代情况、介绍做法、反映变化与效果，较多提供背景材料，因而篇幅比其他类型的新闻要长一些。

（3）综合性新闻。所谓综合性新闻，是指把发生在不同地区或部门的性质相似又各有特点的事件综合起来，从不同侧面阐明一个共同的主题思想，反映一个时期内带有全局性的情况、成就、趋势或问题的新闻报道。它纵览全局、报道面广、声势较大，给人以较为完整的印象。常见的综合新闻有两种类型，一种是横断面的综合，一种是纵深度的综合。

（4）评述性新闻。所谓评述性新闻，是指一种且述且评、夹叙夹议的新闻报道体裁。它在“用事实说话”，报道具有普遍意义的新闻事实的基础上，结合形势和动向，对事实进行适当的分析、评述，揭示其本质意义，指明其发展趋势，以指导实际工作。

4. 会议记录

会议记录是指在会议过程中，由记录人员把会议的组织情况和具体内容记录下来，这种记录就是会议记录。“记”有详记与略记之别。略记是记会议大要，会议上的重要议程或主要言论。详记则要求记录的项目必须完备，记录的言论必须详细完整。需要留下完备会议内容的会议记录要靠“录”。“录”有笔录、音录和影像录几种，音录、像录通常只是手段，最终还要将录下的内容还原成文字。笔录也常常要借助音录、像录，以之作为最大限度地再现会议情境的保证。

1）书写基本要求

（1）准确写明会议名称（要写全称），开会时间、地点，会议性质。

（2）详细记下会议主持人、出席会议应到和实到人数，缺席、迟到或早退人数及其姓名、职务，记录者姓名。如果是群众性大会，只要记参加的对象和总人数，以及出席会议的较重要的领导成员即可。对某些重要的会议，如果出席对象来自不同单位，应设置签名簿，请出席者签署姓名、单位、职务等。

（3）忠实记录会议上的发言和有关动态。会议发言的内容是记录的重点。其他会议动态，如发言中插话、笑声、掌声，临时中断以及别的重要的会场情况等，也应予以记录。

记录发言可分为摘要与全文两种。多数会议只需记录发言要点，即把主要发言者讲了哪几个问题，每一个问题的基本观点与主要事实、结论，对别人发言的态度等，作摘要式的记录，不必"有闻必录"。某些特别重要的会议或特别重要人物的发言，需要记下全部内容。有录音设备的，可先录音，会后再整理出全文；没有录音条件的，应由速记人员担任记录；没有速记人员的，可以多配几个记得快的人担任记录，以便会后互相校对补充。

（4）记录会议的结果，如会议做出的决定、决议或表决等情况。会议记录要求忠于事实，不能夹杂记录者的任何个人情感，更不允许有意增删发言内容。会议记录一般不宜公开发表，如需发表，应征得发言者的审阅同意。

2）注意事项

（1）真实、准确。要如实地记录别人的发言，不论是详细记录，还是概要记录，都必须忠实原意，不得添加记录者的观点、主张，不得断章取义，尤其是会议决定之类的东西，更不能有丝毫出入。真实准确的要求包括：不添加，不遗漏，依实而记；要清楚，这首先是书写要清楚，其次，记录要有条理，突出重点。

（2）要点不漏。记录的详细与简略，要根据情况决定。一般地说，决议、建议、问题和发言人的观点、论据材料等要记得具体、详细；而一般情况的说明，抓住要点，略记大概意思即可。

（3）始终如一。始终如一是记录者应有的态度。这是指记录人从会议开始到会议结束都要认真负责。

（4）注意格式。会议记录格式并不复杂，一般有会议名称、会议基本情况。基本情况包括：时间、地点、出席人数、主持人、缺席人、记录人、会议内容，其中会议内容是会议记录的主要部分，包括发言、报告、传达人、建议、决议等。凡是发言都要把发言人的名字写在前。先发言的要记录于前，后发言的记录于后。记录发言时要掌握发言的质量，重点要详细，重复的可略记，但如果是决议、建议、问题或发言人的新观点，则要记具体详细。

3）写作技巧

一般说来写作技巧有四条：一快、二要、三省、四代。

一快，即记得快。字要写得小一些、轻一点，多写连笔字。要顺着肘、手的自然去势，斜一点写。

二要，即择要而记。就记录一次会议来说，要围绕会议议题、会议主持人和主要领导发言的中心思想，与会者的不同意见或有争议的问题、结论性意见、决定或决议等做记录；就记录一个人的发言来说，要记其发言要点、主要论据和结论，论证过程可以不记。如记一句话时，要记这句话的中心词，修饰语一般可以不记。要注意上下句子的连贯性、可讯性。一篇好的记录应当独立成篇。

三省，即在记录中正确使用省略法。如使用简称、简化词语和统称。省略词语和句子中的附加成分，比如“但是”只记“但”，省略较长的成语、俗语、熟悉的词组；句子的后半部分可以画一曲线代替；省略引文，记下起止句或起止词即可，会后查补。

四代，即用较为简便的写法代替复杂的写法。一可用姓代替全名；二可用笔画少易写的同音字代替笔画多难写的字；三可用一些数字和国际上通用的符号代替文字；四可用汉语拼音代替生词难字；五可用外语符号代替某些词汇，等等。但在整理和印发会议记录时，均应按规范要求整理文字。如范例 9-22。

【同步范例 9-22】

会 议 记 录

№：

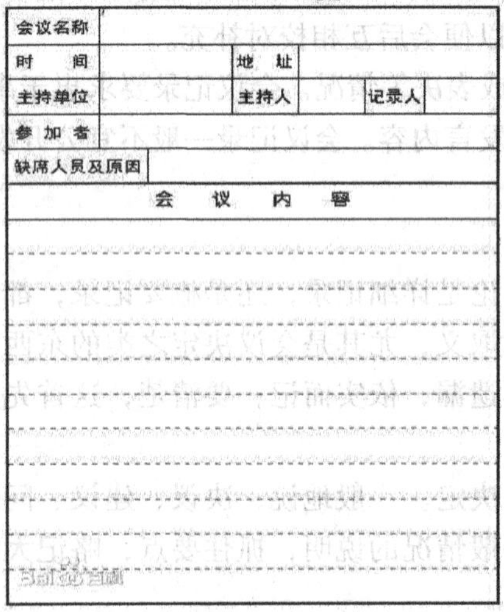

会议名称					
时　　间		地　址			
主持单位		主持人		记录人	
参 加 者					
缺席人员及原因					
会　议　内　容					

××公司办公会议记录

时间：××年××月××日××时

地点：××× ……

出席人：××× ××× ……

缺席人：××× ××× ……

主持人：×××

记录人：×××

主持人发言：（略）

与会者发言：×××（略）

×××（略）

散会

主持人：×××（签名）

记录人：×××（签名）

（本会议记录共×页）

5. 公共关系危机事件处理书

公关危机事件处理书是企业在面对公关危机时所采取的应对策略的文字材料。公关危机事件处理书通常包括背景介绍、主要问题、公众分析、传播渠道分析、应对计划与措施等内容。如范文 9-23。

【同步范例 9-23】

> **课堂互动**
>
> 讨论：公关危机事件处理书有哪些基本要素与注意事项？

王老吉处理危机事件的方案

公关目标：

澄清事实，消除顾客疑虑，重塑王老吉产品安全、健康形象。

活动主题：

安全品质，健康共享。

目标公众的确定：

中央电视台、《人民日报》《南方日报》部分消费者、内部员工、政府相关部门。

项目活动方案设计：

为了实现企业“澄清事实、消除疑虑、重塑形象”的公关目标，首先我们会召开一个新闻发布会，然后利用这次发布会的内容在新浪、搜狐、腾讯等网络上进行宣传；同时为了消除此次事件的负面影响，扩大销售量，我们还将在后期举行王老吉配方大揭秘和抽奖活动。

（一）新闻发布会

我们要澄清夏枯草事件的事实真相，获得政府以及社会上权威专家、学者的认可与支持。

活动项目：联合广州食品协会、卫生部等权威部门召开新闻发布会，与此同时邀请著名养生专家、中医学者座谈。

活动对象：中央电视台、《人民日报》《南方日报》部分消费者、政府相关部门。

时间：2010 年 1 月 16 日

地点：北京长城饭店

媒介：中央电视台、《人民日报》《南方日报》

活动具体流程：

王老吉企业相关领导向各位与会媒体记者说明此次发布会的相关背景和目的。

自由提问阶段，由与会记者和部分邀请与会的消费者对王老吉“夏枯草事件”进行相关提问，由王老吉企业领导、卫生部相关发言人以及专家、学者对记者所提问进行解答，以清除消费者对企业产品的误解。

解答完毕后，企业领导向受邀的嘉宾、学者以及与会的媒体记者和消费者进行答谢，由主持人宣布发布会结束。

报道阶段及区域划分：

中央电视台对王老吉新闻发布会进行报道，澄清事实，这种具有权威性的媒体将会很好地消除顾客的疑虑，并且其他地方性媒体也会纷纷跟进，为王老吉做出澄清。与此同时《人民日报》《南方周末》等权威媒体立即头版刊登关于王老吉的澄清报道。

（二）网络媒体推广

我们利用刚刚召开的新闻发布会的信息资源，选择新浪、搜狐、网易等主流门户网站发布新闻报道以及王老吉的相关广告，澄清“夏枯草事件”的事实真相，并附上王老吉企业为消除消费者心中疑虑所采取的一系列措施。广大网民会看到王老吉企业为了维护广大消费者合法利益所做出的努力，让消费者进一步了解王老吉，真正从内心把王老吉产品定位为一种安全、健康的产品，提高消费者的忠诚度，并同时增加销售额。

媒介：新浪、搜狐、腾讯。

（三）举办“王老吉配方大揭秘”活动和抽奖活动

活动对象：北京、上海、广州繁华地带的广大消费者

时间：2010 年 2 月 1 日—2010 年 4 月 1 日

地点：北京，上海，广州等城市的大型超市以及卖场内

活动具体流程：

1）在北京王府井百货、上海联华、广州中天购物等知名购物广场，对买王老吉的顾客赠送印有“王老吉配方”及“健康知识”的台历（六瓶绑定送一个台历，台历上印有王老吉配方中各个中草药的作用以及不同体质人群的注意事项）。

2）在北京、上海、广州各销售点举行抽奖活动。

奖项设置：一等奖为笔记本电脑一台（三个城市共 10 台）；

二等奖为数码相机一部（三个城市共100部）；

三等奖为再来一瓶（中奖率10%）。

抽奖方式：将奖项设置、兑奖方式写在瓶身上，将奖项写在拉环上。中一等奖、二等奖的消费者，凭拉环及身份证复印件到就近网点确认个人信息，奖品将在三天之内邮寄到消费者家中；中三等奖的消费者，可直接凭拉环上的中奖信息到就近销售点换取奖品。

通过购买王老吉送台历的方式，使消费者更多地了解王老吉的产品配方以及掌握自己身体健康的注意事项，消除消费者对王老吉产品的疑虑，解除危机。同时也体现王老吉最根本的价值观——关心我们所处的社会以及生活在这个社会中的消费者，获得消费者的感情认同，树立在消费者心目中的良好形象。

经费预算（略）

效果评估

（一）消费者

经过一系列的澄清，心理上会得到一定的满足和慰藉。消费者会逐步恢复对王老吉的态度，并再次购买，从而有助于成为王老吉的忠实顾客。

（二）政府部门

努力澄清事实，政府将会大力支持和帮助王老吉。

媒体跟踪报道，帮王老吉澄清形象，重新培育美誉度。

（三）内部员工

经过此次事件，内部员工将会形成更强的凝聚力。

企业自身（王老吉）成功的危机公关恢复消费者对品牌的忠诚度，提升自己的美誉度。

9.2.3 公共关系策划类文书的写作

策划类公关文书就是组织为进行公关活动方案策划、广告文案策划而制作的文书，如公关广告、项目/活动策划方案等。

1. 公关广告

公关广告，是指某企业或组织为增进公众对它的整体性了解，提高其知名度和美誉度而开展的一种宣传活动。与传统商业广告不同，公关广告多以新闻事件为背景，借媒体、舆论对新闻事件的关注度进行宣传活动，达到提高知名度的目的，故而成本较商业广告低廉，但需要有合乎时机的新闻事件为载体。

公关广告与商业广告的区别：我们日常生活中见得最多的是商品广告，这是一种宣传某种具体商品或服务以促进销售的广告。尽管公关广告和商品广告都是广告，但它们实际上是有区别的。

——广告目的不同。商品广告直接宣传产品名称或性能，其目的就是诱发消费者的购买动机，促进产品或服务的销售。如“××牌电蚊香，默默无闻的奉献”“××洗衣机，献给母亲的爱”“××××有点甜”。公关广告则不直接宣传产品，而是传播产品之外的各种与组织形象相关的信息。如“中国杭州——平静似湖，柔滑似丝”——杭州旅游公关广告。“微小的力量也是一种支持，从今天开始，每购买一瓶××××，你就为奥运赞助一分钱！”对于这两者的区别，人们形象地说：商品广告是要公众买我，公关广告是要公众爱我。

——宣传模式不同。同样是通过传递信息去影响公众，两者还是有不同之处：商品广告是让公众先认识产品然后再认识企业组织，而公关广告则是让公众先认识组织再认识产品。这两者的模式如下所示：

公共关系广告：公众——组织——产品；商品广告：公众——产品——组织。如“生命的电池”——日本某电器公司的电池广告，是一个商品广告；“不要把问题留给下一代!现在做，来得及”——中国台湾某电器公司的公益广告，是一则公关广告。

——广告主体不同。商品广告的主体是工商企业，而公关广告的主体则可以是政府部门、非营利组织等各种类型的组织。如节水公益广告：“如果人类不从现在开始节约用水，保护环境，人类看到的最后一滴水将是自己的眼泪。”国外某交通安全广告：“阁下驾驶汽车，时速不超过 30 千米，可以欣赏本市的美丽景色；超过 60 千米，请到法院做客；超过 80 千米，请光顾本市设备最新的医院；上了 100 千米，祝您安息吧!”

2. 公关项目（活动）策划方案

1）策划与公关

策划源于军事领域，后向政治、外交、经济、文化领域扩展。策划在我国港台地区称企划，在美国叫咨询。策划是指谋划、筹划，它是依据已有的信息，遵循一定的程序，发挥人的想象力和创造力，设计出一套可行性方案，通过方案的实施达到一定目标的过程。

公共关系策划是指以公共关系调查研究为基础，根据组织形象的现状和目标要求，确定公共关系活动的战略与谋略，并设计出最佳方案的过程。它包括谋略、计划和设计方案三个方面的工作。

2）公关策划的基本程序

——确定目标。目标必须是具体的、能够量化的；目标必须具有可行性；目标必须具有可接受性和挑战性。

——设计主题。主题是指公共关系活动中连接所有项目、统率整个活动的思想纽带和思想核心。

——分析公众。分析公众是公关策划中最具科学性和挑战性的工作环节。公众是组织公共关系所指向的对象，但在不同时期、不同情况下组织所面对的公众是不同的。

——把握活动时机。这个时机包括组织拥有的时机，公众提供的时机，社会环境提供的时机，传播媒介提供的时机。

——选择活动场所。场所是公共关系活动的舞台，舞台选取得恰当与否直接关系着公共关系活动的效果。具体包括：空间大小与条件，空间位置与审美，空间环境。

——选择媒介。媒介是公共关系信息传播的载体，是组织与公众联系的桥梁。公共关系活动传播媒介的选择，要根据公共关系目标的要求和针对目标公众的情况分析来确定。选择媒介时应注意公共关系目标、传播内容、受传者的特点，讲求经济效益，注重时间安排。

——制定预算。具体包括：劳务报酬、项目开支、器材费、管理费用等。

——撰写策划书。策划书的制作顺序：撰写整个策划书的大纲；列出大纲中各章的大致内容；检查大纲中各部分是否平衡；重新调整后，确定各章节分配；将自己收集的资料及构思的要点进行阐述，写进各章节。

3）策划书的书写

策划书的基本格式包括：封面，序文，目录，宗旨，正文（创意、活动目标、公众分析、基本活动程序、传播与沟通方式、经费概算、效果预测），附录。

策划书的构成要素：5W、2H、1E。

What（什么）——策划的目的、内容、主题。

Who（谁）——策划组织者、策划者、策划所涉及的公众。

Where（何地）——策划实施地点。

When（何时）——策划实施时机。

Why（为什么）——策划的缘由。

How（如何）——策划实施的基本条件、动作过程和具体方法、实施形式。

How much（多少）——策划的预算。

Effect（效果）——策划结果的预测。

如范例 9-24。

【同步范例 9-24】

农夫山泉提升品牌形象的公关策划

一、背景分析

根据 2012 年 AC 尼尔森发布的市场调研报告显示，6 月份，康师傅、娃哈哈、农夫山泉在水市场最新的市场份额分别是 17.3%、16.8%和 10.5%。也就是说，目前瓶装水市场没有一个“超级”大牌能一统天下，而是好几个品牌互相较劲争夺市场，形成了诸侯割据、争霸未能的市场格局。

二、活动简介——选拔校园环保大使

1. 活动目的：

通过一系列活动让公众对农夫山泉的绿色天然、纯净、高品质的品牌形象更加明晰；进一步打开大学生市场，形成公众的品牌忠诚度；企业呼吁保护水资源，强化环保理念，保护水源地不受污染，为公众提供健康水，感恩社会的同时也不断加强企业文化建设。

2. 活动场所：

在江西省所有的大学中选择 10 所大学进行，选择范围包括一本、二本、三本、专科。

3. 活动流程一

活动宣传：平面宣传（横幅、海报等）、网络媒介宣传，如 QQ、微博、人人等。

活动组织：活动分为初赛和复赛，初赛为个人参赛，复赛为团队参赛（团队由入选初赛的个人自行组队）。个人参赛阶段需参赛者的亲友团在活动官网上对参赛者进行投票。

活动时间：寒假结束，开学 10 天后开始选拔大使报名活动，3 月 10 日报名截止。

4. 活动流程二

3 月 15 日初赛。初赛内容：才艺展示（至少有一项，10 分钟以内）；5 分钟即兴演讲。3 天后公布初赛结果，选出 10 组，并通知入选选手复赛内容及时间。

4 月 20 日前，各小组上交治理校园人工湖的策划书。

4月25日晚，复赛各团队用PPT展示各自策划方案，现场选出5支团队作为获奖团队，并在展示完后举行文艺表演。

5. 复赛奖项设置

一等奖：团队五一前往千岛湖、杭州景点三日游并可在暑假到农夫山泉公司实习。

二等奖：2 000元。团队成员可在暑假到农夫山泉公司实习。

三等奖：1 500元。团队成员可在暑假到农夫山泉公司实习。

幸运观众奖：农夫山泉提供的精美竹制茶具等系列奖品。

三、媒介运用

1. 网络媒体：建立农夫山泉公关活动网站。

2. 电视：邀请江西五套对该活动进行跟踪报道。

3. 平面媒体：《江西晚报》进行报道以及在学校各处张贴海报。

4. 通信媒体：主要通过中国移动发短信宣传。

四、经费预算（略）

五、效果预估（略）

（资料来源：根据网络资料整理。）

资料卡

公益广告策划文案例举

广告目的：

呼吁停止高空抛物。

广告内容：

1. 暖色调的画面，长镜头展现一个漂亮温馨的居住社区，人们来往悠然，面带微笑。
2. 一个年轻的孕妇在小道上散步，沐浴阳光，神色幸福，经过小区的围栏。
3. 透过围栏，小区内的孩子正在荡秋千，声音传出，孕妇停下。
4. 看着活泼的孩子，温柔笑意。
5. 孩子被父母带回家，孕妇仍在原地，柔情抚摸着腹部，面带笑意，音乐柔和。
6. 一声坠物碎响，一切声音戛然而止。
7. 孕妇惊恐抬头看天，天空干净澄澈。
8. 打出广告语：让幸福的声音延续。

（小标题）停止高空抛物

文案：

再从这里走过时

秋千的环扣摩擦出淘气的咿呀

还有你抛向更高处的笑

仍会忍不住停下脚步

直到声音慢慢消逝

我还在原地回味偶遇的快乐，不愿离去

希望不再有来自穹顶的轰鸣
炸雷一般，斩断所有的绮念
预算：
1.拍摄费用 1 000 元。
2.后期制作 500 元。
3.工资支付 450 元。
4.投放推广（网络形式）2 000 元。
合计 3 950 元。

小 结

本节常见公关文书的书写主要学习了三个方面的内容：礼仪类公关文书、事务类公关文书和策划类公关文书。

礼仪类公关文书主要学习了柬帖、发言稿、书信等的书写；事务类公关文书主要学习了公关工作计划、工作总结、新闻稿、简报、会议记录等的书写；策划类公关文书主要学习了公关广告、项目／活动策划方案的书写。

思考题

1. 你所在企业要召开公司成立十周年庆典会，要求企业的全体职工着正装参加，请你写一则会议通知。

2. 公司要召开新产品新闻发布会，拟邀请本地新闻单位的记者参加，你是公司公关部的人员，请你写一封请柬。

3. 学院学生会准备组织一次“学生会新干事的培训活动”，请您完成本次活动方案的书写。

4. 就某公司的一次公关危机事件，完成公关危机事件处理书的书写。

5. 完成一份关于本学院或本班级的新闻稿。

第 10 章　公关礼仪

人无礼不立，事无礼不成，国无礼不宁。

——荀子

礼仪是在他的一切别种美德之上加上一层藻饰，使它们对他具有效用，去为他获得一切和他接近的人的尊重与好感。

——洛克

和蔼可亲的态度是永久的介绍信。

——弗·培根

➔ 本章导入

礼仪是一个组织形象以及员工修养素质的综合体现，我们只有做好应有的礼仪，才能为组织在形象塑造、发展良好的内外关系上提供帮助。在公共关系工作中，礼仪有着十分特殊的作用，它不仅是公共关系人员在公众场合中的“介绍信”和“通行证”，更是体现企业软实力的一种标志。

通过本章的学习与练习，同学们能够熟悉不同场合、各个环节的基本礼仪常识，如见面礼仪、拜访与接待礼仪、中西式的宴请礼仪、次序礼仪、仪式礼仪等；能够按照规范和习俗进行恰当的礼仪活动。

学习目标

1. 明确为什么要学习公关礼仪。
2. 掌握见面礼仪的基本要求。
3. 掌握拜访礼仪的基本要求。
4. 掌握接待礼仪的基本要求，能够规范地迎送宾客。
6. 理解次序礼仪规则并能够规范、灵活地运用。
7. 掌握常见仪式的一般礼仪规则。

开篇案例

用情动人，以礼服人，另类投诉处理方式

一次北京至珠海航班上，头等舱是满客，还有5名VIP旅客。2排D座是一位外籍旅客，他入座后对乘务员还很友善，并不时和乘务员做鬼脸儿，开开玩笑。起飞后这名外籍客人一直在睡觉，乘务员忙碌着为VIP一行和其他客人提供餐饮服务。然而两个小时后，这名外籍旅客忽然怒气冲冲地走到前服务台，大发雷霆，用英语对乘务员说道："两个小时的空中旅行时间里，你们竟然不为我提供任何服务，甚至连一杯水都没有！"说完就返回座位了。

旅客突如其来的愤怒投诉使乘务员们很吃惊。头等舱乘务员很委屈地说："乘务长，他一直在睡觉，我不便打扰他呀！"说完立即端了杯水送过去，却被这位旅客拒绝；接着她又送去一盘点心，旅客仍然不予理睬。

作为乘务长，眼看着飞机将进入下降阶段，不能让旅客带着怒气下飞机。于是乘务长灵机一动，和头等舱乘务员用水果制作了一个委屈脸型的水果盘，端到客人的面前，他们慢慢蹲下来轻声说道："先生，我非常难过！"旅客看到水果拼盘制成的脸谱很吃惊。"真的？为什么难过呀？""其实在航班中我们一直都有关注您。起飞后，您就睡觉了，我们为您盖上了毛毯，关闭了通风孔，后来我发现您把毛毯拿开了，继续在闭目休息。"旅客情绪开始缓和，并微笑着说道："是的！你们如此真诚，我误解你们了，或许你们也很难意识到我到底是睡着了还是闭目休息，我为我的粗鲁向你们道歉，请原谅！"说完他把那片表示难过的西红柿片360°旋转，立即变成了一个开心的笑容果盘。

问题：这个案例体现了空中乘务人员的哪些礼仪素养？

（案例来源：http：//blog.sina.com.cn/s/blog_8b8b34ea01013731.html 有删减。）

入门问题

1. 请您评价一下自己的礼仪水平。
2. 为什么要学习公关礼仪？
3. 公关礼仪与日常礼仪之间有什么联系和区别？
4. 见面礼仪主要有哪些？
5. 您能按礼仪要求进行拜访和接待吗？
6. 您能区分中西方宴请礼仪的不同吗？
7. 您能说出一些常见的次序礼仪吗？

请您先不要急着往下看，试着回答以上问题。

现代社会，礼仪泛指人们在社会交往中形成并共同遵守的行为规范和准则。它是礼节和仪式的总称，具体表现为礼貌、礼节、仪表、仪式等。按照适用的对象与范围的不同，我们将它分为社交礼仪、商务礼仪、公务礼仪、服务礼仪、涉外礼仪等。

公关礼仪是指公关人员在公共关系活动中，为了显示对公众的尊重和敬意，而在仪容、仪表、仪态和其他言行举止方面遵循的那些规则和规范的总称。它属于礼仪的范畴。

当前，礼仪之所以被提倡，受到社会各界的普遍重视，主要是因为它具有多重重要的作用。礼仪既是文明社会交际活动的行为准则，又是待人处事、塑造个人与社会组织良好形象的重要手段。下面我们结合公关的基本职能来谈谈礼仪的两大作用。

塑造形象的作用：

"形象"是社交中一个人的外观、形体在对方心目中形成的综合化、系统化的印象，是交往能否融洽、成功的重要影响因素。出于自尊的原因，人人都希望在公众面前有一个良好的形象，以受到别人的信任和尊重，使人际关系和谐、融洽。所以，人们非常重视为自己塑造一个良好的社会形象。

礼仪是塑造良好形象的重要手段。日常生活中，言谈讲究礼仪，可以变得文明；举止讲究礼仪，可以变得高雅；穿着讲究礼仪，可以变得大方；行为讲究礼仪，可以变得美好。

一个单位、一个企业通过讲究礼仪，可以在公众心目中塑造出良好的组织形象，使自己在激烈的市场竞争中取得公众的信任，得到社会的认可，产生良好的社会效益和经济效益。

协调关系的作用：

礼仪在各个原则的支配下所表现出来的尊重、道德、平等、真诚守信的精神和种种周全的礼仪形式，必然会赢得对方的好感和信任，使对方心理需求得到满足。

礼仪协调关系的作用表现在两个方面：一方面，礼仪作为一种规范、程序，作为一种文化传统，对人们之间的关系模式起着规范、约束和及时调整的作用；另一方面，某些礼仪形式、礼仪活动可以化解矛盾、建立新关系模式。

在现代生活中，人们的相互关系错综复杂，有时平静中会突然发生冲突，甚至出现极端行为。礼仪有利于促使冲突各方保持冷静，缓解已经激化的矛盾，平衡利害关系；互谅互让，那么，不但矛盾会合理解决，双方不伤和气，取得一个"双赢"的结果，而且也许双方还会成为更加亲密的合作伙伴。这比起打官司造成双方反目，影响信誉，好处不言自明。

10.1 见面礼仪

见面礼仪是日常社交和公共场合社交中最常用和最基础的礼仪。熟练应用常见的见面礼仪，能给对方留下良好的第一印象，为之后顺利地开展工作打下良好基础。

见面礼仪一般包括称呼的礼仪、介绍的礼仪、握手的礼仪等内容。

10.1.1 称呼的礼仪

称呼，是人们在社会交往中，彼此之间的称谓语。在社会交往中，如何称呼对方，往往关系到个人的修养和双方的亲疏远近。作为公共关系工作人员，其交往的人员来自各行各业，其身份多样，文化形态复杂，因此要注意使用合适的称呼，为以后的交往打下良好的基础。一般来说，称呼语要合乎常规，要庄重、正式、规范。

1. 称呼的种类

目前惯用的称呼主要有以下几种：

（1）泛尊称。这是最简单、最普遍、也是最常用的称呼方式。对职业女性可统称为“女士”，对男性称“先生”。

（2）职业称。如“刘医生”“李老师”等。

（3）职务称。如“王主任”“赵处长”等。

（4）亲属称。如“张阿姨”“刘爷爷”等。

（5）姓名称。即直接称呼对方姓名。单纯只使用姓名的称呼方式一般是用于双方年龄、身份相仿时，或者好朋友之间，否则，在姓名后加上职务、职业等并称才恰当。

2. 称呼注意事项

由于各地风俗习惯的差异，当用到姓名中的“姓”来称呼对方时，需要注意：汉族人的姓名排列方式是姓在前，名在后。西方人的姓名排列方式恰恰相反，大多是名在前，姓在后，例如约翰·格林的姓是格林，名是约翰，称呼时不要混淆。中国人的姓名中有复姓的情况。如“欧阳”“诸葛”“司马”等，假如把“欧阳小姐”称作“欧小姐”，定会引起尴尬。有些汉字在作为姓氏时有它特殊的读音，如“仇”“单”“区”等。

社交场合中，在对方身份不明的情况下，采用“某先生”“某女士”或称其为“某某老师”，是一个不错的权宜之计，特别是后者，既能够表示尊敬有礼，同时适用范围广泛。对年长者称呼要恭敬，如果是有身份的人，可以将“老”字与其姓相倒置，这种称呼是一种尊称，如“李老”“王老”。称呼时可借助声调、热情的笑容和谦恭的体态表示尊敬。

3. 称呼禁忌

在称呼上，要注意不要冒犯对方的禁忌。一般而言，下列称呼都是不能采用的。

> **课堂互动**
>
> 讨论：你所知道的称呼禁忌有哪些？

（1）错误称呼。在称呼他人时出现差错，这是失礼的行为。

（2）缺少称呼。需要称呼他人时，如果根本不用任何称呼，或者代之以“喂”“嘿”“下一个”“那边的”以及具体代码，都是极不礼貌的。

（3）距离不当的称呼。在正式交往中，若是与仅有一面之缘者称兄道弟，或者称其为“朋友”“老板”等，都不恰当。

（4）绰号性称呼。对关系一般的人，或者在正式场合中，不可为对方起绰号，也不应该以绰号称呼对方。

10.1.2 介绍的礼仪

介绍，就是向对方说明情况。一般来说，介绍可以分为三类，即自我介绍、介绍他人、集体介绍。

1. 自我介绍

自我介绍，就是向对方说明本人的情况。介绍时，应先向对方点头致意，得到回应后再介绍自己的名字、单位和身份，同时递上事先准备好的名片。自我介绍时要态度谦虚，注意礼节，内容繁简适度，实事求是，时间一般以半分钟之内为宜，如对方有认识自己的意愿，可以继续介绍。

在进行自我介绍时，态度非常重要。一般来说态度要自然、友善、亲切、随和，整体落落大方，笑容自然；能够表现出自信和坦然，要正视对方双眼，眼神不可飘忽不定；能够表达真实情感；语气自然，语速正常、吐字清晰、重音清楚、说普通话；在语言上要掌握分寸，一般不用极端的词汇。

自我介绍的具体形式有很多，在交际场合中应该根据实际情况选用。

（1）应酬式自我介绍。这种介绍内容最为简洁，往往只包括姓名一项即可，如："您好！我叫张某某。"在某些公共场合和一般性的社交场合，如旅行途中、宴会厅里、舞场之上、通电话时，都可以使用应酬式的自我介绍。应酬式介绍的对象是进行一般的交往对象，或者属于泛泛之交，或者早已熟悉，进行自我介绍，只不过是为了确定身份或打招呼而已，所以，此种介绍要简洁精炼。

（2）工作式自我介绍。这种介绍通常包括本人姓名、供职单位及部门、担负的职位或从事的具体工作，缺一不可，除非确信对方已经熟知。如："您好！我叫张某某，现在是某公司公共关系科的副科长。"这种自我介绍，主要适用于工作和公务交往之中，它以工作为自我介绍的重点，因工作而交际，因工作而交友。

（3）交流式自我介绍。这种介绍内容应包括姓名、工作、籍贯、学历、兴趣以及与交往对象的某些熟人的关系等，如："您好！我叫张某某，现在在某公司公关部工作，我是某某大学2012级毕业的，我想咱们是校友，对吗？"在社交活动中，我们希望某个人认识自己，了解自己，并与自己建立联系时，就可以运用交流式的介绍方法，以此与目标对象进行初步的交流或期待进一步沟通，这种自我介绍比较随意，可以不着痕迹地全面介绍，也可以故意有所隐瞒，造成某种神秘感，激发对方与你进行进一步沟通的兴趣。

2. 介绍他人

介绍他人，即为他人做介绍，也叫作第三方介绍，指的是当双方的人不认识时，由本人出面作为第三方替大家做介绍。

介绍他人时，应按一定顺序进行。"地位高者优先了解情况"是一条普遍的规则，这就要求我们，在为他人介绍前，先要确定双方地位的高低，一般是地位高的人后介绍，地位低的人先介绍，地位高的人就有优先知情权。具体情况如下：

（1）介绍年长者与年幼者认识时，应先介绍年幼者，后介绍年长者。

（2）介绍长辈与晚辈认识时，应先介绍晚辈，后介绍长辈。

（3）介绍老师与学生认识时，应先介绍学生，后介绍老师。

（4）介绍女士与男士认识时，应先介绍男士，后介绍女士。

（5）介绍来宾与主人认识时，应先介绍主人，后介绍来宾。

（6）介绍社交场合的先来者与后来者认识时，应先介绍后来者，后介绍先来者。

（7）介绍上级与下级认识时，先介绍下级，后介绍上级。

（8）介绍职位、身份高者与职位、身份低者认识时，应先介绍职位、身份低者，后介绍职位、身份高者。

介绍时，男性应礼节性地起身，女性则可视具体情况而定；如男性年纪较大或地位较高，年轻的女性则应礼节性地起身表示致意。

要注意根据实际情况选择不同的介绍内容。一般来说，有以下六种形式可供借鉴。第一种是标准式，适用于正式场合，内容以双方的姓名、单位、职务等为主。第二种是简介式，适用于一般社交场合，只介绍双方姓名，甚至只介绍双方姓氏。第三种是强调式，适用于各种交际场合，在标准式介绍的基础上，强调其中某位被介绍者与介绍者之间的特殊关系，以便引起另一位被介绍者的重视。第四种是引见式，适用于普通的社交场合，介绍者只需将被介绍者双方引导到一起即可，不需表达实质性的内容。第五种是推荐式，适用于比较正规的场合，往往是介绍者希望将某人推荐给某人，因此会重点介绍前者的优点。第六种是礼仪式，适用于正式场合，内容和标准式介绍大体相同，但在表达上更加礼貌和谦虚。

3. 集体介绍

集体介绍，是指在双方或多方共同参与活动时，为使参与人员之间互相认识而进行的介绍。

在集体介绍中，被介绍者一方或双方都不止一人，大体可分两种情况：一是为一人和多人做介绍；二是为多人和多人做介绍。

进行集体介绍的顺序可参照他人介绍的顺序，也可酌情处理。注意：越是正式、大型的交际活动，越要注意介绍的顺序。

当被介绍者双方地位、身份大致相似时，应先介绍人数较少的一方，遵循“少数服从多数”的原则。当被介绍者双方地位、身份存在差异，虽人数较少或只一人，也应将其放在尊贵的位置，最后加以介绍，遵循“强调地位、身份”“地位高者优先了解情况”的原则。在演讲、报告、比赛、会议、会见时，往往只需要将主角介绍给广大参加者，即只做单向介绍。如果一方人数较多，可采取笼统的方式进行介绍，如“这是我的家人”“这是我的同学”。

更加复杂的情况是，如果被介绍的不止两方，那么需要对被介绍的各方进行位次排列。排列的方法：

（1）以其负责人身份为准。

（2）以其单位规模为准。

（3）以单位名称的英文字母顺序为准。

（4）以抵达时间的先后顺序为准。

（5）以座次顺序为准。

（6）以距介绍者的远近为准。

同时进行有关位次排列的简单说明，以示尊重。

集体介绍的注意事项与他人介绍的注意事项基本相似。除此之外，还应再注意以下两点，其一是不要使用容易产生歧义的简称，在首次介绍时要准确地使用全称；其二是介绍时要庄重、亲切，不能开玩笑。

10.1.3　握手的礼仪

握手是在相见、离别、恭喜或致谢时相互表示致意的一种礼节，在许多国家都是通行的。恰当地握手，可以向对方表现自己的真诚与自信，也是接受别人或赢得信任的好机会。通常，与人初次见面、熟人久别重逢、告辞或送行、向人表示祝贺、感谢或慰问时，都可以握手为礼；双方交谈中出现了令人满意的共同点，或双方关系出现了良好的转机或矛盾彻底和解时，习惯上也以握手为礼。

握手的力量、姿势与时间的长短往往能够表达出不同礼遇与态度，显露握手者的个性，给人留下不同的印象，也可通过握手了解对方的个性，从而赢得交际的主动。

1. 握手的顺序

握手时标准的伸手顺序是“位高者居前”，也就是说，地位高的人先伸手。主人、长辈、上司、女士主动伸出手，客人、晚辈、下属、男士再相迎握手。

长辈与晚辈之间，长辈伸手后，晚辈才能伸手相握；上下级之间，上级伸手后，下级才能接握；主人与客人之间，主人应该主动伸手；男女之间，女方伸出手后，男方才能伸手相握；除非男性与其祖辈年龄相当，或女性在 20 岁以下，则男性先伸手是合适的。但需要注意的是，如果有人忽略了握手礼仪的先后顺序，已经伸出了手，那么对方应该毫不迟疑地伸手。

握手顺序也有特殊情况。比如，在家里和单位接待客人，是主人先伸手来表示对客人的一种欢迎，但是，客人要离开时，礼仪惯例是客人先伸手，意思是请留步，示意主人无须再送。

2. 握手的方法和注意事项

握手时，距离对方大约一步，上身稍向前倾，两足立正，伸出右手，四指并拢，拇指张开。一般来说，即使是左撇子，也不能伸出左手与人相握。握手时要摘掉手套。握手时双目要注视对方，微笑，问候，致意，不要看其他地方，不能显得心不在焉。

应该注意的是，两手的手掌都处于垂直状态，显得平等、自然，是最普通也最稳妥的握手方式。掌心向下握住对方的手，显示着一个人强烈的支配欲，比较傲慢，应尽量避免这种方式；掌心向里，则显示出对对方的尊重，如果伸出双手去捧接，更是毕恭毕敬了。

握手的时间不宜太长，不能一直握住别人的手不放，双方手一松开，目光即可转移。如果要表示自己的热情，也可较长时间握手，并上下摇晃几下。但若是作为组织代表，在商务洽谈中与人握手，则一般不要用双手抓住对方的手上下摇动，那样显得太谦恭，也有失风度。

握手的力度也需要把握。握得太轻会显得敷衍，握手太重了则容易显得粗鲁，力度应该不轻不重，恰到好处。

当多人相见时，注意不要交叉握手，也就是说，不要把胳膊从上面架过去，急着和另外的人握手。

资料卡

西方文化礼仪中的“介绍礼仪”

在国际交往场合，如想结识朋友，一般应有第三者介绍。

如果当时不具备这种条件而自己又确实想结交某人，可以走到对方面前做自我介绍，但介绍完后不可先伸手，也不可问对方的名字。对方若不做自我介绍，你可道声谢离开，这在西方并不算失礼。

用句型“This is × × × and this is × × ×”介绍两人认识时，要先把男士介绍给女士，先把年轻的介绍给年老的，先把职位低的介绍给职位高的。

同性之间，介绍完毕后应先伸手相握，可以说“很高兴认识你（Nice to meet you!）”。

小 结

本节见面礼仪主要学习了三个方面的内容：称呼的礼仪、介绍的礼仪、握手的礼仪。

称呼语要合乎常规，庄重、正式、规范，要注意称呼的禁忌问题。介绍可以分为三类，即自我介绍、介绍他人、集体介绍，要注意介绍的次序和礼仪。握手礼仪则要求我们注意顺序和方法，向对方表现自己的真诚与自信。

思考题

1. 称呼有哪些种类、注意事项和禁忌？
2. 自我介绍的具体形式有哪些？
3. 介绍他人，应遵循什么顺序？
4. 握手的礼仪有哪些？

10.2 拜访与接待礼仪

接待或拜访是公关人员一项经常性的工作。在接待和拜访中的礼仪表现，不仅关系到自己的形象，还关系到企业形象。

10.2.1 拜访礼仪

在公共关系工作实践中，拜访，是指亲自或派人到相关人员的单位家庭中，去拜见访问的活动。

拜访时，一定要尊重被访者、遵守礼节，不能表现得随随便便。

1. 事先约定拜访时间

约定拜访时间是拜访的第一步。一般而言，当决定要去拜访某人，应事先取得联系，约定双方比较合适的会面地点和时间，并把访问的意图告诉对方。语气应该是友好、请求、商量式的，而不能是强求命令式的。在与被访者约定时间时，要以被访者的时间为准，充分体现出对被访者的尊重。

2. 准备好名片和相关资料

拜访必须明确目的，出发前应做好计划并将相关资料准备妥当。一般来说，见面之后会交换名片，所以将名片准备好。同时，在拜访之前，还应该进行检查，看看是否遗漏了谈话中可能涉及的资料，确认资料摆放的顺序是否方便出示。

3. 准备好礼物

礼物可以起到联络双方感情、缓和紧张气氛的作用。在登门拜访时，通常会送礼物给对方。公共关系工作中，可以送印有自己所在组织标识的纪念品，也可以通过了解对方的兴趣、爱好及品位，有针对性地选择礼物。

4. 注意仪表形象

良好的仪表形象，是对自己和对方的尊重。所以，在拜访时，要注意仪容的修饰，衣着要大方得体，要表现出良好的精神风貌。

5. 选择合适的拜访时间

要尽可能选择被访者不太忙碌的时间，避免在刚上班、午休或下班前去拜访。一般来说，被访者工作告一段落的时候是拜访的最佳时段，因为在这个时段被访者比较放松，能够和你坐下来好好交谈。

6. 守时

拜访他人可以早到却不能迟到，这是拜访活动中最基本的礼仪之一。早些到可以整理一下思路和拜访时需要用到的资料，并正点出现在约定好的地点。迟到是失礼的表现，不但是对被拜访者的不尊重，也是对工作不负责任的表现。如果因故不能按时赴约，必须提前通知对方，以便被拜访者重新安排工作。通知时一定要说明失约的原因，态度诚恳地请对方原谅，必要时还需约定下次拜访的时间。

> **课堂互动**
>
> 讨论：在拜访别人时，有哪些谈话技巧需要注意？

7. 注意谈话技巧

拜访时，要谦恭有礼，同时注意谈话技巧。

简单的寒暄是必要的，但时间不宜过长，最好简单地寒暄后直接进入正题，不啰唆。

当对方发表自己的意见时，打断对方讲话是不礼貌的行为。应该仔细倾听，将不清楚的问题记录下来，待对方讲完以后再请求解释。如果双方意见有分歧，要保持沉着冷静，避免破坏拜访气氛，影响拜访效果。

平时要多多练习说话的技巧，才能在实际谈话时游刃有余。

8. 保持正确坐姿

与被访者交谈时，一定要保持正确的坐姿。男性和女性有不同的坐姿要求。男性在与被访者谈话的时候，应使两膝平整，膝顶部分开 1～2 个拳头的距离，两脚垂直向下，两手轻轻放在膝上。女性在与被访者谈话时，要挺起脊背，不要靠紧座背，两手在膝上轻轻地重叠，把靠内侧的腿稍微向后略偏。

9. 举止得体

肢体语言要得体，不可显得死板僵硬，也不可表现得过于夸张。通常，动作幅度不要高过头，不可宽于肩。

10. 把握拜访时间

拜访时间不宜拖得太长，要适可而止。如果双方在拜访前已经设定了拜访时间，则必须把握好已定好的时间，如果没有对时间问题做具体要求，那么就要在最短的时间里讲清所有问题，然后致谢并离开。

11. 感谢被访者和相关的接待人员

拜访结束，要真诚地感谢被访者和相关的接待人员，注意礼貌用语，但不要使用夸张的语言动作，那样会适得其反。

10.2.2　接待礼仪

1. 迎接客人的礼仪

（1）根据“身份相当”的原则，确定迎送规格。这就需要接待人员事先确认客人的身份，安排部署与客人身份、职务相当的人员前去迎接；如果因为种种原因，不可能完全对等时，可以稍做灵活变通，由职位相当的人或由副职出面，并向客人真诚解释。

在迎送宾客、接待宾客时，根据主方主陪人员的身份大致分为三种接待规格。第一种是高规格接待，即主要陪同人员比主要来宾的职位高的接待，能够表明对被接待一方的重视和友好。第二种则是最常用的对等接待，即主要陪同人员与主要来宾的职位相当的接待。第三种是低规格接待，即主要陪同人员比主要来宾的职位低的接待，常用于基层单位接待上级领导。

确定接待规格一定要考虑到多方面的因素，并不是规格越高就越好。高规格接待固然能表现出重视和友好，但它会占用主陪人大量时间，经常使用会影响主陪人的正常工作。低规格接待有时是因为单位的级别造成的，有时是另有原因，用得不好会影响与对方的关系；对等接待是最常用的接待方式。

需要注意的是，当对方的来访事关重大或我方非常希望发展与对方的关系时，往往以高规格接待。一些突然的变化会影响到既定的接待规格。如临时出差，只能让他人代替，遇到这类情况，必须向客人解释清楚，并向客人道歉。对以前接待过的客人，接待规格最好参照上一次的标准。

（2）掌握客人到达的具体情况，这包括客人到达的时间、车次、航班等。

接待人员应该提前到车站、机场等地方恭候客人的到来，不可迟到。迟到是失礼的行为。迎送时间都应当留有余地。在迎送宾客时，主方人员应提前到场，以免迎送活动被耽误。活动结束后，主办方人员应该最后离去，以防有急事需要办理。还应采取适当的方式便于宾主双方在现场确认彼此身份。比如：主方人员佩带身份卡、悬挂迎送横幅或使用专用标牌。

（3）应该适时献上鲜花。

迎接普通客人，一般不需要献花。迎接重要客人，可以献花。要使用鲜花，并保持花束整洁、鲜艳。需要了解花语和禁忌，注意文化差异。在参加迎送的主要领导与主宾握手之后，可以由儿童或礼仪小姐献花，可以只献给主要客人，也可向所有客人分别献花。

（4）客人抵达住处后，不要马上安排活动，要给对方留下一定的缓冲时间，然后再安排活动。

（5）迎接人员要注意礼仪，向客人表示热情和真诚。

一般来说，要保持自然、亲切、真诚的微笑，使用温馨的招呼语，在交谈时视线要看着对方（如果看着客人的眼睛会使其感觉到有压力，那么可以看着宾客的额头、脸或者嘴角），眼神应该充满亲切感，在引导客人行进的过程中，要注意进行地形、特殊状况等的提醒，在行进中如果与其他客人擦身而过，公关人员应该往旁边靠一下，礼貌地微微鞠躬，问候“您好”。

2. 奉茶的礼仪

奉茶是接待客人的一项重要服务。饮茶在我国不仅是一种生活习惯，更是一种源远流长的文化传统。“以茶待客”是我国最普及的日常生活礼仪，作为公共关系从业人员，一定要学会用正确的方法为客人奉茶，通过奉茶礼仪展现自己和公司良好的专业素养。

俗话说：酒满茶半；茶不要太满，以八分满为宜。水温不宜太烫，以免客人不小心被烫伤。如果有两位以及两位以上的客人，用托盘端出的茶色要均匀，应该左手捧着托盘底部，右手扶着托盘的边缘，如有茶点心，应放在客人的右前方，茶杯应摆在点心右边。上茶时应以右手端茶，从客人的右方奉上，并面带微笑，眼睛注视对方。以咖啡或红茶待客时，杯耳和茶匙的握柄要朝着客人的右边，此外要替每位客人准备一包砂糖和奶精，将其放在杯子旁或小碟上，方便客人自行取用。茶具可以用精美独特的，也可以用简单质朴的。壶中茶叶可浸泡 3~4 次，客人杯中茶饮完，主人应该为其续茶，客人散去后，才可以收茶。

奉茶的顺序是，先给主宾和他的同事奉茶，最后给本公司的人员奉茶，这样能够表现出主人对宾客的尊重；当空间不便时，可以按照顺时针的方向把茶水端给宾客，最后是自己的单位人员，特别是当不知道哪位是主宾的时候，用这种方法奉茶不会得罪宾客。

奉茶时，还有一些事项需要注意。比如，应该在杯子下半段二分之一处，右手在上，左手在下托着茶杯，手指头不能触碰到茶杯的边缘，因为手指会将杯口弄脏，会给宾客不卫生的感觉；为客人倒的第一杯茶，通常不宜斟得过满，以杯深的 2/3 处为宜；要把握好续水的时机，以不妨碍宾客交谈为佳，不能等到茶叶见底后再续水；两杯以上要使用托盘端茶，使用托盘时，不能置于前胸；要将茶杯放在客人方便拿取的地方，避免茶水被打翻；若奉上的是咖啡，那么应该同时将汤匙、糖、奶油等放置在杯碟上再端给客人，避免宾客来回索取所需物品。

3. 送客的礼仪

送客是接待工作的最后一个环节，需要谦恭有礼地将客人送走，可以根据实际情况将宾客送至不同的地点。

非常重要的宾客离开公司，经过一些办公室的时候，一般会用全员送客礼，即，如果客人恰好经过自己办公的地方，应该马上站起，向宾客致意。

若将宾客送到电梯口时，接待人员在电梯门关上之前，都要对客人注目相送，在电梯门即将关上的一瞬间，挥手示意或鞠躬，并说声“谢谢，欢迎再次光临！再见！”

如果要将客人送到门口，就要等到客人即将离开时做最后一次鞠躬，同时说声“谢谢，欢迎再次光临”，并目送客人的身影，直至消失不见才可返回自己的工作岗位。

如果将客人一直送到他的车旁，应该在车门将关的一瞬间做最后一次鞠躬并说“再见”，然后目送车子离开，直至看不见车影才可离开。

资料卡

拜访和接待过程中礼品的赠送

在拜访和接待的过程中，经常会遇到给重要的客人赠送礼品以表示纪念的情况。那么，礼品的赠送需要注意什么问题呢？

1.礼品应该具有独特性

为了显示对VIP客户的重视，组织不能随便购买日常礼品，应该寻找专业的礼品设计公司，结合企业和客户特点定做。

2.礼品应该能够体现出组织的文化底蕴

从某种程度上说，礼品是组织的形象代言人，公司的礼品如果不是为了单纯的促销或服务，就必须体现组织的文化底蕴。

小　结

本节拜访与接待礼仪主要学习了拜访和接待时的礼仪。

拜访时，一定要尊重被访者、遵守礼节。接待礼仪则包括迎接客人的礼仪、奉茶礼仪、送客礼仪等内容。要注意迎送规格的确定、具体事项的安排，正确的奉茶方式等内容。通过这些礼仪，展现对对方的热情和尊重。

思考题

1. 拜访的礼仪有哪些？
2. 如何确定迎送客人的规格？
3. 为客人奉茶时，应该注意哪些问题？
4. 如何热情、真诚地送别客人？

10.3　宴请礼仪

莎士比亚说过“在宴席上最让人开胃的就是主人的礼节”，宴会具有很重要的礼仪作用，也有严格的礼仪要求。

10.3.1 宴请的准备

宴请宾客是一种较高规格的礼遇，所以主办方一定要认真、周到地做好各种准备工作。一般来说，包括制定宴请计划、拟定宴会日程、落实宴会事宜等内容。

1. 制定宴请计划

要确定宴请的目的，然后根据目的，确定宴请的对象和范围（请什么人，请多少人参加）；要根据主宾的身份、国籍、习俗、爱好等确定宴会的规格、主陪人、餐式等，最后根据规格、对象、目的来确定举办什么类型的宴会。

宴请的目的多种多样，可以是为表示欢迎、欢送、答谢，也可以是为表示庆贺、纪念，还可以是为某一事件、某一个人，等等。明确了目的，才便于安排宴会的范围和形式。

值得注意的是，主客双方的身份要对等，主宾如携夫人，主人一般也应以夫妇名义邀请。哪些人作陪也应认真考虑。

2. 拟定宴会日程

首先应该确定正式宴请的具体时间。应在宾主双方都能接受的范围内来考虑时间安排，更要尊重客人的情况。宴会时间一般不选择重大节日、假日，也不安排在双方禁忌日，也不应与宾客工作、生活安排发生冲突，选择宴会日期，要与主宾进行商定，然后再发邀请。

其次，确定宴请的地点。用餐地点的选择非常重要，要考虑用餐地点的规格、环境、卫生条件、交通状况，作为公共关系从业人员，要特别考虑到用餐者的公共交通状况是否方便，有没有停车场，是否应该为聚餐者预备交通工具等一系列的具体问题。

最后，确定宴请活动的主题，如欢迎、庆祝、纪念、答谢等。这样做主要是让来宾了解宴请的大概内容，便于安排赴宴。

3. 落实宴会事宜

宴会一般都要用请柬正式发出邀请。这样做一方面出于礼节，另一方面也是供客人备忘。宴请应告知客人的内容包括：活动的主题、形式、时间、地点、主人姓名等。请柬应书写清晰、设计精美；通常提前一周左右将请柬发出，太晚则不够礼貌，也不便被宴请者提早安排。

根据宾客的饮食习惯，在宴会前，主人需要对菜单进行再三斟酌。

宴会一般事先安排好桌次和座位，以便参加宴会的人各就各位，入席井然有序。座位的安排体现了对客人的尊重。

10.3.2 中餐的礼仪

中华民族的饮食文化源远流长，中餐的礼仪也因时空不同而有诸多不同，这里介绍的是比较通行的一般礼仪，在实际工作中，要注意入乡随俗，不可生搬硬套。

1. 中餐宴会的桌位排列

中餐宴请往往使用圆桌。一般来说，排列圆桌的次序，有两种情况：

第一种情况，是由两桌组成的小型宴请，又可以分成两桌横排和两桌竖排的形式。两桌横排，由面对正门的位置来确定，桌次以右为尊。两桌竖排，以距离正门的远近而言，座次讲究以远为上，以近为下。

第二种情况，是由三桌或三桌以上的桌数所组成的宴请。在安排多桌以上的桌次时，除了要注意“面门定位”“以右为尊”“以远为上”等规则外，还应兼顾其他各桌离主桌的远近。通常，距离主桌越近，桌次越高；距离主桌越远，桌次越低。

在安排桌次时，所用的餐桌的大小、形状要基本一致。除主桌可以略大外，其他餐桌都不要过大或过小。

为了确保赴宴者及时、准确地找到自己所在的桌次，可以在请柬上注明对方所在的桌次、在宴会厅入口悬挂宴会桌次排列示意图、安排引位员引导来宾就座，或者在每张餐桌上摆放桌次牌。

2. 中餐宴会的座位排列

主人应该面对正门，在主桌就座。

举行多桌宴请时，每桌都要有一位主桌主人的代表座位。位置一般和主桌主人同向，有时也可以面向主桌主人。

各桌座位应根据距离该桌主人的远近而定，以近为上，以远为下。

如遇每张桌上有两个主位的排列，则以男主人为第一主人，女主人为第二主人，主宾和主宾夫人分别就座在男女主人的右侧，以便于桌上形成两个谈话中心。

课堂思考与讨论：

假设场景：某公司举行一个小型宴请，参加人员有董事长、公关部经理、秘书、翻译、外联部经理、外联部工作人员、公关部工作人员。若餐厅布局如下，应如何进行座次安排？

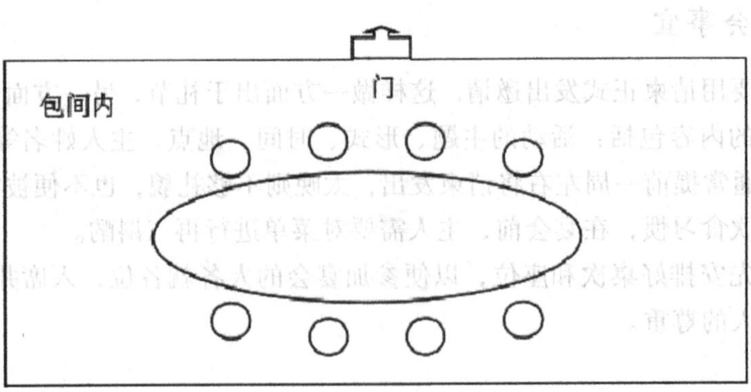

3. 中餐宴会的一般程序

第一步是事先安排好桌位和座位，第二步是主人站在门口迎接宾客，第三步是引宾入座（按先女宾后男宾、先主宾后一般来宾的顺序，从椅子左边进入），第四步是上菜，第五步是致辞祝酒，最后散席送客。

4. 中餐宴会的入座和离席礼仪

在饭店用餐，应由服务生引领入座。应该等主宾坐定后，才可以入座。

入座后姿势端正，与餐桌的距离保持得宜；脚踏在本人座位下，不可任意伸直；手肘不得靠桌缘，或将手放在邻座椅背上。

用餐时须温文尔雅，从容安静，不能急躁。在餐桌上不能只顾自己，也要关心别人。宴会上应营造和谐温馨的氛围，避免涉及死亡、疾病等影响用餐气氛的话题。

用餐后，须等男、女主人离席后，其他宾客方可离席。离席时，应帮助隔座长者或女士拖拉座椅。

5. 中餐宴会的上菜顺序与用餐方式

通常上菜顺序是冷盘、热炒、主菜、点心和汤、水果拼盘。当冷盘吃剩 1/3 时，开始上第一道热菜，一般每桌要安排 10 个热菜，目的是讲究圆满，取十全十美之意。宴会上不论桌数有多少，各桌上菜都要同时上。要注意，当主宾还没有动手取餐时，其他的人都不能动。

中餐的方式可以分为多种。具体有分餐式、布菜式和公筷式等。

6. 中餐宴会的注意事项

第一，和人交谈时，要暂时放下餐具，停止用餐，不能一边说话，一边吃饭。说话时可以把筷子放到筷架上，或将其并齐放在饭碗旁边。

第二，筷子不能竖插放在食物上面。

第三，不能用筷子去推饭碗、菜碟，不要用筷子去叉馒头或别的食品。

第四，用筷子取食时，也可以用勺子来辅助。尽量不要单用勺子去取菜。用勺子取食物时，不要过满，免得溢出来弄脏餐桌或自己的衣服。在舀取食物后，可以在原处“暂停”片刻，汤汁不会再往下流时，再移回来享用。

第五，若不慎将汤汁、酒水溅到他人衣物上，应表示歉意，如对方是异性，不必亲自为其擦拭，请服务员帮助即可。

第六，如吃到不洁或有异味的食物，应取用餐巾纸吐出包好后处理掉。

10.3.3 西餐的礼仪

西餐的礼仪因国家民族的不同而不同，这里介绍的是国际上通行的一般礼仪。

1. 西餐宴会的桌位排列

主要遵循女士优先、距离定位、以右为尊、交叉排列、面门为上这几个原则。具体来说，女士优先，在桌位上体现在女主人坐在主位，而男主人坐在第二主位；距离定位是指距主位越近，地位越高；以右为尊；交叉排列，则是男士和女士，生人和熟人交叉就座，一般男主宾坐于女主人右侧，女主宾坐于男主人右侧；面门为上，则是说面对门口的位置要优于背对门口的位置。

> **课堂互动**
>
> 讨论：模拟西餐用餐环境，掌握餐具的摆放礼仪。

2. 西餐宴会的上菜顺序

一般比较简单的西餐菜单可以是：开胃菜、面包、汤、主菜、点心甜品、咖啡。

3. 西餐宴会的注意事项

在刀叉的使用上，有很多地方需要注意。刀叉一旦拿起使用，就不能再放回原处。刀子放在盘子上时，刀刃朝里，刀身在盘子里，刀把放在盘子边缘上。用餐时，基本原则是右手持刀或汤匙，左手拿叉。若有两把以上，应由最外面的一把依次向内取用。刀叉的拿法是轻握尾端，食指按在柄上。汤匙用握笔的方式拿即可。

用餐时打嗝是最大的禁忌，万一发生此种情况，应立即向周围的人道歉。

取食时不要站立起来，坐着拿不到的食物应请别人传递。

进餐时应与左右客人交谈，但应避免高声谈笑。不要只同几个熟人交谈。左右客人如不认识，可做自我介绍。别人讲话时不可搭嘴插话。

每次送入口中的食物不宜过多，在咀嚼时不要说话，更不可主动与人谈话。

面包上抹黄油时尤其要注意，将面包掰成可以一口吃下的小块，临吃前在小块上抹黄油，不要图方便将整个面包都抹上黄油。

> **资料卡**
>
> **刀与叉的使用**
>
> 1. 刀与叉的种类
>
> 刀、叉又分为肉类用、鱼类用、前菜用、甜点用类，而汤匙除了前菜用、汤用、咖啡用、茶用之外，还有调味料用汤匙。调味料用汤匙即是添加调味料时所使用的汤匙，多用于甜点或是鱼类料理。如今所使用的餐具依料理的变化而不断变化。正式西式料理的套餐中，常依不同料理的特点而配合使用各种不同形状的刀叉。说到全套，很容易使人联想到在餐桌上摆满银器的画面，而现在是以点用 2~3 道单品料理的方式为主流。所以，在餐桌上摆满银器的正式用餐摆设，可能只能在喜宴上才能看到。最近，使用一组的刀与叉的情况渐少，仅吃 2~3 道前菜的人愈来愈多，而刀叉也并不随之变换，大都是以一组刀叉吃接着送上的前菜。刀叉架就像是中国的筷架一样。有时是刀与叉（或汤匙）两只为一组放置在刀叉架上；有时是将刀、叉、汤匙三只为一组，放置在刀叉架上；有时是刀与叉（或汤匙）两只为一组地放置其上，使刀的刀刃部与叉子的前部不会碰触到桌巾。
>
> 2. 刀与叉的使用方式
>
> 英、美人的饮食习惯不一样。吃肉菜时，英国人左手拿叉，叉尖朝下，把肉扎起来，送入口中；如果是烧烂的蔬菜，就用餐刀把菜拨到餐叉上，送入口中。美国人用同样的方法切肉，然后右手放下餐刀，换用餐叉，叉尖朝上，插到肉的下面，不用餐刀，把肉铲起来，送入口中，吃烧烂的蔬菜时也是这样铲起来吃。

吃饭时，利用叉子的背面舀起来吃虽然不违反餐桌的礼仪，不过看起来的确是不怎么雅观。吃米饭之类的料理时，可以很自然地将叉子转到正面舀起食用，因为叉子正面的凹下部位正是为此用法而设计的。这时候，也可利用刀子在一旁辅助用餐动作。将餐盘上的料理舀起时，应利用刀子挡着以免料理散落到盘子外面，这样就可以很利落地将盘内食物舀起。如料理需淋上调味酱，也可以利用刀子刮取调味酱，再以汤匙或调味酱用汤匙将料理与佐料一起送入口中。如以叉子叉住，再用汤匙淋上调味酱后食用，则是错误的动作。因为这样一来，在料理送往口中时，酱料会滴落得到处都是。以叉子舀起料理时，以左手持用叉子，将食物置于叉子正面的叉腹上送入口中。在与朋友聚餐的轻松场合，如果不须用到刀子，可以用右手拿叉子进餐。当盘子内的细碎食物聚集时，可利用刀子挡着，再以叉子靠近舀起。利用汤匙代替刀子也是可以的。以叉子将料理聚集到汤匙上，再以汤匙将食物送入口中。

调味酱用汤匙与一般汤匙的用法是一样的。应利用叉子将料理推到调味酱汤匙上食用，而非以叉子叉住料理再以调味酱用汤匙淋上酱料，因为后者是违反礼节的。

小　结

本节宴请礼仪主要学习了三个部分的内容：宴请的准备、中餐的礼仪和西餐的礼仪。

不管是举办中式还是西式的宴请，都要认真、周到地做好各种准备工作，包括制定宴请计划、拟定宴会日程、落实宴会事宜等。中餐的礼仪包括桌位和座位的排列、一般程序、入座和离席礼仪、上菜顺序与用餐方式以及其他注意事项。西餐的礼仪包括桌位和座位的排列、上菜顺序、其他注意事项等内容。

思考题

1. 应该如何进行宴请的各项准备？
2. 如何制定宴请计划？
3. 中餐宴会的桌位和座位排列一般有什么要求？
4. 西餐的礼仪主要有哪些？

10.4　次序礼仪

次序礼仪，是指在公共关系活动中，特别是在重要的礼仪场合，为了体现参与者的身份、地位、年龄等的差别，或者为了体现所有参与者一律平等，而按一定的惯例或规则进行排列的礼仪规范。也就是说，常见的次序礼仪，一类在于明确区分参与者的不对等关系，另一类则是为了显示所有参与者的平等关系。

10.4.1 次序礼仪的一般规则

在团队中，我们对个人的位置应该有清楚的判断。商务活动中，上下级关系永远排在第一位；其次是年龄，在相同的级别中以年长的同事为先；再次是性别，在级别相同、年龄相仿的参会人员中，以女士优先。

> **课堂互动**
>
> 讨论：请结合自己的经验谈一谈，生活中有哪些需要注意的次序礼仪？

1. 区分参与者不对等关系的一般规则（分尊卑排序）

一般规则包括“以右为上”，这是遵循国际惯例的做法；“居中为上”，即中央高于两侧；“前排为上”，这适用于所有场合；“以远为上”，即远离房门为上；“面门为上”，即良好视野为上。除了以上四项原则，针对不同的情况，还应该以合理、高效为原则来判断次序。具体如下：

第一，主席台位次的一般规则。在前后排的关系上，前排为尊；就同一排而言，中者为尊；就两侧同位者而言，一般以右者为尊。

第二，行走、就座的一般次序规则。两人并行或并排坐，右者为尊；两人前后行，前者为尊；三人并行或并坐，中者为尊，右侧次之，左侧更次。

第三，乘轿车的次序规则。如果由驾驶员开车，按汽车前进方向，后排右座为尊位，中座次之，左侧更次，前排司机旁最次。如果是主人亲自开车，则主人旁边的位置为尊位。

2. 显示参与者平等关系的一般规则（不分尊卑排序）

如果需要显示参与礼仪活动的双方或多方的关系是对等的，则排列方法有三种：一是按汉字的笔顺排列；二是按字母顺序排列；三是按回执或抵达的时间先后排列。

10.4.2 会议座次礼仪

在公共关系的工作实践中，往往会遇到各种安排会议座次的事项。而商务场合中，会议的类型多种多样，座次礼仪也有一些差别。具体情况如下。

1. 有主席台的会议

内部大型会议或者对外新闻发布会，往往会设置主席台。

主席台座次排列为前排高于后排、中间高于两边、右边高于左边。

主持人，也称大会主席，其具体位置有三种方式可供选择：一是居于前排正中央；二是居于前排的两侧；三是按其具体身份排座，但不宜就座于后排。

主持人的位置可以在前排中间也可以在最右端，发言席在主席台正前方或右前方。

在正式会议上，发言者发言时不宜就座于原处发言。发言席的常规位置有两个：一是主席团的正前方，二是主席台的右前方。

安排座次需要注意的是：

第一，根据需要灵活掌握座次排位，不能生搬硬套。如对邀请的上级单位或兄弟单位的来宾，也不一定非得按职务高低来排，通常的原则是：上级单位或同级单位的来宾，其实际职务略低于主人一方领导的，可安排在主席台适当位置就座。这样，既体现出对客人的尊重，又使主客都感到较为得体。

第二，主席台必须排座次、放名签，以便领导对号入座，避免上台之后互相谦让。

第三，对上主席台的领导能否出席会议，在开会前务必逐一落实。领导到会场后，要安排在休息室稍候，再逐一核实，并告之上台后所坐方位。如主席台人数很多，还应准备座位图。如有临时变化，应及时调整座次、名签，防止主席台上出现名签差错或座位空缺。

此外，商务会议的国际惯例与国内政务礼仪会议座次是不同的。国内的政务会议按照我国传统，一般第一排的座位以中间为贵，由中间按左高右低顺序往两边排开，即第二领导坐在最高领导左侧（若在台下看，即为右方），第三领导坐在最高领导右侧，以此类推。若人数正好成双，则最高领导在中间左侧，第二领导在中间右侧，也以此类推。但目前国际流行右高左低，因此安排涉外会议时，可按国际惯例安排。每个座位的桌前要安放好姓名牌，既方便入座，也便于台下与会者和新闻采访人员辨认熟悉有关人士。

2. 无主席台的各种会议现场座次

长方形会议桌。这种会议桌适用于内部会议或者双边谈判的现场。进行内部会议时，职务最高的人应该位于短矩形边的一侧，并且应该面门而坐。进行双边谈判时，双方可分别坐于桌子长边的两侧。各方职位最高者应在己方居中的位置，职位排在第二位的人坐在他的右边，第三位者坐左边，依次排列。

椭圆形会议桌。适用于内部会议，职务最高的人应该位于椭圆形会议桌的一头。

圆形会议桌。适用于回避座次概念的内部会议或者多边谈判。圆桌会议刻意体现与会人员平等互利的原则，淡化了尊卑概念。

茶话会。一般不针对具体的商务事宜，以联谊和沟通为主要目的，是商务色彩非常淡薄的一种会议形式，因此，茶话会可以不讲究座次礼仪，以便于大家交流为主。在室内，可以将椅子围成一圈，或者直接采用圆形会议桌，大家随意就座。在室外，座位可以随意调整，营造舒适、自由的交流空间。

3. 商务谈判的座次安排

商务谈判常采用相对式和并列式等方法来安排座次。

相对式：基本要求远为上，离门远的为地位高者；进门的右手为上座，通常安排客方。

并列式：主要宾主并列而坐，如果双方都面对正门，具体要求是以右为上。即客人坐在主人的右边。其他随员各坐两旁，以右为上是一种国际惯例。

如果是双边谈判，使用长桌或椭圆形桌了，宾主分坐于桌子两侧。若谈判桌横放，面门位置属于客方；背门位置属于主方。若谈判桌竖放（顺着门的方面），以进门方向为准，右侧为客方，左侧属主方。谈判时，主谈人员应在自己一方居中而坐，其他人员遵循右高左低的原则，按照职位的高低自近而远地在主谈人员两侧就座。翻译人员就座于仅次于主谈人员的右边位置。

如果是多边谈判，那么参加谈判各方可以自由择座。面对正门设主位，发言者去主位发言，其他人面对主位，背门而坐。

4. 签约的座次安排

双边签字，一般签字桌横放。签字者面门而坐，宾右主左。参加者列队站在签字者之后。中央高于两侧，右侧高于左侧。

多边签字，签字桌横放，签字座席面门而设。签字者按照一定顺序依次上前签字。

10.4.3 合影座次礼仪

很多会议或谈判结束后，需要合影留念。

合影的排位要方便拍摄，还要兼顾场地大小、人数多少、身材高矮、内宾外宾等因素。通常情况下，可以全体站立；也可以安排前排人员就座，后排人员阶梯站立。政务会议通常不安排与会人员蹲着参加合影。此外，国内合影和涉外合影的位次排列有别。一般可以参照主席台的排序进行。国内合影排位原则：前排高于后排，中间高于两侧，右方高于左方。还要注意主方人员居右，客方人员居左。涉外合影排位，国际惯例的排位原则：主人在中间，主宾在主人的右侧，双方人员主左宾右依次排开。

10.4.4 行进位次礼仪

行进位次礼仪是经常会遇到，也容易被忽略的礼仪。一般包括平面行进时的次序、上下楼梯时的次序、出入房间时的次序、出入电梯时的次序等。

1. 平面行进时的次序

一般来说，两人横向行进，内侧的位置比外侧尊贵；多人并排行进，中央的位置最高；如果是纵向行进，那么前方人员的身份、地位应高于后方人员。

> **课堂互动**
>
> 讨论：如果你是一位女性接待员，接待客人时穿的是工作短裙，那么你在引导客人时上下楼梯时应如何注意？

2. 上下楼梯时的次序

上下楼时应该单行行进，以前方为上。把选择前进方向的权利让给对方。

男女同行时，一般女士优先走在前方。但如遇到着裙装（特别是短裙）的女士，上下楼时宜令女士居后。

在横向陪同时，陪同人员应该把内侧（靠墙一侧）让给客人，把方便留给客人。

3. 出入房间时的次序

出入房门时，客人或位高者先出入，以表示尊重。

如果遇到特殊情况，比如双方均为首次到一个陌生房间，陪同人员宜先人房门。

4. 出入电梯时的次序

若是自动扶梯电梯，应该单行右站。

若是无人操作的升降电梯，陪同人员应该先进后出，以便控制电梯。先进去可以把按钮按住，让客人进去方便，不会有被夹的危险，同时可以更方便帮客人按楼层。

若是有人操作的升降电梯，陪同人员应该后进后出。但也不绝对。比如电梯里人太多，你最后进来已经堵在门口了，如果你还硬要最后出去，就会造成拥堵，反而不合适。

10.4.5 乘车座次礼仪

如果是司机开车，那么小轿车中最好的座位在司机的右后边，次好的座位在司机的正后边，再次的座位在司机的旁边。

如果由主人亲自驾驶，情况则有很大的不同——以驾驶座右侧为首位，后排右侧次之，左侧再次之，而后排中间座为末席。

如果车内有多排座位，那么以司机座后第一排为尊，后排依次次之。其座位的尊卑，依每排右侧往左侧递减。

商务车座次安排	
1	主人开车时，主宾应坐在驾驶座旁边
2	司机开车时，主宾坐在司机的右后座
3	吉普车主宾座位在驾驶座旁边
4	九座小客车座位有三排，以中排靠近右车门旁边座位为主位，然后依序往左边推算，前排靠近右车门的人要负责帮忙拉开及关上车门，所以是年龄辈分最低者坐此位
5	两对夫妻同坐，女主人坐在男主人右侧，男主宾坐在女主宾右侧
6	男主人与一对夫妻同车，男主宾陪坐在男主人右侧，女主宾则坐在右后座
7	游览车的车次安排，是从驾驶座后面第一排右侧开始，由右而左算起，愈往后面年龄、辈分愈低

资料卡

我国在涉外活动中的礼宾次序

各国的礼宾次序并不完全一致，我国在涉外活动中的礼宾次序，一般有下几种排列的方法。

1. 按外宾的身份与职务高低顺序排列。在官方活动中，通常采用这种方法安排礼宾次序。

2. 按参加国国名的字母顺序排列。在国际会议和国际体育比赛中，一般都采取这种方法，即按英文字母顺序进行排列。

3. 按派遣国通知代表团组成的日期排列，若各国代表团的身份、规格大体相等，通常采用这种方法。有时，还可以按照各国代表团到达活动地点的时间先后来排列礼宾次序。

礼宾次序所体现的是东道国对各国来宾的礼貌和尊重，它是一个极为敏感的问题。不分大国小国、强国弱国、富国穷国，都要求平等和尊重，所以在涉外工作中考虑接待问题时，必须反复加以推敲。在一般情况下，如果外宾的身份、职务相仿，则应以声望、资历和年龄为礼宾次序，我方亦应由与外宾身份、职务相等者出面接待。

小 结

本节次序礼仪主要学习了五个部分的内容：次序礼仪的一般规则、会议座次礼仪、合影座次礼仪、行进位次礼仪、乘车座次礼仪。

常见的次序礼仪，一类在于明确区分参与者的不对等关系，另一类则是为了显示所有参与者的平等关系。会议座次礼仪，因为会议的种类多样，相应的礼仪也有不同，如有主席台的会议、无主席台的各种会议、商务谈判、签约等。合影次序则往往兼顾身份、地位、拍摄场地、人数、身材等诸多因素。行进位次礼仪包括平面行进时的次序、上下楼梯时的次序、出入房间时的次序、出入电梯时的次序等。乘车座次礼仪中，由司机开车和由主人开车，车内座次排序方式有着较大的不同，需要注意。

思考题

1. 次序礼仪的一般规则是什么？
2. 有主席台的会议，应该如何安排主席台的座次？
3. 商务谈判的座次礼仪是什么？
4. 应该如何安排合影的位次？
5. 行进位次礼仪有哪些？
6. 乘车时的座次礼仪有哪些？

10.5 仪式礼仪

在公共关系活动中，仪式是指在某些正式场合，为了激发情感，或引起重视，而郑重、规范地举行某种活动的具体形式。

仪式能够帮助组织提升知名度和美誉度，塑造良好的形象；有利于鼓舞组织成员的士气，激发内部公众对本组织的热爱，培育组织员工的价值观念，增强组织的凝聚力；有利于传递组织的信息，使组织赢得更多的合作伙伴和成功机会；有利于沟通情感，传达意愿，增进友情。

公共关系从业人员参加庆典与仪式的机会比较多，既有可能为本单位组织庆祝仪式，也有可能应邀去出席外单位的某一仪式。

10.5.1 仪式礼仪的一般规范

> 课堂互动
>
> 讨论：如果让你代表本单位参加由外单位主办的某个仪式活动，你应该注意哪些方面？

参加仪式时，不论是主办单位还是外单位人员，均应注意自己的举止表现。其中，主办单位人员的表现尤为重要。在举行仪式之前，主办单位应对本单位的全体员工进行必要的礼仪教育。对于本单位出席人员，提出相关的注意事项，并要求大家务必严格遵守。主办方的出席人员，假如在活动中精神风貌不佳、穿着打扮散漫、举止行为失当，很容易对本单位的形象造成负面影响。

1. 仪表整洁

所有出席人员，都要保持仪容整洁。男士应刮干净胡须，女士应化淡妆。

2. 服饰规范

本单位出席者最好统一着装。有统一式样制服的单位，应要求以制服作为本单位人士的庆典着装；无制服的单位，应规定出席者必须穿着礼仪性服装。

3. 守时

不能迟到、缺席或中途退场。如果活动的起止时间已有规定，则应当准时开始、准时结束，以显示本组织的言而有信。

4. 表情庄重

在活动的整个过程中，都要表情庄重、全神贯注、聚精会神。如果仪式之中安排有升国旗、奏国歌的程序，一定要起立，脱帽，立正，面向国旗或主席台行注目礼，庄严肃穆地和大家一起唱国歌。

5. 态度友好

要主动热情地向来宾问好，对来宾提出的问题，要立即给予友善的答复。当来宾在庆典上发表贺词时，要主动鼓掌。

6. 行为自律

不要乱走，不能交头接耳、东张西望、心不在焉、不耐烦等。

7. 发言礼仪

如果需要发言，上下场时要沉着冷静、礼仪周全，比如，在发言开始时，应说一句“大家好”或“各位好”。在提及感谢对象时，应目视对方。在表示感谢时，应郑重起身施礼。对于大家的鼓掌，应以自己的掌声来回礼。发言结束，应当说一声“谢谢大家”。发言要简明扼要，一定要在规定时间内结束。

如果是参加由外单位主办的仪式活动，同样应该以良好的礼仪规范要求自己，代表自己的组织，向主办单位表达敬意和重视。

10.5.2 签约的礼仪

在商务交往活动中，双方经过洽谈、讨论，就某项重大问题或合作项目达成一致，就需要把谈判成果用准确、规范、符合法律要求的格式和文字记载下来，经双方签字盖章形成具有法律约束力的文件。围绕这一过程，一般都要举行签约仪式。

签约仪式，也称作签字仪式，是由双方正式代表在有关协议或合同上签字并产生法律效力，体现双方诚意和共祝合作成功的庄严而隆重的仪式。

1. 签字仪式准备工作

签字仪式准备工作，指的是作为主办方为签字仪式所做的准备工作。一般应从以下四个方面着手。

1）确定参加人员

要遵守“对等原则”。根据签约文件的性质和内容，安排参加签约仪式的人员。参加签字仪式的人员，基本上应是双方参加会谈的全体人员。如果其中一方要求某些未参加谈判的人员出席签字仪式，应事先征求对方的意见，取得对方同意。出席签字仪式的双方人数大体相等。有时为表示对本次商务谈判的重视或对谈判结果的庆贺，双方更高一级的领导人也可出面参加签字仪式，级别一般也是对等的。具体签字人，在地位和级别上要求对等。

2）规范参与人员的服饰

参加签约仪式，要求所有参加者都穿着正式服装。这能够反映签约的严肃、对签约的重视和对对方的尊重。

3）准备好协议文本

由于签约具有法律效力，所以要高度重视协议文本的准备，应由双方与相关部门指定专人，分工合作完成文本的定稿、翻译、校对、印刷、装订等工作。要核对谈判内容与文本的一致性，各种批件、附件、证明等是否完整准确、真实有效以及译本副本是否与样本正本相符。如有争议或处理不当，应在签约仪式前，通过再次谈判以得到双方谅解和满意方可确定。作为主办方，应为文本的准备过程提供周到的服务和方便的条件。

签署涉外商务合同时，应该根据国际惯例，待签的合同文本应同时使用有关各方法定的官方语言，或使用国际上通行的语言文本。

4）布置好签字场所

签字仪式举行的场所，一般应该根据参加签字仪式的人员规格、人数多少及协议中的商务内容的重要程度等因素来确定。可以选择宾馆、饭店，或主办方的会客厅、洽谈室作为签字仪式的场所，有时为了扩大影响，也可商定在某个新闻发布中心或著名会议中心举行。应该在双方协商之后选定，不能够由一方擅自做主。

应该遵循“庄重、整洁”的原则布置签字场地。我国常见的布置方式为：在签约现场，设置一张长方桌，作为签字桌。桌面上覆盖深冷色台布，桌后放两把椅子，供双方签字人入席就座。东道主席在左边，客商席在右边。桌子上安放着今后各自保存的文件，文本前分别放置签字用的文具。

如果是涉外签约，在签字桌的中间摆一个国旗架，分别挂上双方国旗。如果是国内组织之间签约，也可在签字桌的两端摆上写有地区、单位名称的席位牌。

签字桌后应有一定空间供参加仪式的双方人员站立，背墙上方可挂上“××（项目）签字仪式”字样的条幅。签字桌的前方应开阔、敞亮，如请媒体记者，应留有空间，配好灯光。

2. 签字仪式的一般程序

1）签字仪式正式开始

参加签约仪式的双方代表及特约嘉宾按时步入签字仪式现场；签约者在签约台前入座，其他人员分主、客各站一边，按其身份高低自里向外依次列队于各自签约者的座位之后；助签人员应分别站在各自签字人的外侧。

2）正式签署合同文本

签约仪式开始后，助签人员翻开文本，指明具体的签字处，由签字人签上自己的姓名，并由助签人员将己方签了字的文本递交给对方助签人员，交换对方的文本再签字。

要注意的是，签字应遵守“轮换制”的国际惯例。也就是，签字者应先在自己一方保存的文本左边首位处签字，然后再交换文本，在对方保存的文本上签字。这样可使双方都有一次机会首位签字。在对方文本上签字后，应与对方签字者互换文本，而不是由助签者代办，以示隆重和真诚。

3）互换文本

双方保存的协议文本都签好字以后，由双方的签字人郑重地相互交换文本，并相互握手致意。其他参加签字仪式的人员应鼓掌表示祝贺。

4）共饮香槟互相道贺

协议文本交换完毕，双方人员握手致意后，服务人员用托盘端上香槟酒，供双方全体出席签字仪式的人员举杯庆贺。双方举杯共饮时，不能喧哗。碰杯要轻，之后高举示意，浅抿一口即可。喝酒只是象征性地表示一下礼仪，以增添合作愉快气氛。

5）结束后退场

签约仪式结束后，应让双方最高领导及宾客先退场，主办方送客后自己再离开。

在一般情况下，商务合同在正式签署后，应提交有关方面进行公证，此后才正式生效。仪式后，双方可共同接受媒体采访，也可以安排与会者观看文艺节目、参观展览等。

上述过程是签字仪式的一般礼仪要求，在实际操作中，会依据国家、地区的不同而有所不同，不能生搬硬套。值得说明的是，虽然可以制造声势，增添影响，但签约仪式不一定非进行不可，但对于签字本身，必须郑重对待，不可出现纰漏。

10.5.3 开业的礼仪

开业仪式，是指在单位开业、项目落成、某一建筑物正式启用，或是新航线通行之际，为了表示庆贺和纪念，经过精心策划，按照一定的程序隆重举行的专门的仪式。

举行开业仪式有助于塑造本单位的良好形象，提高自己的知名度与美誉度；也有助于扩大本单位的社会影响，吸引社会各界的重视与关心；它有助于让支持过自己的社会各界与自己一同分享成功的喜悦，为日后的进一步合作奠定良好的基础；有助于增强本单位全体员工的自豪感与责任心，从而为自己创造一个良好的开端，增强组织的凝聚力。

常见的开业仪式有开幕仪式、奠基仪式、开工仪式、竣工仪式、通车（航）仪式等等。

1. 开业仪式的筹备工作

一般来说，筹备开业仪式应该遵循 “热烈、隆重”的原则。

具体来说，筹备开业仪式时，对于舆论宣传、来宾约请、场地布置、接待服务、礼品馈赠等五个方面的工作，需要事先做好认真安排。

1）做好舆论宣传

综合运用多种大众媒介，引起公众的广泛注意，联系并安排好做前期宣传和现场采访的媒体公众。

2）做好来宾邀请工作

开业典礼是否成功，与参加典礼的主要宾客的身份、职能部门的范围和参加典礼的人数有着直接关系。因此，在开业典礼准备工作中，应该邀请上级领导、主管部门与地方职能管理部门的领导、合作单位与同行单位的领导、知名人士、各职能部门负责人或代表、媒体人员等，在适当范围内发送请柬。请柬要进行精心设计，其形状和大小要根据请柬内容来决定，应该印有组织的标识。安排好现场致贺词的领导或来宾，并商定好贺词文本。

3）布置现场环境

一般在单位的正门之外或正门之内的大厅举行开业仪式。按惯例，举行开业典礼时宾主一律站立，不布置主席台或座椅。贵宾站立处可以铺红地毯，可以悬挂横幅、标语、气球、彩带等，以烘托热烈、隆重的气氛。特别盛大的开业典礼，还可以通过放飞彩色气球、飞鸽等进行渲染。

需要注意的是，现场应有庆典仪式的主横幅，现场需预留位置，以摆放来宾赠礼如花篮、贺匾等，还要多次调节音响或鼓乐声，在节奏和音量上加以控制，不可影响周边地区正常生活秩序。如果庆典仪式的规模较大，可能会妨碍交通，应请交通管理部门派人来进行协调和指挥。

4）好接待服务工作

详见接待礼仪。

5）做好礼品馈赠工作

根据实际情况，可以向主要来宾赠送印有本组织标志的礼品，同时向普通来宾（如消费者公众等）赠送印刷精美的宣传彩页。无论具体礼品是什么，都应该具有三大特征：宣传性（企业标志、广告用语、产品图案、开业日期等）、荣誉性、独特性（本单位特色）。

2. 开业仪式的主要程序

开业仪式所用的时间不长，但事关重大，所以对活动的程序及人员要求都很严格。开业仪式的程序一般都按照约定俗成的形式进行。

在现场，悬挂醒目的会标，并将受赠的花篮、镜匾等摆放或悬挂在适当位置。企业全体人员要修整仪容仪表，统一着装，精神抖擞地准备迎接宾客的到来。宾客到来时，引领入场、安排座次、规范服务。仪式正式开始前，为了增强气氛，可奏乐或播放节奏明快的乐曲。

典礼正式开始时，主持人宣布仪式开始，全体肃立，介绍来宾。

组织负责人向来宾简短致辞。致辞内容是向来宾及祝贺单位表示感谢，并简要介绍本企业的经营特色和经营目标。

之后，安排上级领导和来宾代表发言祝贺。需要注意的是，致贺词由谁来讲事先要定好，以免当众推来推去，或表达不清、词不达意。

进行揭幕、剪彩、奠基等具体仪式。

具体仪式结束后，宣布开业典礼完毕。随后，主人即可引导来宾到企业内参观，边陪同参观，边介绍本企业的主要设施、特色商品、经营打算并征询意见，以融洽与同行及来宾的关系，也可以算作正式接待顾客、对外营业等的开始。还可将来宾请到会客室进行简短的座谈，或请来宾在留言簿上签字，合影留念。

上述过程并非一成不变，可以根据实际情况进行调整。成功的开业仪式应内容紧凑、仪式简洁、喜庆效果好、公众影响面大。

10.5.4 剪彩的礼仪

在各种各样的开业活动中，剪彩往往是一个非常重要的仪式，经常被单列出来。

剪彩仪式，是组织为了庆贺其成立开业、大型建筑物落成、新产品出厂、道路或航线开通、大型展销会或展览会开幕等而隆重举行的一种庆祝活动。

因为该项活动的主要内容，是约请专人使用剪刀剪断被称之为“彩“的红色缎带，所以被称之为剪彩。

目前所通行的剪彩礼仪主要包括剪彩的准备、剪彩的人员、剪彩的程序、剪彩的做法等四个方面的内容。

1. 剪彩仪式的准备工作

剪彩仪式可以单独举行，也可以在庆典中进行，是整个庆典仪式的高潮。剪彩仪式的准备工作与前面介绍的庆典仪式的准备工作类似，如舆论宣传、拟定人员、请柬发送、现场布置等，但剪彩仪式也有自己特殊的准备工作。

第一是剪彩物件的准备。要准备红（彩）色缎带、绸带，也就是剪彩仪式之中的“彩”。准备新剪刀，专供剪彩者在仪式上使用。为剪彩者准备白色薄纱手套。准备托盘，在剪彩仪式上供礼仪小姐托用，用来盛放红色缎带、剪刀、白色薄纱手套。准备红色地毯，铺设在剪彩者正式剪彩时的站立之处。准备纪念品，馈赠纪念礼品应根据具体情况适当置备。

第二是剪彩人员的确定。要选择外表端庄、口齿清楚、反应敏捷的主持人。剪彩者可以是一个人，也可以是几个人，但是一般不应多于五人。通常，剪彩者多由上级领导、合作伙伴、社会名流、员工代表或客户代表所担任。一般的规矩是：中间高于两侧，右侧高于左侧，距离中间站立者愈远位次便愈低，即主剪者应居于中央的位置。

助剪者，也就是礼仪小姐，既可从礼仪公司中聘请，或向社会招募，也可以在本单位的年轻女职工中挑选，要求仪容高雅、举止庄重、行为得体、责任心强。

2. 剪彩仪式的主要程序

庆典中的剪彩仪式只是整个庆典的一个组成部分。如果是单独举办剪彩仪式，一般程序应该是：嘉宾入场、仪式开始、宾主致辞、主持人宣布开始剪彩、礼仪小姐登场、剪彩者登台、正式剪彩、向主人道喜、退场。

需要注意的是，剪彩时，剪彩者应该不慌不忙，面带微笑，拿起剪刀，一刀剪断，放下剪刀后向人群鼓掌致意。退场时，剪彩者先退，礼仪小姐后退。

剪彩结束后，主办单位可安排一些文艺、参观、联谊、座谈、签名、题词、就餐等后续活动。

总之，剪彩仪式宜紧凑，忌拖沓，所耗时间越短越好，短则一刻钟，长不过一小时。

资料卡

商务场合的着装要求

1. 男士商务着装要求

男士应该穿着剪裁得体的西服套装，可以选择藏蓝色、灰色、黑色、米色、棕色或者带有暗条纹的。

在正式场合中，应当着深色西装。

白色的长袖衬衫是搭配西装最好的选择，其次是浅蓝色带有细条纹或小格子图案的衬衫。衬衫袖口应露出西装外约1～2厘米；衬衫衣领应高出西装衣领0.5～1厘米。

系领带时，衬衫的纽扣必须全系上。领带的色彩应当比衬衫的色彩深一些。

男士商务着装全身衣着的色彩应在三种色彩之内。

2. 女士商务着装要求

女士服装的样式和色彩比男士服装丰富许多，商务着装要体现稳重、干练的职业形象。职业形象的定位因不同的行业、不同的工作岗位会有差别，服装应该与工作环境、身份、职务协调统一。

在正式场合中，女士应穿着深色西服套装。套装的首选是裙装，其次是裤装。搭配纯色或花色衬衣，色彩以淡雅为佳。鞋子可以选择中高跟的船鞋，鞋子的色彩应该与手提包一致，并且要与衣服的色彩协调。

需要说明的是，在正式的商务场所中，无论什么季节，正式的商务套装都必须是长袖的。穿职业套装时，女士最好穿丝袜，肉色的丝袜可以搭配任何服装。穿深色套装时也可以搭配黑色丝袜，但切忌渔网、格纹、暗花之类的丝袜。职业裙装的裙子应当长及膝盖。商务场所中，职业女士佩戴的饰物与服装要和谐搭配，式样简洁大方，件数在3件以内。

小 结

本节仪式礼仪主要学习了四个部分的内容：仪式礼仪的一般规范、签约的礼仪、开业的礼仪、剪彩的礼仪。

参加仪式时，不论是主办单位还是外单位，均应注意自己的举止表现。签约礼仪体现在签字仪式准备工作、签字仪式的一般程序之中。开业仪式应该遵循“热烈、隆重”的原则，其程序一般按照约定俗成的形式进行，成功的开业仪式的标志是内容紧凑、仪式简洁、喜庆效果好、公众影响面大。剪彩礼仪则主要包括剪彩的准备、剪彩的人员、剪彩的程序、剪彩的作法等方面的内容，剪彩仪式宜紧凑，忌拖沓。

思考题

1. 仪式礼仪的一般规范是什么？
2. 应该如何筹备签字仪式？
3. 签字仪式的一般程序和注意事项分别是什么？
4. 开业仪式的主要程序是什么？
5. 剪彩仪式的准备工作有哪些？

参考文献

[1] 居延安. 公共关系学[M]. 5 版. 上海：复旦大学出版社，2013.
[2] 陈晖. 公共关系理论与实务[M]. 北京：北京理工大学出版社，2006.
[3] 缪启军，詹秀娟. 公共关系实务[M]. 上海：立信会计出版社，2008.
[4] [美]格伦·布鲁姆，艾伦·森特，斯科特·卡特里普. 有效的公共关系[M]. 北京：华夏出版社，2006.
[5] 佘廉. 中外公共关系案例分析[M]. 沈阳：辽宁人民出版社，2013.
[6] 秦启文. 现代公共关系学[M]. 重庆：西南师范大学出版社，2012.
[7] 中国公共关系网（17PR）编委会. 2013 最具公众影响力公共关系案例集[M]. 北京：企业管理出版社，2014.
[8] [美]艾瑞克 . 亚威包姆. 如何推进公共关系[M]. 赵连荣，译. 北京：企业管理出版社，2001.
[9] 谢红霞. 公共关系实训[M]. 北京：中国人民大学出版社，2010.
[10] 龙志鹤，张岩松. 现代公共关系学[M]. 北京：经济管理出版社，2006.
[11] 杨俊. 新型实用公共关系[M]. 北京：经济科学出版社，2010.
[12] 张岩松，张国桐. 公共关系实务[M]. 北京：清华大学出版社，2012.
[13] 王银平，王爱君. 现代公共关系[M]. 北京：高等教育出版社，2007.
[14] 杨再春，林瑜杉. 公共关系理论与实务[M]. 2 版. 北京：机械工业出版社，2016.
[15] 蔺洪杰. 公共关系实务[M]. 北京：中国人民大学出版社，2012.